REVISTA

Conversación sin barreras

José A. Blanco

María Isabel García

María Cinta Aparisi

Boston, Massachusetts

Publisher: José A. Blanco
President: Stephen Pekich
Editorial Director: Denise St. Jean
Director of Production: Nancy Jones
Art Director: Linda Jurras
Staff Editors: Armando Brito, Sarah Kenney, Alicia Spinner
Senior Designer: Polo Barrera
Production and Design Team: Oscar Díez, Linde Gee
Illustrator: Franklin Hammond

Printed in the United States of America.

ISBN 1-59334-253-5

Library of Congress Control Number: 2003114797

2 3 4 5 6 7 8 9 -VH- 08 07 06 05 04

Student Orientation: Getting the Conversation Going with REVISTA

Bienvenido a REVISTA, an innovative and exciting college Spanish conversation program that will capture your interest and inspire you to communicate in Spanish. Its engaging lesson topics will compel you to express your ideas in Spanish. With **REVISTA** you will find it easier and more stimulating to participate in lively conversations in your Spanish class as you explore a broad range of aspects corresponding to each lesson's theme. But most importantly, with **REVISTA** you will find yourself feeling freer than ever before to speak in Spanish.

Speaking Spanish constantly along with practicing your other skills like listening, reading, and writing is crucial to improving it. You will find that **REVISTA** offers abundant opportunities for you and your classmates to engage in stirring conversations on a number of captivating topics. Your Spanish will improve as you put it to use to express ideas and opinions that are important to you. This is why the themes, readings, films, and exercises of **REVISTA**, along with its unique magazine-like presentation, were specifically chosen with the goal of capturing your interest and imagination and compelling you to express yourself. After all, people express themselves most genuinely when they feel strong emotions like joy, anger, sadness, frustration, and love, just to mention a few.

When you speak to your friends and family outside the Spanish classroom, you most likely don't stop to think about whether your sentences are grammatically correct. Instead, you probably speak fluidly because you want to get your message across to your listeners. Why should this be any different when you express yourself in Spanish? Participate as much as possible without worrying about whether your Spanish is "perfect," and remember that we all have ideas and opinions, so you shouldn't let the fear of making grammar mistakes, or anything else for that matter, stand in your way of voicing them. Although you will be reviewing grammar in the **Estructuras** section of every lesson, it should not be your primary concern when you speak. And don't hesitate to enhance your conversations by applying the same strategies to Spanish that you do to English to capitalize on your enjoyment and comprehension of the conversation. In other words, don't be afraid to ask follow-up questions or ask someone to repeat what he or she has said.

To make progress in Spanish, however, you must also be exposed to the other language skills. Aside from speaking, these include listening, writing, reading, and socio-cultural competence. With **REVISTA** you will practice these skills often as you improve your conversational Spanish. Every lesson opens with an award-winning **Cortometraje**, an enthralling short film by one of several contemporary filmmakers from several Spanish-speaking countries. These short films are sure to absorb your attention while you listen to modern spoken Spanish. **REVISTA** also provides a wealth of readings of various genres, and every lesson ends with a written **Composición** and a **Tertulia** that ties up what you have learned and discussed throughout the lesson. You will find that **REVISTA** reinforces each film and reading with comprehension checks and communicative activities in a wide range of formats, all of it intended to encourage you to bring yourself and your experiences into the conversation and voice your ideas and opinions. Furthermore, everything in **REVISTA** will expose you to the cultural diversity of the Spanish-speaking countries. Finally, navigating your way around **REVISTA** will prove effortless thanks to its highly-structured, innovative graphic design and color-coded sections.

Communicating in a foreign language is a risk that takes courage, and sometimes even the most outspoken of students feel vulnerable. Try to work to overcome your fears of speaking Spanish, and remember that only through constant and active participation will you improve your communication in Spanish. But most important of all, remember to relax and enjoy the experience of communicating in Spanish.

We hope that **REVISTA** will help you get the conversation going and make that a reality.

CONTENIDO

CONTENIDO

CORTOMETRAJE

features an award-winning and provocative short film by a contemporary Hispanic filmmaker.

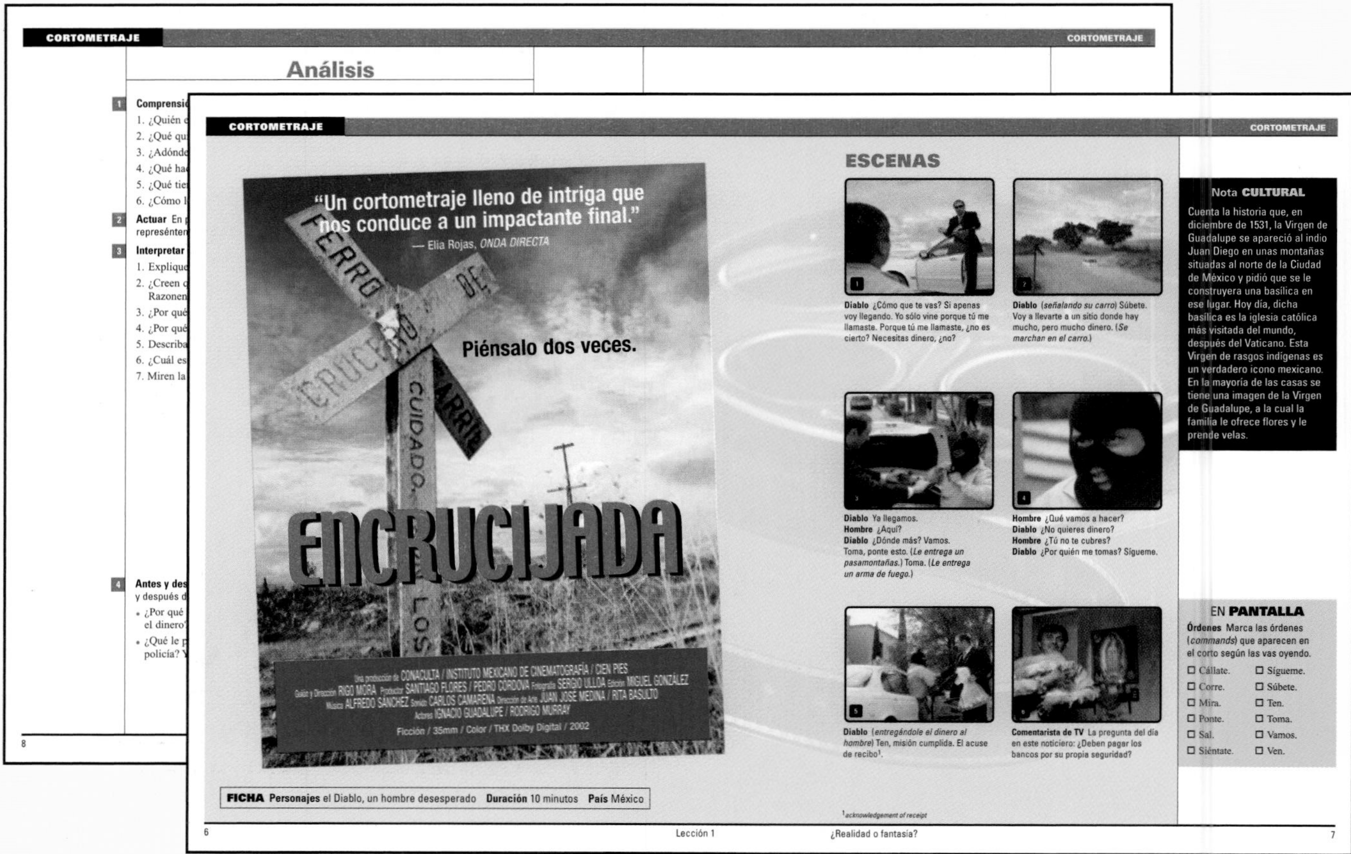

CORTOMETRAJE

Análisis

CORTOMETRAJE

"Un cortometraje lleno de intriga que nos conduce a un impactante final."
— Elia Rojas, ONDA DIRECTA

Piénsalo dos veces.

ENCRUCIJADA

Una producción de CONACULTA / INSTITUTO MEXICANO DE CINEMATOGRAFÍA / CIEN PIES
Guión y Dirección RIGO MORA Productor SANTIAGO FLORES / PEDRO CÓRDOVA Fotografía SERGIO ULLOA Edición MIGUEL GONZÁLEZ
Música ALFREDO SÁNCHEZ Sonido CARLOS CAMARENA Dirección de Arte JUAN JOSÉ MEDINA / RITA BASULTO
Actores IGNACIO GUADALUPE / RODRIGO MURRAY
Ficción / 35mm / Color / THX Dolby Digital / 2002

FICHA **Personajes** el Diablo, un hombre desesperado **Duración** 10 minutos **País** México

ESCENAS

1 **Diablo** ¿Cómo que te vas? Si apenas voy llegando. Yo sólo vine porque tú me llamaste. Porque tú me llamaste, ¿no es cierto? Necesitas dinero, ¿no?

2 **Diablo** (*señalando su carro*) Súbete. Voy a llevarte a un sitio donde hay mucho, pero mucho dinero. (*Se marchan en el carro.*)

3 **Diablo** Ya llegamos.
Hombre ¿Aquí?
Diablo ¿Dónde más? Vamos. Toma, ponte esto. (*Le entrega un pasamontañas.*) Toma. (*Le entrega un arma de fuego.*)

4 **Hombre** ¿Qué vamos a hacer?
Diablo ¿No quieres dinero?
Hombre ¿Tú no te cubres?
Diablo ¿Por quién me tomas? Sígueme.

5 **Diablo** (*entregándole el dinero al hombre*) Ten, misión cumplida. El acuse de recibo[1].

6 **Comentarista de TV** La pregunta del día en este noticiero: ¿Deben pagar los bancos por su propia seguridad?

[1] *acknowledgement of receipt*

Nota CULTURAL

Cuenta la historia que, en diciembre de 1531, la Virgen de Guadalupe se apareció al indio Juan Diego en unas montañas situadas al norte de la Ciudad de México y pidió que se le construyera una basílica en ese lugar. Hoy día, dicha basílica es la iglesia católica más visitada del mundo, después del Vaticano. Esta Virgen de rasgos indígenas es un verdadero icono mexicano. En la mayoría de las casas se tiene una imagen de la Virgen de Guadalupe, a la cual la familia le ofrece flores y le prende velas.

EN PANTALLA

Órdenes Marca las órdenes (*commands*) que aparecen en el corto según las vas oyendo.

- ☐ Cállate.
- ☐ Corre.
- ☐ Mira.
- ☐ Ponte.
- ☐ Sal.
- ☐ Siéntate.
- ☐ Sígueme.
- ☐ Súbete.
- ☐ Ten.
- ☐ Toma.
- ☐ Vamos.
- ☐ Ven.

6 Lección 1 ¿Realidad o fantasía? 7

Vocabulario This section features the words and expressions necessary to help you talk about the **cortometraje**, along with exercises in which you will use them actively.

Preparación Pre-viewing exercises set the stage for the short film and provide key background information, thereby facilitating comprehension and enjoyment.

Escenas A synopsis of the short film's plot consisting of captioned film photos prepares you visually for the film and introduces some of the lines and expressions you will encounter.

Notas culturales These cultural notes explain historical contexts and aspects of everyday life in the Spanish-speaking world that are central to the short film.

Análisis Post-viewing activities check comprehension and go beyond what you saw and understood in the short film, allowing you to discover broader themes and connections. In this section especially, you should allow yourself to voice your thoughts and let your Spanish flow unimpeded.

ESTRUCTURAS

succinctly review and practice grammar points key to expressing major language functions.

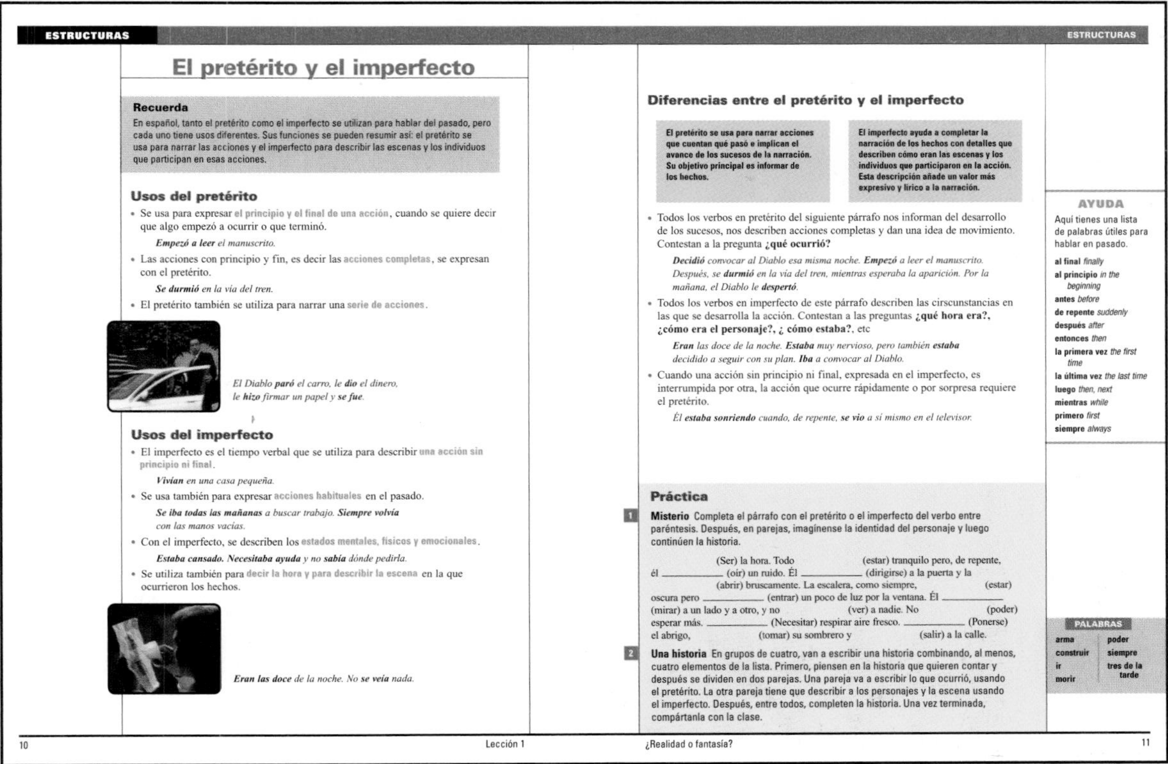

ESTRUCTURAS

El pretérito y el imperfecto

Recuerda
En español, tanto el pretérito como el imperfecto se utilizan para hablar del pasado, pero cada uno tiene usos diferentes. Sus funciones se pueden resumir así: el pretérito se usa para narrar las acciones y el imperfecto para describir las escenas y los individuos que participan en esas acciones.

Usos del pretérito

- Se usa para expresar el principio y el final de una acción, cuando se quiere decir que algo empezó a ocurrir o que terminó.

  ***Empezó a leer** el manuscrito.*
- Las acciones con principio y fin, es decir las acciones completas, se expresan con el pretérito.

  ***Se durmió** en la vía del tren.*
- El pretérito también se utiliza para narrar una serie de acciones.

*El Diablo **paró** el carro, le **dio** el dinero, le **hizo** firmar un papel y **se fue**.*

Usos del imperfecto

- El imperfecto es el tiempo verbal que se utiliza para describir una acción sin principio ni final.

  ***Vivían** en una casa pequeña.*
- Se usa también para expresar acciones habituales en el pasado.

  ***Se iba todas las mañanas** a buscar trabajo. **Siempre volvía** con las manos vacías.*
- Con el imperfecto, se describen los estados mentales, físicos y emocionales.

  ***Estaba cansado. Necesitaba ayuda** y no **sabía** dónde pedirla.*
- Se utiliza también para decir la hora y para describir la escena en la que ocurrieron los hechos.

***Eran las doce** de la noche. No **se veía** nada.*

10 Lección 1

ESTRUCTURAS

Diferencias entre el pretérito y el imperfecto

El pretérito se usa para narrar acciones que cuentan qué pasó e implican el avance de los sucesos de la narración. Su objetivo principal es informar de los hechos.

El imperfecto ayuda a completar la narración de los hechos con detalles que describen cómo eran las escenas y los individuos que participaron en la acción. Esta descripción añade un valor más expresivo y lírico a la narración.

- Todos los verbos en pretérito del siguiente párrafo nos informan del desarrollo de los sucesos, nos describen acciones completas y dan una idea de movimiento. Contestan a la pregunta **¿qué ocurrió?**

  ***Decidió** convocar al Diablo esa misma noche. **Empezó** a leer el manuscrito. Después, se **durmió** en la vía del tren, mientras esperaba la aparición. Por la mañana, el Diablo le **despertó**.*
- Todos los verbos en imperfecto de este párrafo describen las cirscunstancias en las que se desarrolla la acción. Contestan a las preguntas **¿qué hora era?, ¿cómo era el personaje?, ¿ cómo estaba?**, etc

  ***Eran** las doce de la noche. **Estaba** muy nervioso, pero también **estaba** decidido a seguir con su plan. **Iba** a convocar al Diablo.*
- Cuando una acción sin principio ni final, expresada en el imperfecto, es interrumpida por otra, la acción que ocurre rápidamente o por sorpresa requiere el pretérito.

  *Él **estaba sonriendo** cuando, de repente, **se vio** a sí mismo en el televisor.*

AYUDA
Aquí tienes una lista de palabras útiles para hablar en pasado.

al final *finally*
al principio *in the beginning*
antes *before*
de repente *suddenly*
después *after*
entonces *then*
la primera vez *the first time*
la última vez *the last time*
luego *then, next*
mientras *while*
primero *first*
siempre *always*

Práctica

1 **Misterio** Completa el párrafo con el pretérito o el imperfecto del verbo entre paréntesis. Después, en parejas, imagínense la identidad del personaje y luego continúen la historia.

(Ser) la hora. Todo (estar) tranquilo pero, de repente, él ______ (oír) un ruido. Él ______ (dirigirse) a la puerta y la (abrir) bruscamente. La escalera, como siempre, (estar) oscura pero ______ (entrar) un poco de luz por la ventana. Él ______ (mirar) a un lado y a otro, y no (ver) a nadie. No (poder) esperar más. ______ (Necesitar) respirar aire fresco. ______ (Ponerse) el abrigo, (tomar) su sombrero y (salir) a la calle.

2 **Una historia** En grupos de cuatro, van a escribir una historia combinando, al menos, cuatro elementos de la lista. Primero, piensen en la historia que quieren contar y después se dividen en dos parejas. Una pareja va a escribir lo que ocurrió, usando el pretérito. La otra pareja tiene que describir a los personajes y la escena usando el imperfecto. Después, entre todos, completen la historia. Una vez terminada, compártanla con la clase.

PALABRAS
arma, construir, ir, morir, poder, siempre, tres de la tarde

¿Realidad o fantasía? 11

Recuerda A reminder gives a quick framework for the grammar point and its functions.

Práctica Directed exercises and open-ended communicative activities help you internalize the grammar point in a range of contexts involving pair and group work and related to the lesson theme.

Integration of cortometraje
Photos, as well as sentences from and about the lesson's short subject film, are incorporated into the grammar explanation so you can see the grammar point in meaningful and relevant contexts.

LECTURAS

in each lesson provide a wealth of selections in varied genres and from across the Spanish-speaking world.

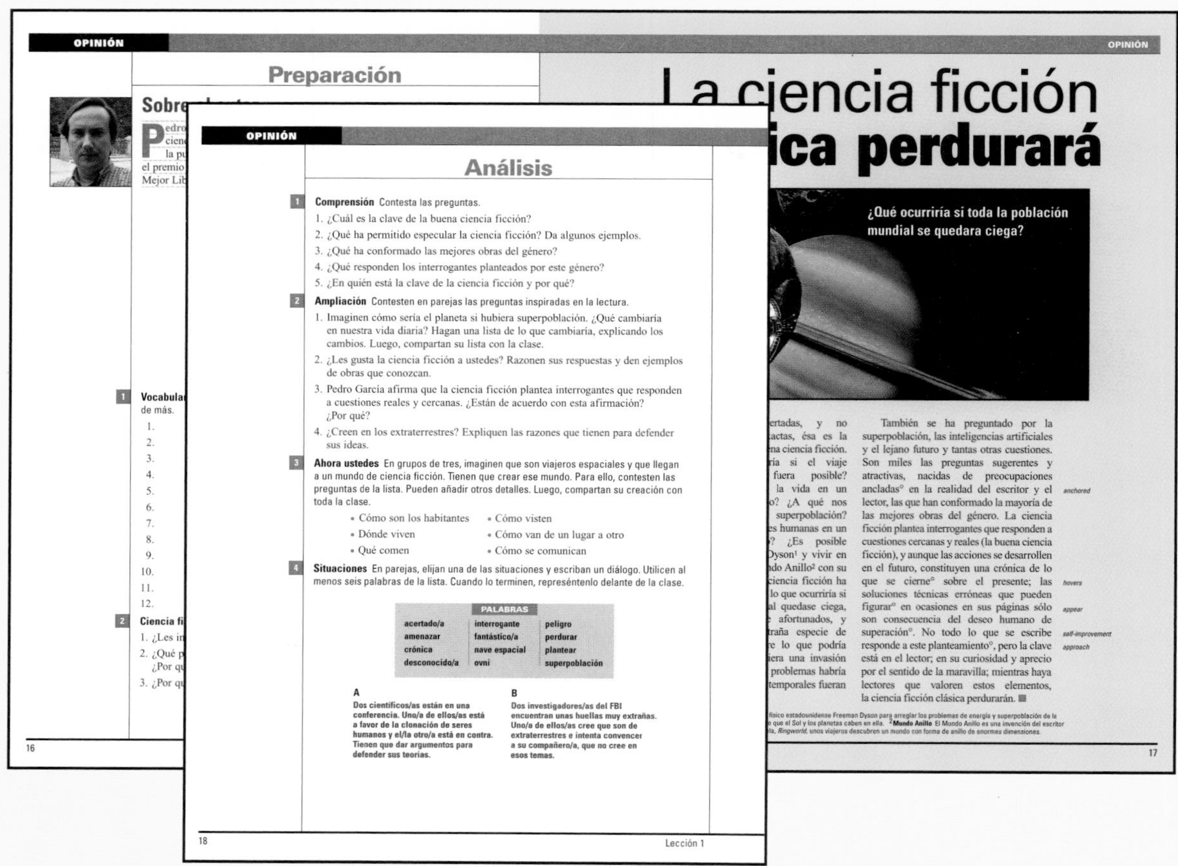

OPINIÓN

Preparación

OPINIÓN

La ciencia ficción ... ica perdurará

¿Qué ocurriría si toda la población mundial se quedara ciega?

También se ha preguntado por la superpoblación, las inteligencias artificiales y el lejano futuro y tantas otras cuestiones. Son miles las preguntas sugerentes y atractivas, nacidas de preocupaciones ancladas° en la realidad del escritor y el lector, las que han conformado la mayoría de las mejores obras del género. La ciencia ficción plantea interrogantes que responden a cuestiones cercanas y reales (la buena ciencia ficción), y aunque las acciones se desarrollen en el futuro, constituyen una crónica de lo que se cierne° sobre el presente; las soluciones técnicas erróneas que pueden figurar° en ocasiones en sus páginas sólo son consecuencia del deseo humano de superación°. No todo lo que se escribe responde a este planteamiento°, pero la clave está en el lector; en su curiosidad y aprecio por el sentido de la maravilla; mientras haya lectores que valoren estos elementos, la ciencia ficción clásica perdurará.

anchored · hovers · appear · self-improvement · approach

16 · 17

OPINIÓN

Análisis

1 **Comprensión** Contesta las preguntas.

1. ¿Cuál es la clave de la buena ciencia ficción?
2. ¿Qué ha permitido especular la ciencia ficción? Da algunos ejemplos.
3. ¿Qué ha conformado las mejores obras del género?
4. ¿Qué responden los interrogantes planteados por este género?
5. ¿En quién está la clave de la ciencia ficción y por qué?

2 **Ampliación** Contesten en parejas las preguntas inspiradas en la lectura.

1. Imaginen cómo sería el planeta si hubiera superpoblación. ¿Qué cambiaría en nuestra vida diaria? Hagan una lista de lo que cambiaría, explicando los cambios. Luego, compartan su lista con la clase.
2. ¿Les gusta la ciencia ficción a ustedes? Razonen sus respuestas y den ejemplos de obras que conozcan.
3. Pedro García afirma que la ciencia ficción plantea interrogantes que responden a cuestiones reales y cercanas. ¿Están de acuerdo con esta afirmación? ¿Por qué?
4. ¿Creen en los extraterrestres? Expliquen las razones que tienen para defender sus ideas.

3 **Ahora ustedes** En grupos de tres, imaginen que son viajeros espaciales y que llegan a un mundo de ciencia ficción. Tienen que crear ese mundo. Para ello, contesten las preguntas de la lista. Pueden añadir otros detalles. Luego, compartan su creación con toda la clase.

- Cómo son los habitantes
- Dónde viven
- Qué comen
- Cómo visten
- Cómo van de un lugar a otro
- Cómo se comunican

4 **Situaciones** En parejas, elijan una de las situaciones y escriban un diálogo. Utilicen al menos seis palabras de la lista. Cuando lo terminen, represéntenlo delante de la clase.

PALABRAS		
acertado/a	interrogante	peligro
amenazar	fantástico/a	perdurar
crónica	nave espacial	plantear
desconocido/a	ovni	superpoblación

A
Dos científicos/as están en una conferencia. Uno/a de ellos/as está a favor de la clonación de seres humanos y el/la otro/a está en contra. Tienen que dar argumentos para defender sus teorías.

B
Dos investigadores/as del FBI encuentran unas huellas muy extrañas. Uno/a de ellos/as cree que son de extraterrestres e intenta convencer a su compañero/a, que no cree en esos temas.

18 · Lección 1

Preparación Helpful lists highlight vocabulary that you will encounter in each reading, as well as other words that might prove useful in discussing it. Diverse activities then allow you to practice the vocabulary within the context of the reading's topic.

Sobre el autor A brief description of the author's background and writing style primes you for the topic of a fascinating reading that amplifies the lesson theme and acts as a springboard for abundant conversation.

Análisis Post-reading exercises check your understanding and motivate you to discuss the topic of the reading, express your opinions, and explore how it relates to your own experiences.

Magazine-like design Each literary and cultural reading is presented in the attention-grabbing visual style you would expect from a magazine, along with glosses of unfamiliar words to aid in comprehension.

TIRA CÓMICA

features a comic strip that offers clever, thought-provoking insights into the lesson theme.

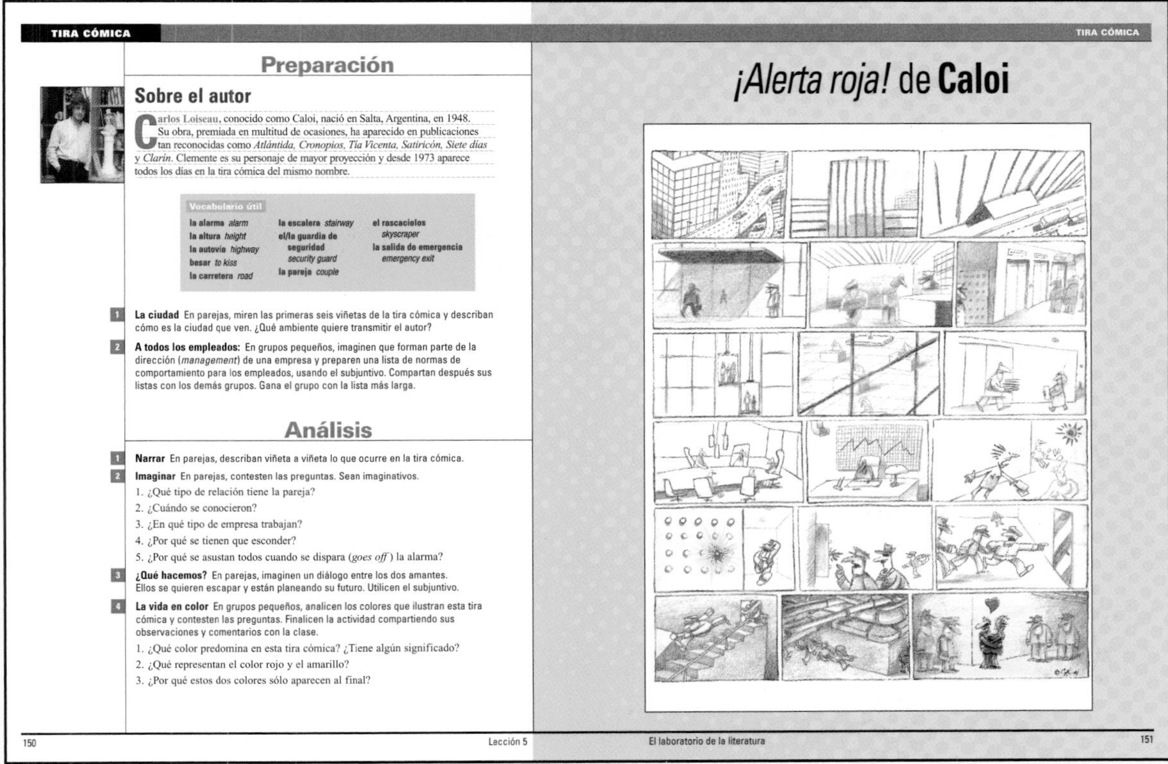

TIRA CÓMICA

Preparación

Sobre el autor

Carlos Loiseau, conocido como Caloi, nació en Salta, Argentina, en 1948. Su obra, premiada en multitud de ocasiones, ha aparecido en publicaciones tan reconocidas como *Atlántida, Cronopios, Tía Vicenta, Satiricón, Siete días* y *Clarín*. Clemente es su personaje de mayor proyección y desde 1973 aparece todos los días en la tira cómica del mismo nombre.

Vocabulario útil

la alarma *alarm*
la altura *height*
la autovía *highway*
besar *to kiss*
la carretera *road*
la escalera *stairway*
el/la guardia de seguridad *security guard*
la pareja *couple*
el rascacielos *skyscraper*
la salida de emergencia *emergency exit*

1 **La ciudad** En parejas, miren las primeras seis viñetas de la tira cómica y describan cómo es la ciudad que ven. ¿Qué ambiente quiere transmitir el autor?

2 **A todos los empleados:** En grupos pequeños, imaginen que forman parte de la dirección (*management*) de una empresa y preparen una lista de normas de comportamiento para los empleados, usando el subjuntivo. Compartan después sus listas con los demás grupos. Gana el grupo con la lista más larga.

Análisis

1 **Narrar** En parejas, describan viñeta a viñeta lo que ocurre en la tira cómica.

2 **Imaginar** En parejas, contesten las preguntas. Sean imaginativos.

1. ¿Qué tipo de relación tiene la pareja?
2. ¿Cuándo se conocieron?
3. ¿En qué tipo de empresa trabajan?
4. ¿Por qué se tienen que esconder?
5. ¿Por qué se asustan todos cuando se dispara (*goes off*) la alarma?

3 **¿Qué hacemos?** En parejas, imaginen un diálogo entre los dos amantes. Ellos se quieren escapar y están planeando su futuro. Utilicen el subjuntivo.

4 **La vida en color** En grupos pequeños, analicen los colores que ilustran esta tira cómica y contesten las preguntas. Finalicen la actividad compartiendo sus observaciones y comentarios con la clase.

1. ¿Qué color predomina en esta tira cómica? ¿Tiene algún significado?
2. ¿Qué representan el color rojo y el amarillo?
3. ¿Por qué estos dos colores sólo aparecen al final?

150 Lección 5

TIRA CÓMICA

¡Alerta roja! de **Caloi**

El laboratorio de la literatura 151

Preparación Lists spotlight key vocabulary from the comic strip, as well as words and expressions useful for discussing it. Preliminary exercises give you the opportunity to reflect on important aspects and the context of the comic strip.

Análisis In these activities, you will work in pairs and groups to react to the comic strip and to consider how its message applies on both personal and universal levels.

COMPOSICIÓN

practices writing skills in a structured format and invites further probing into the lesson theme.

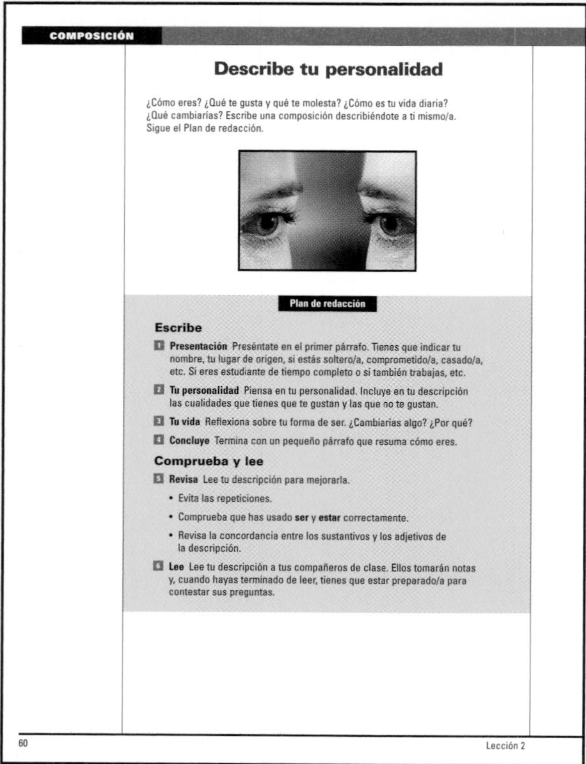

COMPOSICIÓN

Describe tu personalidad

¿Cómo eres? ¿Qué te gusta y qué te molesta? ¿Cómo es tu vida diaria? ¿Qué cambiarías? Escribe una composición describiéndote a ti mismo/a. Sigue el Plan de redacción.

Plan de redacción

Escribe

1. **Presentación** Preséntate en el primer párrafo. Tienes que indicar tu nombre, tu lugar de origen, si estás soltero/a, comprometido/a, casado/a, etc. Si eres estudiante de tiempo completo o si también trabajas, etc.
2. **Tu personalidad** Piensa en tu personalidad. Incluye en tu descripción las cualidades que tienes que te gustan y las que no te gustan.
3. **Tu vida** Reflexiona sobre tu forma de ser. ¿Cambiarías algo? ¿Por qué?
4. **Concluye** Termina con un pequeño párrafo que resuma cómo eres.

Comprueba y lee

5. **Revisa** Lee tu descripción para mejorarla.
   - Evita las repeticiones.
   - Comprueba que has usado **ser** y **estar** correctamente.
   - Revisa la concordancia entre los sustantivos y los adjetivos de la descripción.
6. **Lee** Lee tu descripción a tus compañeros de clase. Ellos tomarán notas y, cuando hayas terminado de leer, tienes que estar preparado/a para contestar sus preguntas.

60 Lección 2

Plan de redacción A highly-structured breakdown tailored to the specific assignment guides you through the writing process and invites you to explore the lesson theme from yet a different perspective. This is an excellent opportunity to synthesize the vocabulary, grammar, and concepts explored in the lesson.

TERTULIA

pulls the entire lesson together with lively full-class debates and spirited classroom discussions.

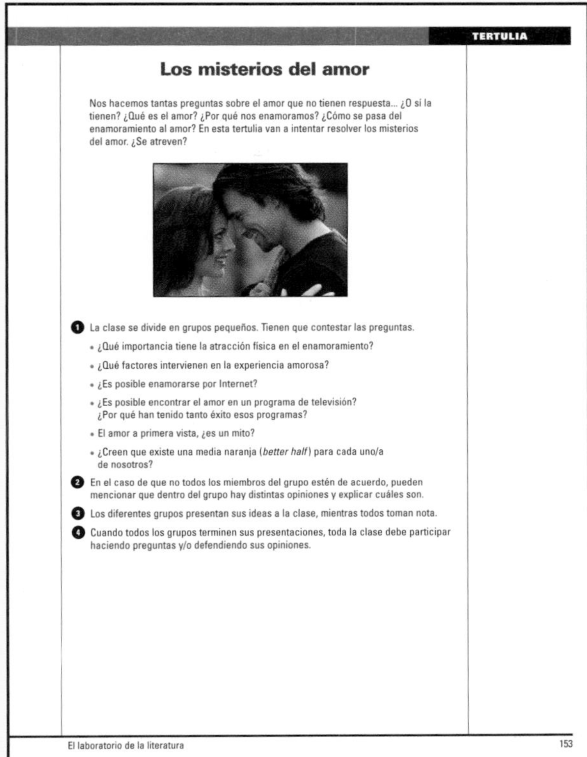

TERTULIA

Los misterios del amor

Nos hacemos tantas preguntas sobre el amor que no tienen respuesta... ¿O sí la tienen? ¿Qué es el amor? ¿Por qué nos enamoramos? ¿Cómo se pasa del enamoramiento al amor? En esta tertulia van a intentar resolver los misterios del amor. ¿Se atreven?

1. La clase se divide en grupos pequeños. Tienen que contestar las preguntas.
   - ¿Qué importancia tiene la atracción física en el enamoramiento?
   - ¿Qué factores intervienen en la experiencia amorosa?
   - ¿Es posible enamorarse por Internet?
   - ¿Es posible encontrar el amor en un programa de televisión? ¿Por qué han tenido tanto éxito esos programas?
   - El amor a primera vista, ¿es un mito?
   - ¿Creen que existe una media naranja (*better half*) para cada uno/a de nosotros?
2. En el caso de que no todos los miembros del grupo estén de acuerdo, pueden mencionar que dentro del grupo hay distintas opiniones y explicar cuáles son.
3. Los diferentes grupos presentan sus ideas a la clase, mientras todos toman nota.
4. Cuando todos los grupos terminen sus presentaciones, toda la clase debe participar haciendo preguntas y/o defendiendo sus opiniones.

El laboratorio de la literatura 153

Finale This final activity assembles you and your classmates, giving you the opportunity to work together as one large group. It is your chance to make your voice heard and to use Spanish to engage in a conversation that really means something to you.

REVISTA Film Collection

The **REVISTA** Film Collection contains the short subject films by contemporary Hispanic filmmakers that are supported by the **Cortometraje** section of every textbook lesson. These films—all award-winners—offer entertaining and thought-provoking opportunities to build your listening comprehension skills and your cultural knowledge of Spanish speakers and the Spanish-speaking world.

Film Synopses

Lección 1 ***Encrucijada*** (Mexico; 10 minutes)
A man, conquered by the pressures of life, decides to take his destiny into his own hands. He is willing to do anything to change his luck, but events unfold too quickly and spin out of his control.

Lección 2 ***La milpa*** (Mexico; 27 minutes)
Rocío lives in the capital of the country, in a world governed by cell phones. Ángela lives in the time of the Mexican Revolution, in a town where a cornfield is all that is left of their land. The two women have the same objective: to achieve their independence and their freedom.

Lección 3 ***Nada que perder*** (Spain; 21 minutes)
A taxi driver in Madrid meets an aspiring actress with whom he starts a very special, albeit short, relationship. After some time, they meet again in a significant encounter that makes their relationship unforgettable.

Lección 4 ***El ojo en la nuca*** (Uruguay-Mexico; 25 minutes)
Every country has some forgotten laws that are still on the books but never enforced. This film is the story of Pablo, a young man who uses one of those laws to avenge a wrong he can live with no more.

Lección 5 ***Un día con Ángela*** (Argentina; 29 minutes)
A man and a woman with two very different jobs and social positions spend a day together. At the end of the day, the man's life will be changed forever.

Lección 6 ***La Yaya*** (Spain; 13 minutes)
Every family has a collection of cherished stories that are repeated for the enjoyment of all at family gatherings year after year. There are also stories that no one tells and everyone wants to forget. The family of *La Yaya* is no exception.

Instructor Orientation: Using REVISTA to Promote Communication in Spanish

People are, by nature, predisposed to communication through spoken language. Indeed, we can find almost any reason at all to talk. Sometimes we talk when we feel comfortable in a given context and wish to express our familiarity with it. Other times we talk when we feel uncomfortable in a given context and wish to let others know that something is wrong. But we also talk to express joy, anger, curiosity, sadness, pain, frustration, love; and that's just scratching the surface. Regardless of the circumstances, though, one thing is always true: indifference and lack of emotion or interest seldom stimulate genuine, heart-felt communication.

As instructors of Spanish, why should we expect anything different from our students when they participate in class? It isn't realistic to expect that our students will spontaneously generate Spanish unless they have a genuine motivation to do so. That motivation should not be any different from what motivates them to speak their native language in different contexts outside the Spanish classroom. **REVISTA** was designed to serve as the framework within which students and instructors will find the basis for active classroom participation and motivated, meaningful communication. For conversation to blossom in a Spanish classroom, then, it is imperative that discussion topics focus on the students themselves and what they bring to the classroom; in other words, their experiences, their opinions, their likes, their strengths, their weaknesses, their plans, and their dreams. Students' lives and views should be the focus of virtually any discussion in order to maximize student input. To this end, **REVISTA** offers truly appealing content and vibrant page layout, both designed to put students in a position where indifference, and subsequently silence, are unlikely outcomes. You will find that the films, readings, and discussions in **REVISTA**, along with its unique magazine-like presentation, will pique students' interest, capture their feelings and imagination, and arouse a genuine desire to voice their opinions, and in Spanish.

Needless to say, however, that in order to make progress in Spanish, students cannot forgo practice in any of the linguistic skills that comprise well-rounded communication. Aside from speaking, these skills include listening, writing, reading, and socio-cultural competence. **REVISTA** amply addresses the practice of these skills. Every lesson opens with an award-winning **Cortometraje**, a riveting short film, each by a different contemporary Hispanic filmmaker from several Spanish-speaking countries, which is sure to hook students in and capture and retain their interest and attention. These **cortos** are excellent vehicles for students to listen to modern, spoken, colloquial Spanish of several varieties. **REVISTA** also provides a true wealth of reading selections of various genres (**Ensayo, Opinión, Cuento, Artículo, Entrevista,** and **Tira cómica,** among others), all of which are meant to stimulate students' curiosity and stir their emotions with the ultimate goal of awakening a strong desire to express themselves in class. Furthermore, every lesson includes a **Composición** section in which students are expected to express themselves in writing on a topic closely tied to the lesson's main theme. Finally, all of the linguistic skills are presented in contexts that expose students to the cultural diversity of the Spanish-speaking countries, drawing them closer to their current issues and concerns, and steering them clear of the unfortunate yet ubiquitous stereotypes that continue to plague these countries' image.

Natural conversation also typically flows unhindered. When students are outside the Spanish classroom, it seldom occurs that anyone should ignore the message of their conversation and instead focus on correcting their grammar. The Spanish classroom should be no different. The best way for the instructor to promote communication is by keeping grammar correction to a minimum, so that students can express their ideas as fluidly as they can for their level. If grammatical accuracy becomes a serious concern for the instructor, one strategy that often works well is for the instructor to take notes during the class period of the general grammar mistakes students are making. Afterwards, the instructor may choose to make these lists available to students periodically as reminders, perhaps going over them for five minutes at the end of every class, or briefly once a week as review. In any case, this information should be presented at the end of class, so as not to distract students with grammar concerns during the class period, when they should be most focused on oral production. And in no case should these corrections be the focus of any lesson or class period, nor should the instructor use them in a reprimanding spirit. Nothing puts students off more from expressing themselves in a foreign language, indeed even in their native language for that matter, than the fear of being embarrassed, ridiculed, or shamed for their efforts to communicate. Making an effort to communicate in a foreign language is a huge and very public risk that makes even the boldest and most outspoken of students feel intensely vulnerable. The focus of a conversation course, therefore, should avoid the obstacles to communication to the fullest extent possible and exploit the strategies that engage communication to the fullest extent possible. You will find that the grammar in the **Estructuras** sections of **REVISTA** is subtly presented so that oral communication always remains the focus. You might need, every now and again, to remind your students to work to overcome any fears they may have of speaking Spanish with less than 100% grammatical accuracy. After all, who speaks any language with absolute grammatical accuracy, especially given the arbitrary nature of prescriptive grammar rules?

What, then, should the instructor's role be in the Spanish conversation classroom? The instructor should actually serve as a facilitator, ensuring that the conversations maintain their momentum and intervening momentarily whenever that momentum wavers. The instructor in a conversation class should never conduct a lecture on any topic nor should he or she dominate any discussion. Of course, students often welcome their instructor's guidance, especially when they feel unsure of the direction or content of the discussion. But the instructor should make sure not to influence or sway the students' opinions, so that what they express is always a reflection of their own thinking. Instead the instructor should be there to provide support and answer questions when they arise. You may also want to provide students with conversational techniques to help their Spanish sound more fluent. Speakers in their native language exploit techniques, such as using rejoinders and asking follow-up questions, to achieve maximum comprehension and benefit from a conversation. Likewise, your Spanish conversation students will also improve their fluency and comprehension in Spanish when they become aware that just as they would in their native language, in Spanish too they can take advantage of a variety of conversational strategies. The instructor's final role is that of coach, encouraging students to participate as much as possible, and creating an environment in which every student feels comfortable participating without worrying about whether their Spanish is "perfect." As coach, remind students that we all have ideas and no one should be afraid to voice them.

Oral communication practice should take place primarily between and among the students themselves. It is from this mutual interaction with their peers that students will maximize their speaking opportunities. Encourage students to assist each other as much as they can, answering each other's questions whenever possible. To do this effectively, the instructor in his or her role as facilitator should see to it that no student dominates any discussion. This is easily avoided if the instructor actively encourages students to change the types of groups in which they work. They should not only vary from pairs to groups of three, four, and larger, but these arrangements should also consist of different individuals each time. The instructor can achieve this quickly by organizing students into pairs or groups, based on any number of methods (alphabetical order, counting and then pairing off, etc.), but always ensuring a consistent mix based on language ability, gender, age, outspokenness, and so forth. To maximize students' availability to their peers as well as to ensure a successful communicative progression, it is suggested that students start off the class period working in pairs with a partner and then advance to larger groups and finally to discussions involving the entire class. This practice can be observed not only within the smaller framework of a single class period, but also within the framework of an entire lesson, always allowing students to assemble the bigger picture after exposure to and practice with its component parts. The **Tertulia** sections that round off every **REVISTA** lesson are designed to allow the class to come together at the end and tie up everything they learned and discussed. Remind students that only through constant and active participation will they improve their communication in Spanish.

We hope that you and your students will enjoy the experience of communicating in Spanish and that **REVISTA** will support and enhance that experience. As an instructor, you can trust that your efforts to stimulate ongoing, lively discussion will make for confident, satisfied language learners who will ultimately feel better prepared to communicate in Spanish. And **REVISTA** will pave the way.

REVISTA

Conversación sin barreras

LECCIÓN 1

¿Realidad o fantasía?

Si algo distingue al hombre del resto de los seres es la capacidad que tiene ya no sólo para observar y analizar la realidad sino también para crear mundos imaginarios.

La imaginación, aparte de servirnos de entretenimiento, es uno de los instrumentos que utilizamos para comprender, interpretar y modificar la realidad. Por eso es difícil, en ocasiones, diferenciar lo real de lo imaginario.

¿Existen los ángeles, los fantasmas, los extraterrestres?

¿Existe el destino?

¿Es posible adivinar el futuro?

19

4

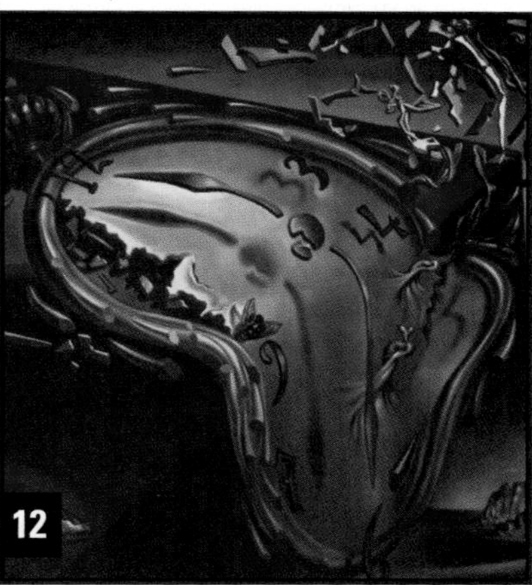
12

Preparación

Vocabulario del corto

apenas *hardly*
el arma/las armas *gun/guns*
el/la asaltante *robber*
el Diablo *the devil*
el disparo *shot*
la encrucijada *crossroads*
firmar *to sign*
el pasamontañas *ski mask*

Vocabulario útil

el alma *soul*
el ángel *angel*
adivinar *to guess*
arrepentirse *to be sorry*
castigar *to punish*
cometer un crimen *to commit a crime*
convocar *to invoke*
engañar *to deceive, to trick*
el fenómeno *phenomenon*
el ladrón, la ladrona *robber*
el peligro *danger*
los rasgos *features*
robar *to rob*
el robo *robbery*
la sangre *blood*
el ser humano *human being*
el suceso *incident*

EXPRESIONES

¿Cómo que...? *What do you mean...?*
¿No es cierto? *Am I right?, Isn't that right?, Right?*

1 **Vocabulario** Conecta cada oración con la que tiene el mismo significado. Después, en parejas, preparen un breve diálogo con las expresiones que han aprendido.

1. ¿Cómo que te vas?
   a. ¿Cómo te vas? b. ¿Te vas?
2. Porque tú me llamaste, ¿no es cierto?
   a. Me llamaste, ¿no? b. No es verdad que me llamaste.
3. ¿Cómo que te robaron?
   a. ¿Te robaron? b. ¿Qué te robaron?

2 **¡Qué susto (*fright*)!** Completa la historia con el vocabulario nuevo. Haz los cambios que creas necesarios.

1. Hace algunas noches que tengo siempre la misma pesadilla (*nightmare*). En ella, ________________ me visitaba. Ayer, estaba durmiendo y me despertó el ruido de ________________. No pude volver a dormirme...
2. Poco después, tocaron a la puerta. Fui a abrir y vi que la persona que estaba en la puerta llevaba puesto ________________ y no le podía ver la cara. Yo no sabía si abrir o no y, aunque no me gustan ________________, me hubiera gustado tener una.
3. Estaba muy nervioso. De repente oí una voz que me llamaba desde mi habitación... No sabía qué hacer. Parecía que estaba en ________________. De repente noté que una mano me tocaba la espalda. Y entonces me desperté.

3 **Fotografías** Observa las fotografías e imagina lo que va a ocurrir en el cortometraje.

4 **La imaginación** En parejas, contesten las siguientes preguntas.

1. ¿Qué importancia tiene la imaginación en sus vidas? ¿Por qué?
2. Den ejemplos de dos o tres situaciones en las que crean que la imaginación es necesaria.
3. Hagan una lista de cinco fenómenos, hechos (*events*) y personajes que sean producto de la imaginación. Después, lean su lista al resto de la clase y expliquen por qué los eligieron.

Les concedo tres deseos. ¿Cuáles son?

5 **Tres deseos** Imaginen que un ser fantástico se les presenta y les dice que pueden pedir tres deseos. En grupos de tres, pónganse de acuerdo para pedir los tres deseos. Después, compártanlos con la clase.

6 **Y ahora, ¿qué?** Trabajen con el mismo grupo del ejercicio anterior. Imaginen ahora que el ser fantástico les concedió los tres deseos que le pidieron y contesten las preguntas.

1. ¿Cómo se sienten? ¿Son más felices? ¿Por qué?
2. ¿Cómo ha cambiado su vida?
3. ¿Ha cambiado su relación con su familia y sus amigos? ¿Cómo y por qué?
4. ¿Cómo creen que afectará su nueva vida a su futuro?
5. Si pudieran pedirle ahora otro deseo, ¿cuál sería?

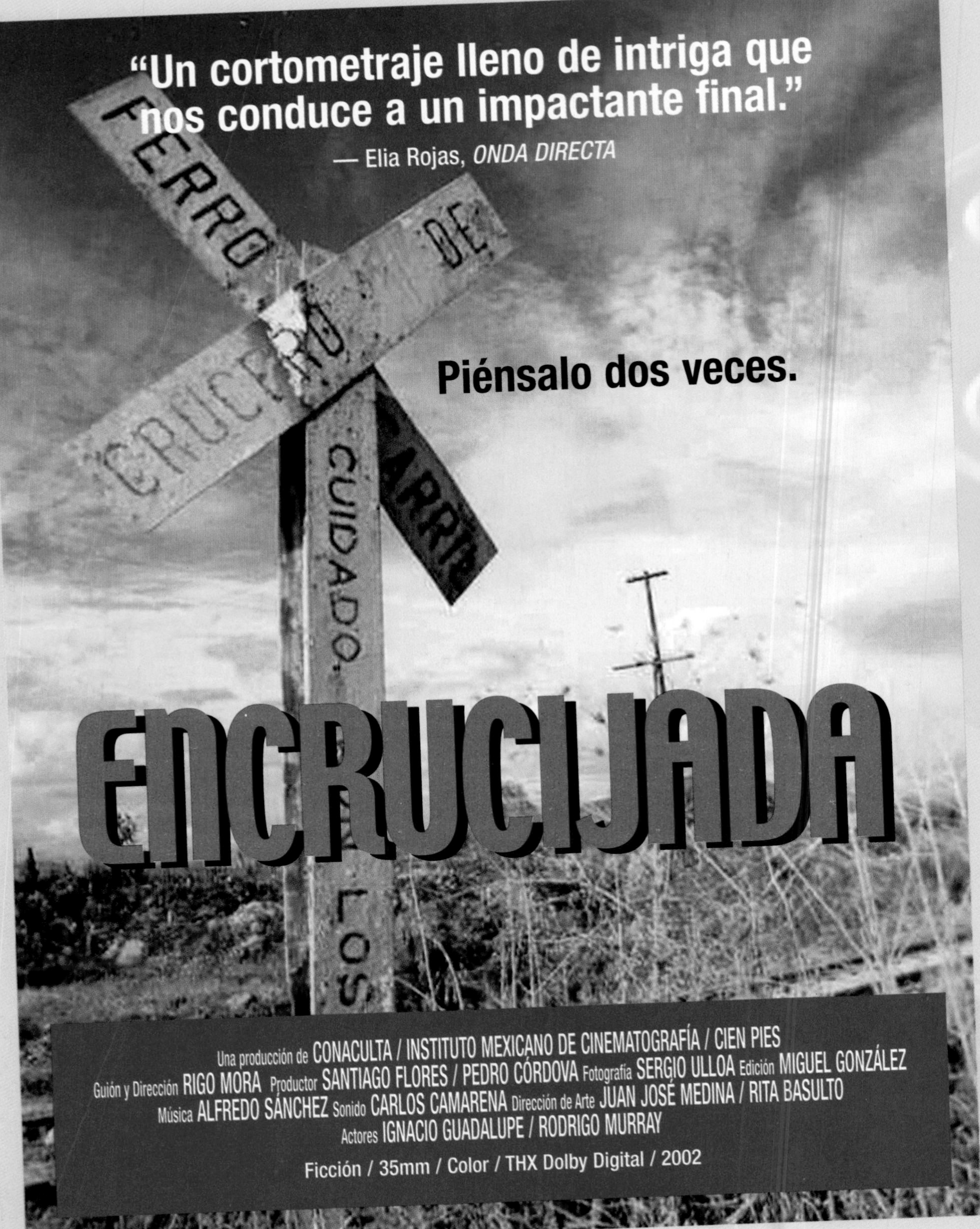

FICHA **Personajes** el Diablo, un hombre desesperado **Duración** 10 minutos **País** México

ESCENAS

Diablo ¿Cómo que te vas? Si apenas voy llegando. Yo sólo vine porque tú me llamaste. Porque tú me llamaste, ¿no es cierto? Necesitas dinero, ¿no?

Diablo (*señalando su carro*) Súbete. Voy a llevarte a un sitio donde hay mucho, pero mucho dinero. (*Se marchan en el carro.*)

Diablo Ya llegamos.
Hombre ¿Aquí?
Diablo ¿Dónde más? Vamos. Toma, ponte esto. (*Le entrega un pasamontañas.*) Toma. (*Le entrega un arma de fuego.*)

Hombre ¿Qué vamos a hacer?
Diablo ¿No quieres dinero?
Hombre ¿Tú no te cubres?
Diablo ¿Por quién me tomas? Sígueme.

Diablo (*entregándole el dinero al hombre*) Ten, misión cumplida. El acuse de recibo[1].

Comentarista de TV La pregunta del día en este noticiero: ¿Deben pagar los bancos por su propia seguridad?

[1] *acknowledgement of receipt*

Nota **CULTURAL**

Cuenta la historia que, en diciembre de 1531, la Virgen de Guadalupe se apareció al indio Juan Diego en unas montañas situadas al norte de la Ciudad de México y pidió que se le construyera una basílica en ese lugar. Hoy día, dicha basílica es la iglesia católica más visitada del mundo, después del Vaticano. Esta Virgen de rasgos indígenas es un verdadero icono mexicano. En la mayoría de las casas se tiene una imagen de la Virgen de Guadalupe, a la cual la familia le ofrece flores y le prende velas.

EN **PANTALLA**

Órdenes Marca las órdenes (*commands*) que aparecen en el corto según las vas oyendo.

☐ Cállate.	☐ Sígueme.
☐ Corre.	☐ Súbete.
☐ Mira.	☐ Ten.
☐ Ponte.	☐ Toma.
☐ Sal.	☐ Vamos.
☐ Siéntate.	☐ Ven.

Análisis

1 **Comprensión** Contesta las preguntas.

1. ¿Quién es el personaje que maneja el carro?
2. ¿Qué quiere el hombre desesperado?
3. ¿Adónde lo lleva el Diablo para ayudarlo?
4. ¿Qué hacen en el interior del banco?
5. ¿Qué tiene que firmar después del robo?
6. ¿Cómo lo engañó el Diablo?

2 **Actuar** En parejas, escriban un diálogo basado en el cortometraje y después represéntenlo delante de la clase.

3 **Interpretar** En parejas, contesten las preguntas.

1. Expliquen por qué este cortometraje se titula *Encrucijada*.
2. ¿Creen que es importante que el hombre se durmiera en la vía del tren? Razonen su respuesta.
3. ¿Por qué el Diablo le hace firmar un contrato con su sangre?
4. ¿Por qué la familia del hombre está tan seria cuando él llega?
5. Describan al personaje del Diablo.
6. ¿Cuál es su interpretación del final de la historia?
7. Miren la fotografía y expliquen su importancia en el desarrollo de la historia.

4 **Antes y después** En grupos pequeños, imaginen qué pasó en la vida del hombre antes y después de haber robado el banco.

- ¿Por qué está tan desesperado como para llamar al Diablo? ¿Para qué necesita el dinero?
- ¿Qué le pasó después de robar el banco? ¿Consiguió escapar? ¿Lo atrapó la policía? Y su familia, ¿cómo reaccionó?

5 **¿Qué harían?** Trabajen en grupos para discutir los siguientes temas. Después, compartan sus ideas con la clase.

1. Imaginen que están desesperados. ¿Venderían su alma al Diablo? ¿Por qué?
2. ¿Qué harían si necesitaran mucho dinero en veinticuatro horas?

6 **Otro deseo** Imaginen que el hombre no desea pedirle dinero al Diablo, sino una de las cosas de la lista. En parejas, elijan una de ellas y escriban otra vez el diálogo, haciendo todos los cambios necesarios.

- conseguir la mujer amada
- ser presidente del país
- ser más joven y más guapo
- ser un actor famoso

7 **Situaciones** En parejas, elijan una de las situaciones y escriban un diálogo. Utilicen al menos seis palabras o expresiones de la lista. Cuando lo terminen, represéntenlo delante de la clase.

PALABRAS

alma	**disparo**	**robar**
arma	**engañar**	**robo**
arrepentirse	**fantasía**	**sangre**
cometer un crimen	**firmar**	**ser humano**
convocar	**pasamontañas**	**suceso**

A
Una persona muy necesitada de dinero va paseando por la calle, y se le aparece el Diablo para convencerla de que entre a robar un banco.

B
Un criminal va a robar un banco y un ángel se le presenta y le tiene que convencer para que no lo robe.

El pretérito y el imperfecto

Recuerda

En español, tanto el pretérito como el imperfecto se utilizan para hablar del pasado, pero cada uno tiene usos diferentes. Sus funciones se pueden resumir así: el pretérito se usa para narrar las acciones y el imperfecto para describir las escenas y los individuos que participan en esas acciones.

Usos del pretérito

- Se usa para expresar **el principio y el final de una acción**, cuando se quiere decir que algo empezó a ocurrir o que terminó.

  ***Empezó a leer** el manuscrito.*

- Las acciones con principio y fin, es decir las **acciones completas**, se expresan con el pretérito.

  ***Se durmió** en la vía del tren.*

- El pretérito también se utiliza para narrar una **serie de acciones**.

*El Diablo **paró** el carro, le **dio** el dinero, le **hizo** firmar un papel y **se fue**.*

Usos del imperfecto

- El imperfecto es el tiempo verbal que se utiliza para describir **una acción sin principio ni final**.

  ***Vivían** en una casa pequeña.*

- Se usa también para expresar **acciones habituales** en el pasado.

  ***Se iba todas las mañanas** a buscar trabajo. **Siempre volvía** con las manos vacías.*

- Con el imperfecto, se describen los **estados mentales, físicos y emocionales**.

  ***Estaba cansado. Necesitaba ayuda** y no **sabía** dónde pedirla.*

- Se utiliza también para **decir la hora y para describir la escena** en la que ocurrieron los hechos.

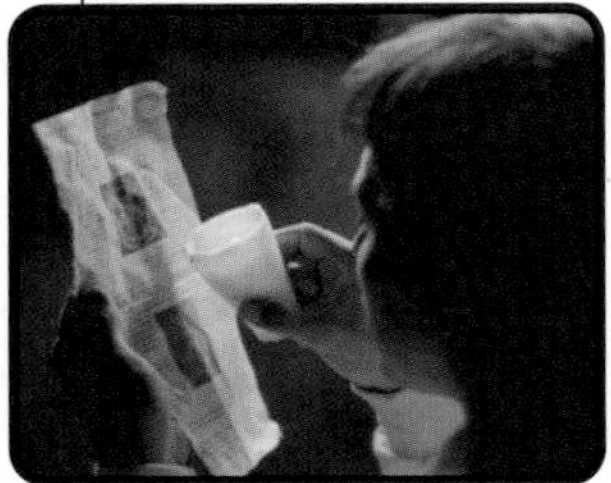

***Eran las doce** de la noche. No **se veía** nada.*

Diferencias entre el pretérito y el imperfecto

El pretérito se usa para narrar acciones que cuentan qué pasó e implican el avance de los sucesos de la narración. Su objetivo principal es informar de los hechos.

El imperfecto ayuda a completar la narración de los hechos con detalles que describen cómo eran las escenas y los individuos que participaron en la acción. Esta descripción añade un valor más expresivo y lírico a la narración.

- Todos los verbos en pretérito del siguiente párrafo nos informan del desarrollo de los sucesos, nos describen acciones completas y dan una idea de movimiento. Contestan a la pregunta **¿qué ocurrió?**

  Decidió *convocar al Diablo esa misma noche.* ***Empezó*** *a leer el manuscrito. Después, se* ***durmió*** *en la vía del tren, mientras esperaba la aparición. Por la mañana, el Diablo le* ***despertó****.*

- Todos los verbos en imperfecto de este párrafo describen las circunstancias en las que se desarrolla la acción. Contestan a las preguntas **¿qué hora era?, ¿cómo era el personaje?, ¿cómo estaba?**, etc.

  Eran *las doce de la noche.* ***Estaba*** *muy nervioso, pero también* ***estaba*** *decidido a seguir con su plan.* ***Iba*** *a convocar al Diablo.*

- Cuando una acción sin principio ni final, expresada en el imperfecto, es interrumpida por otra, la acción que ocurre rápidamente o por sorpresa requiere el pretérito.

  Él ***estaba sonriendo*** *cuando, de repente,* ***se vio*** *a sí mismo en el televisor.*

AYUDA

Aquí tienes una lista de palabras útiles para hablar en pasado.

al final *finally*
al principio *in the beginning*
antes *before*
de repente *suddenly*
después *after*
entonces *then*
la primera vez *the first time*
la última vez *the last time*
luego *then, next*
mientras *while*
primero *first*
siempre *always*

Práctica

1 **Misterio** Completa el párrafo con el pretérito o el imperfecto del verbo entre paréntesis. Después, en parejas, imagínense la identidad del personaje y luego continúen la historia.

__________ (Ser) la hora. Todo __________ (estar) tranquilo pero, de repente, él __________ (oír) un ruido. Él __________ (dirigirse) a la puerta y la __________ (abrir) bruscamente. La escalera, como siempre, __________ (estar) oscura pero __________ (entrar) un poco de luz por la ventana. Él __________ (mirar) a un lado y a otro, y no __________ (ver) a nadie. No __________ (poder) esperar más. __________ (Necesitar) respirar aire fresco. __________ (Ponerse) el abrigo, __________ (tomar) su sombrero y __________ (salir) a la calle.

2 **Una historia** En grupos de cuatro, van a escribir una historia combinando, al menos, cuatro elementos de la lista. Primero, piensen en la historia que quieren contar y después se dividen en dos parejas. Una pareja va a escribir lo que ocurrió, usando el pretérito. La otra pareja tiene que describir a los personajes y la escena usando el imperfecto. Después, entre todos, completen la historia. Una vez terminada, compártanla con la clase.

PALABRAS

arma	poder
construir	siempre
ir	tres de la tarde
morir	

Preparación

Sobre el autor

Eduardo Hughes Galeano nació en Montevideo, Uruguay, en 1940. Comenzó trabajando en diferentes periódicos como *El Sol*, *Marcha* y *Época*. En 1973 tuvo que irse a vivir a Argentina por razones políticas. Fundó la revista *Crisis* durante su exilio en ese país. Posteriormente, vivió en España hasta 1985, año en que regresó a Uruguay. Sus libros están marcados por la realidad político-social latinoamericana, que se refleja en su gusto por la narración histórica, la crónica y los artículos periodísticos. El relato "Celebración de la fantasía" es de *El libro de los abrazos*, publicado en 1994.

Vocabulario de la lectura

atrasar *to lose time*
el bicho *bug*
correrse la voz *there are/were rumors*
de buenas a primeras *suddenly*
exigir *to demand*
el fantasma *ghost*
la muñeca *wrist*
rodear *to surround*
el suelo *ground*

Vocabulario útil

el acontecimiento *event*
conmover *to move (emotionally)*
conmovido/a *to be (emotionally) moved*
el encuentro *meeting*
enterarse *to find out*
imaginario/a *imaginary*
la inocencia *innocence*
la magia *magic*
la pobreza *poverty*

1 **Vocabulario** Completa el crucigrama con las palabras adecuadas.

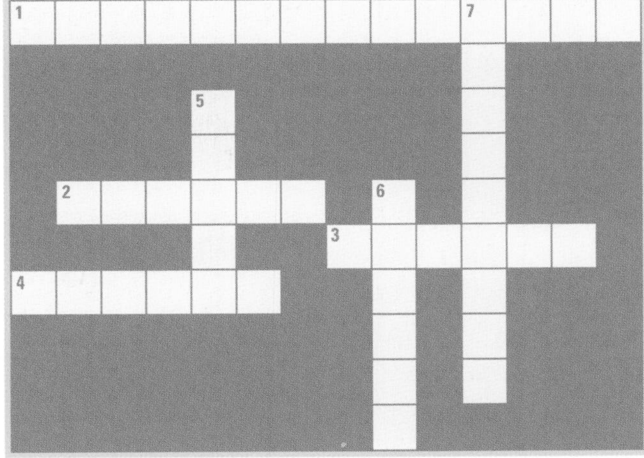

Horizontales

1. Sinónimo de evento
2. Cuando la policía quiere detener a un ladrón, hace esto para que no se escape.
3. De_________ a primeras
4. Animales pequeñísimos

Verticales

5. Nuestros pies lo tocan casi todo el tiempo.
6. Lo que une la mano con el brazo.
7. Cuando dos amigos se ven por casualidad y toman un café.

2 **De niño** En parejas, háganse las siguientes preguntas.

1. ¿Tenías más imaginación cuando eras niño/a?
2. ¿Qué cosas creías que eran ciertas y luego descubriste que no lo eran?
3. ¿Crees que es bueno tener mucha imaginación? ¿Por qué?

Celebración de la fantasía

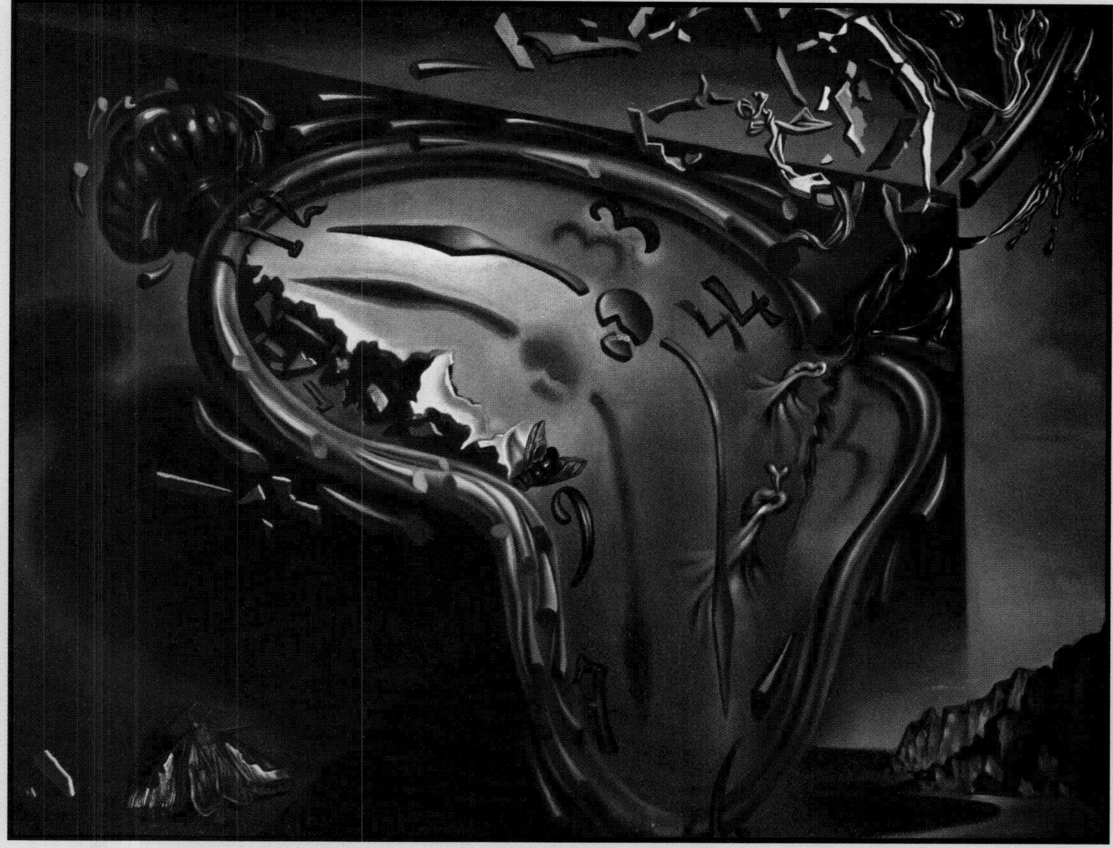

Fue a la entrada del pueblo de Ollantaytambo, cerca del Cuzco. Yo me había despedido de un grupo de turistas y estaba solo, mirando de lejos las ruinas de piedra, cuando un niño del lugar, enclenque°, haraposo°, se acercó a pedirme que le regalara una lapicera. No podía darle la lapicera que tenía, porque la estaba usando en no sé qué aburridas anotaciones, pero le ofrecí dibujarle un cerdito° en la mano.

Súbitamente, se corrió la voz. De buenas a primeras me encontré rodeado de un enjambre° de niños que exigían, a grito pelado°, que yo les dibujara bichos en sus manitas cuarteadas de mugre° y frío, pieles de cuero quemado°: había quien quería un cóndor y quien una serpiente, otros preferían loritos o lechuzas° y no faltaban los que pedían un fantasma o un dragón.

Y entonces, en medio de aquel alboroto°, un desamparadito° que no alzaba° más de un metro del suelo, me mostró un reloj dibujado con tinta negra en su muñeca:

—Me lo mandó un tío mío, que vive en Lima —dijo.

—¿Y anda bien? —le pregunté.

—Atrasa un poco —reconoció. ■

weak/ragged
little pig
swarm
at the top of their lungs
chapped of dirt
burnt leather skins
little parrots or owls
disturbance
defenseless kid/who didn't reach

Análisis

1 **Comprensión** Contesta las preguntas.

1. ¿Dónde estaba el narrador?
2. ¿Qué quería el niño?
3. ¿Por qué el narrador no podía dárselo?
4. ¿Por qué se vio el narrador rodeado de niños?
5. ¿Qué querían los niños?
6. ¿Qué tenía el niño en la muñeca?
7. Según el niño, ¿quién le regaló el reloj?
8. ¿Andaba bien el reloj?

2 **Ampliación** En parejas, contesten las preguntas y compartan sus opiniones.

1. ¿Cómo son los niños de la historia?
2. ¿Qué importancia tiene la descripción de los niños en el desarrollo de la historia?
3. Relacionen el título de este relato con el breve diálogo con el que termina. Razonen su respuesta.
4. En una entrevista, Eduardo Galeano afirmó que "es a través de las pequeñas cosas que puede acercarse uno a las grandes". Expliquen el significado de esta afirmación y su relación con el relato.

3 **Personajes** Trabajen en parejas para contestar las siguientes preguntas.

1. ¿Cuáles son los personajes favoritos de la imaginación de los niños? Hagan una breve lista.
2. ¿Qué tipo de personajes son importantes en la imaginación de los adultos? Preparen una lista.
3. ¿Qué diferencias hay entre las dos listas? ¿Por qué?
4. ¿Qué aportan (*bring*) estos personajes de ficción a nuestras vidas? Razonen sus respuestas.

4 **Historia** En parejas, cuéntense una historia que les haya ocurrido a ustedes en la que se mezclaban la realidad y la fantasía. Incluyan la siguiente información.

- **Cuántos años tenían cuando ocurrió**
- **Dónde ocurrió**
- **Qué hora era aproximadamente**
- **Con quién estaban**
- **Qué pasó**
- **Si tienen un recuerdo positivo o negativo y por qué**

5 **Ensalada de cuentos** En parejas, invéntense un cuento con las siguientes ilustraciones. Usen el pretérito y el imperfecto. Después, compartan su cuento con la clase.

dragón

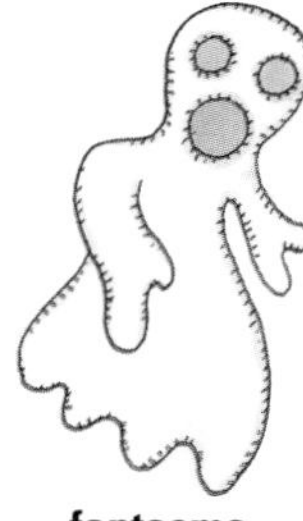
fantasma

reloj

6 **Imaginar** Trabajen en grupos de tres para imaginarse cómo sería la vida si en lugar de ir de niños a viejos, fuéramos de viejos a niños. Consideren estas sugerencias.

- Cómo serían nuestros primeros años de vida
- En qué cambiarían los años universitarios
- A qué edad se elegiría pareja
- A qué edad se tendrían hijos
- Cómo sería la relación entre padres e hijos

7 **Situaciones** En parejas, elijan una de las situaciones y escriban un diálogo. Utilicen al menos seis palabras o expresiones de la lista. Cuando lo terminen, represéntenlo delante de la clase.

PALABRAS

acontecimiento	de buenas a primeras	inocencia
adivinar	enterarse	magia
alma	exigir	¿no es cierto?
apenas	firmar	pobreza
¿Cómo que...?	imaginario/a	suceso

A

Una pareja de enamorados está planeando su futuro (trabajo, hijos, casa, etc.) Uno de ellos es muy práctico y el otro es muy imaginativo. Los dos intentan convencerse de que sus planes son los mejores.

B

Dos amigos están discutiendo sobre política. Uno de ellos piensa que el presidente tiene que ser imaginativo. El otro defiende que tiene que ser práctico. Los dos tienen que defender sus opiniones.

Preparación

Sobre el autor

Pedro García Bilbao, nacido en España en 1961, es editor y escritor de ciencia ficción. Es también el fundador de la editorial Silente, dedicada a la publicación de literatura fantástica y de ciencia ficción. En 1998, recibió el premio Ignotus de la Asociación Española de Ciencia Ficción y Fantasía, al Mejor Libro de Ensayo por su estudio sobre *La saga de los Aznar*.

Vocabulario de la lectura

acertado/a *right*
ambulante *itinerant*
amenazar *to threaten*
ciego/a *blind*
la crónica *report*
el/la extraterrestre *extraterrestrial, alien*
perdurar *to last*
plantear un interrogante *to raise a question*
la superpoblación *overpopulation*

Vocabulario útil

el astro *heavenly body*
la clonación *cloning*
desconocido/a *unknown*
extraño/a *strange, odd*
fantástico/a *fantastic, imaginary*
la huella *footprint, track*
la nave espacial *spaceship*
el ovni, OVNI (objeto volador no identificado) *UFO*

1 **Vocabulario** Conecta las palabras con la definición adecuada. Hay tres palabras de más.

1. ____ astro
2. ____ ciego/a
3. ____ perdurar
4. ____ amenazar
5. ____ extraño/a
6. ____ ambulante
7. ____ crónica
8. ____ acertado/a
9. ____ ovni
10. ____ interrogante
11. ____ superpoblación
12. ____ huella

a. sinónimo de raro
b. Se dice de una persona o cosa que va de un lugar a otro.
c. durar indefinidamente
d. sinónimo de correcto
e. cuestión sobre la que existe alguna duda
f. información periodística
g. que no ve
h. anunciar a alguien que se le va a hacer daño
i. excesivos habitantes

2 **Ciencia ficción** En parejas, contesten las preguntas.

1. ¿Les interesa la ciencia ficción? ¿Por qué?
2. ¿Qué películas o novelas de ciencia ficción creen que son de más calidad? ¿Por qué?
3. ¿Por qué creen que existe la ciencia ficción?

La ciencia ficción **clásica perdurará**

Preguntas acertadas, y no respuestas exactas, ésa es la clave de la buena ciencia ficción. ¿Qué ocurriría si el viaje interestelar fuera posible? ¿Cómo sería la vida en un planeta lejano? ¿A qué nos llevaría la superpoblación? ¿Cómo serán las relaciones humanas en un mundo hipertecnificado? ¿Es posible construir una Esfera de Dyson[1] y vivir en ella? ¿O construir un Mundo Anillo[2] con su estrella en el centro? La ciencia ficción ha permitido especular sobre lo que ocurriría si toda la población mundial quedase ciega, excepto un puñado° de afortunados, y amenazada por una extraña especie de plantas ambulantes; sobre lo que podría ocurrir si realmente hubiera una invasión extraterrestre o sobre qué problemas habría que afrontar° si los viajes temporales fueran una realidad.

fistful *to face*

También se ha preguntado por la superpoblación, las inteligencias artificiales y el lejano futuro y tantas otras cuestiones. Son miles las preguntas sugerentes y atractivas, nacidas de preocupaciones ancladas° en la realidad del escritor y el lector, las que han conformado la mayoría de las mejores obras del género. La ciencia ficción plantea interrogantes que responden a cuestiones cercanas y reales (la buena ciencia ficción), y aunque las acciones se desarrollen en el futuro, constituyen una crónica de lo que se cierne° sobre el presente; las soluciones técnicas erróneas que pueden figurar° en ocasiones en sus páginas sólo son consecuencia del deseo humano de superación°. No todo lo que se escribe responde a este planteamiento°, pero la clave está en el lector; en su curiosidad y aprecio por el sentido de la maravilla; mientras haya lectores que valoren estos elementos, la ciencia ficción clásica perdurará. ■

anchored *hovers* *appear* *self-improvement* *approach*

[1]**Esfera de Dyson** Fue imaginada por el físico estadounidense Freeman Dyson para arreglar los problemas de energía y superpoblación de la Tierra. Es una esfera artificial tan grande que el Sol y los planetas caben en ella. [2]**Mundo Anillo** El Mundo Anillo es una invención del escritor norteamericano Larry Niven. En su novela, *Ringworld,* unos viajeros descubren un mundo con forma de anillo de enormes dimensiones.

Análisis

1 **Comprensión** Contesta las preguntas.

1. ¿Cuál es la clave de la buena ciencia ficción?
2. ¿Qué ha permitido especular la ciencia ficción? Da algunos ejemplos.
3. ¿Qué ha conformado las mejores obras del género?
4. ¿Qué responden los interrogantes planteados por este género?
5. ¿En quién está la clave de la ciencia ficción y por qué?

2 **Ampliación** Contesten en parejas las preguntas inspiradas en la lectura.

1. Imaginen cómo sería el planeta si hubiera superpoblación. ¿Qué cambiaría en nuestra vida diaria? Hagan una lista de lo que cambiaría, explicando los cambios. Luego, compartan su lista con la clase.
2. ¿Les gusta la ciencia ficción a ustedes? Razonen sus respuestas y den ejemplos de obras que conozcan.
3. Pedro García afirma que la ciencia ficción plantea interrogantes que responden a cuestiones reales y cercanas. ¿Están de acuerdo con esta afirmación? ¿Por qué?
4. ¿Creen en los extraterrestres? Expliquen las razones que tienen para defender sus ideas.

3 **Ahora ustedes** En grupos de tres, imaginen que son viajeros espaciales y que llegan a un mundo de ciencia ficción. Tienen que crear ese mundo. Para ello, contesten las preguntas de la lista. Pueden añadir otros detalles. Luego, compartan su creación con toda la clase.

- Cómo son los habitantes
- Dónde viven
- Qué comen
- Cómo visten
- Cómo van de un lugar a otro
- Cómo se comunican

4 **Situaciones** En parejas, elijan una de las situaciones y escriban un diálogo. Utilicen al menos seis palabras de la lista. Cuando lo terminen, represéntenlo delante de la clase.

PALABRAS

acertado/a	**interrogante**	**peligro**
amenazar	**fantástico/a**	**perdurar**
crónica	**nave espacial**	**plantear**
desconocido/a	**ovni**	**superpoblación**

A

Dos científicos/as están en una conferencia. Uno/a de ellos/as está a favor de la clonación de seres humanos y el/la otro/a está en contra. Tienen que dar argumentos para defender sus teorías.

B

Dos investigadores/as del FBI encuentran unas huellas muy extrañas. Uno/a de ellos/as cree que son de extraterrestres e intenta convencer a su compañero/a, que no cree en esos temas.

Preparación

Sobre el autor

Pío Baroja, conocidísimo novelista español, nació en San Sebastián en 1872. En sus años jóvenes estudió en Madrid, ciudad donde se desarrollan muchas de sus novelas. Su obra más reconocida es *El árbol de la ciencia*, publicada en 1911, en la que el protagonista reflexiona sobre el sentido de la vida. Fue nombrado miembro de la Real Academia Española en 1955. Durante los difíciles años de la Guerra Civil vivió en Francia, y al final de la guerra regresó a la capital española, donde murió en 1956.

Sobre el cuento

El cuento "Médium" se inscribe dentro de la literatura fantástica. En esta literatura se cuestiona la interpretación oficial y científica del mundo. Esta subversión se consigue mediante la inclusión de elementos sobrenaturales o anormales en las historias, o también dando nuevas interpretaciones filosóficas o mitológicas del mundo que se conoce.

Vocabulario de la lectura

agarrar *to grab*
la campanilla *bell*
el cardenal *bruise*
el cerebro *brain*
el ensueño *daydream, fantasy*
entreabierto/a *half-open*
el llamador *button*
la mancha *stain*
mudo/a *mute*
la mueca de dolor *grimace of pain*
el oído *inner ear*
retratar *to photograph*
reconocer (a un paciente) *to examine (a patient)*
el retrato *portrait*
el rostro *face*
la sombra *shadow*
el tejado *roof*
temblar *to shake, to tremble*
tropezar *to stumble, to trip*

Vocabulario útil

la aparición (de un fantasma) *apparition (of a ghost)*
asustarse *to get frightened*
delirar *to be delirious*
escalofriante *horrifying*
escéptico/a *skeptical*
inmortal *immortal*
la locura *madness*
paranormal *paranormal*
sobrenatural *supernatural*
el sueño *dream*
la telequinesia *telekinesis*

1 **Vocabulario** En parejas, preparen un breve diálogo con las palabras de la lista. Después, represéntenlo delante de la clase.

PALABRAS

aparición	mancha
asustarse	sombra
locura	temblar

2 **Contestar** En parejas, háganse las preguntas y luego compartan sus respuestas con la clase.

1. ¿Les han contado alguna vez una historia con elementos sobrenaturales? ¿Qué pasó?
2. ¿Creen en los fenómenos paranormales? Razonen sus respuestas.
3. ¿Les gusta esta clase de historias? ¿Por qué?

MÉDIUM

Soy un hombre intranquilo, nervioso, muy nervioso; pero no estoy loco, como dicen los médicos que me han reconocido. He analizado todo, he profundizado todo, y vivo intranquilo. ¿Por qué? No lo he sabido todavía.

Desde hace tiempo duermo mucho, con un sueño sin ensueño; al menos, cuando me despierto, no recuerdo si he soñado; pero debo soñar; no comprendo por qué se me figura que debo soñar. A no ser que esté soñando ahora cuando hablo; pero duermo mucho; una prueba clara de que no estoy loco.

La médula mía está vibrando siempre, y los ojos de mi espíritu no hacen más que contemplar una cosa desconocida, una cosa gris que se agita con ritmo al compás° de las pulsaciones de las arterias en mi cerebro. Pero mi cerebro no piensa, y, sin embargo, está en tensión; podría pensar, pero no piensa... ¡Ah! ¿Os sonreís, dudáis de mi palabra? Pues bien, sí. Lo habéis adivinado. Hay un espíritu que vibra dentro de mi alma. Os lo contaré:

to the beat

Luego, en voz baja, murmuró:
–Ha sido mi hermana.
–¡Ah! Ella...
–No sabes la fuerza que tiene...

Es hermosa la infancia, ¿verdad? Para mí, el tiempo más horroroso de la vida. Yo tenía, cuando era niño, un amigo; se llamaba Román Hudson; su padre era inglés, y su madre, española.

Le conocí en el Instituto. Era un buen chico; sí, seguramente era un buen chico; muy amable, muy bueno; yo era huraño y brusco°.

unsociable and rough

A pesar de estas diferencias, llegamos a hacer amistades, y andábamos siempre juntos. Él era un buen estudiante, y yo, díscolo y desaplicado°; pero como Román siempre fue un buen muchacho, no tuvo inconveniente en llevarme a su casa y enseñarme sus colecciones de sellos.

unruly and lazy

La casa de Román era muy grande y estaba junto a la plaza de las Barcas, en una callejuela estrecha, cerca de una casa en donde se cometió un crimen, del cual se habló mucho en Valencia. No he dicho que pasé mi niñez en Valencia. La casa era triste, muy triste, todo lo triste que puede ser una casa, y tenía en la parte de atrás un huerto° muy grande, con las paredes llenas de enredaderas de campanillas° blancas y moradas. Mi amigo y yo jugábamos en el jardín, en el jardín de las enredaderas, y en un terrado ancho, con losas°, que tenía sobre la cerca enormes tiestos de pitas°.

garden

morning glories

flagstones

pita flowerpots

Un día se nos ocurrió a los dos hacer una expedición por los tejados y acercarnos a la casa del crimen, que nos atraía por su misterio. Cuando volvimos a la azotea°,

terrace roof

una muchacha nos dijo que la madre de Román nos llamaba.

Bajamos del terrado y nos hicieron entrar en una sala grande y triste. Junto a un balcón estaban sentadas la madre y la hermana de mi amigo. La madre leía; la hija bordaba°. No sé por qué, me dieron miedo.

was embroidering

La madre con su voz severa, nos sermoneó° por la correría nuestra, y luego comenzó a hacerme un sinnúmero de preguntas acerca de mi familia y de mis estudios. Mientras hablaba la madre, la hija sonreía; pero de una manera tan rara, tan rara...

sermonized

—Hay que estudiar —dijo, a modo de conclusión, la madre.

Salimos del cuarto, me marché a casa y toda la tarde y toda la noche no hice más que pensar en las dos mujeres.

Desde aquel día esquivé° como pude el ir a casa de Román. Un día vi a su madre y a su hermana que salían de una iglesia, las dos enlutadas°; y me miraron y sentí frío al verlas.

avoided

dressed in mourning

Cuando concluimos el curso ya no veía a Román: estaba tranquilo: pero un día me avisaron de su casa, diciéndome que mi amigo estaba enfermo. Fui, y le encontré en la cama, llorando, y en voz baja me dijo que odiaba a su hermana. Sin embargo, la hermana, que se llamaba Ángeles, le cuidaba con esmero° y le atendía con cariño; pero tenía una sonrisa tan rara, tan rara...

great care

Una vez, al agarrar de un brazo a Román, hizo una mueca de dolor.

—¿Qué tienes? —le pregunté.

Y me enseñó un cardenal inmenso, que rodeaba su brazo como un anillo.

Luego, en voz baja, murmuró:

—Ha sido mi hermana.

—¡Ah! Ella...

—No sabes la fuerza que tiene; rompe un cristal con los dedos, y hay una cosa más extraña: que mueve un objeto cualquiera de un lado a otro sin tocarlo. Días después me contó, temblando de terror, que a las doce de la noche, hacía ya cerca de una semana que sonaba la

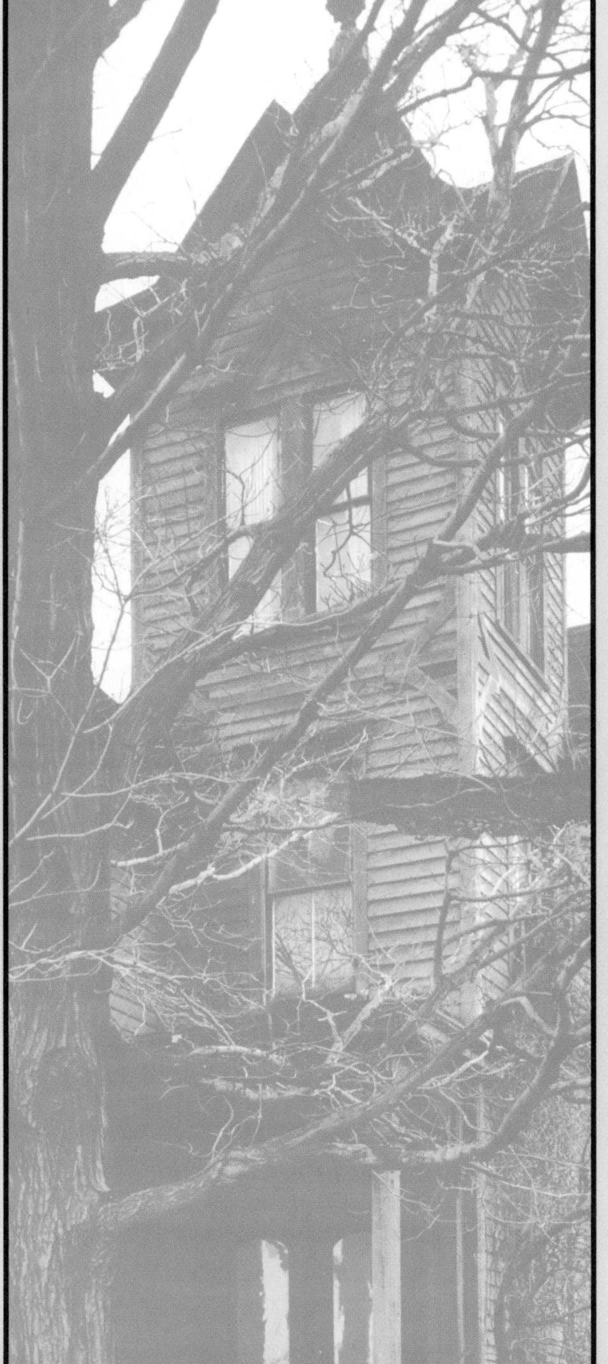

campanilla de la escalera, se abría la puerta y no se veía a nadie.

Román y yo hicimos un gran número de pruebas. Nos apostábamos° junto a la puerta ..., llamaban ..., abríamos..., nadie. Dejábamos la puerta entreabierta, para poder abrir en seguida ... ; llamaban..., nadie.

we took up position

Por fin quitamos el llamador a la campanilla, y la campanilla sonó, sonó..., y los dos nos miramos estremecidos° de terror.

shuddered

—Es mi hermana, mi hermana —dijo Román.

Y, convencidos de esto, buscamos los dos amuletos por todas partes, y pusimos en su cuarto una herradura°, un pentagrama y varias inscripciones triangulares con la palabra mágica: «Abracadabra.»

horseshoe

Inútil°, todo inútil; las cosas saltaban de sus sitios, y en las paredes se dibujaban sombras sin contornos° y sin rostro.

useless

outlines

Román languidecía, y para distraerle, su madre le compró una hermosa máquina fotográfica. Todos los días íbamos a pasear juntos, y llevábamos la máquina en nuestras expediciones.

Un día se le ocurrió a la madre que los retratara yo a los tres, en grupo, para mandar el retrato a sus parientes de Inglaterra. Román y yo colocamos un toldo de lona° en la azotea, y bajo él se pusieron la madre y sus dos hijos. Enfoqué°, y por si acaso me salía mal, impresioné dos placas. En seguida Román y yo fuimos a revelarlas°. Habían salido bien; pero sobre la cabeza de la hermana de mi amigo se veía una mancha oscura.

we put up a canvas awning

I focused

develop them

Dejamos a secar las placas, y al día siguiente las pusimos en la prensa, al sol, para sacar las positivas.

Ángeles, la hermana de Román, vino con nosotros a la azotea. Al mirar la primera prueba, Román y yo nos contemplamos sin decirnos una palabra. Sobre la cabeza de Ángeles se veía una sombra blanca de mujer de facciones° parecidas a las suyas. En la segunda prueba se veía la misma sombra, pero en distinta actitud: inclinándose sobre Ángeles, como hablándole al oído. Nuestro terror fue tan grande, que Román y yo nos quedamos mudos, paralizados. Ángeles miró las fotografías y sonrió, sonrió. Esto era lo grave.

facial features

Yo salí de la azotea y bajé las escaleras de la casa tropezando, cayéndome, y al llegar a la calle eché a correr, perseguido por el recuerdo de la sonrisa de Ángeles. Al entrar en casa, al pasar junto a un espejo, la vi en el fondo de la luna, sonriendo, sonriendo siempre.

¿Quién ha dicho que estoy loco? ¡Miente!, porque los locos no duermen, y yo duermo... ¡Ah! ¿Creíais que yo no sabía esto? Los locos no duermen, y yo duermo. Desde que nací, todavía no he despertado. ■

Análisis

1 **Comprensión** Contesta las preguntas.

1. ¿Qué dicen los médicos que han reconocido al narrador?
2. ¿Qué piensa el narrador que hay en su alma?
3. ¿Cómo fue su infancia?
4. ¿Qué había ocurrido cerca de la casa de Román?
5. ¿Qué hicieron los dos amigos un día?
6. ¿Qué hacían la madre y la hermana de Román cuando los dos entraron en la sala?
7. ¿Quién le hizo el cardenal a Román?
8. ¿Qué poderes decía Román que tenía su hermana?
9. ¿Para qué quería la madre de Román la fotografía?
10. ¿Qué se veía en la foto?

2 **Puntos de vista** En parejas, elijan uno de los personajes de la lista y cuenten la historia del cuento "Médium" desde el punto de vista de ese personaje. Utilicen el pretérito y el imperfecto en su historia.

- Román Hudson
- Ángeles, la hermana de Román
- la madre de Román
- un médico

3 **Analizar** ¿Crees que el personaje está loco? ¿Por qué? En parejas, hagan una lista de los indicios (*signs*) que indican que el personaje tiene problemas psiquiátricos, y otra de los que indican que no los tiene. ¿Cuál es su conclusión?

4 **Adivinar** En grupos pequeños, elijan una película o novela fantástica famosa. Cada miembro del grupo tiene que contar algo de lo que pasa en la historia y el resto de la clase tiene que adivinar de qué película o novela se trata. Usen el pretérito y el imperfecto.

5 **Situaciones** En parejas, elijan una de las situaciones y escriban un diálogo basado en ella. Usen, al menos, seis palabras de la lista. Cuando lo terminen, represéntenlo delante de la clase.

PALABRAS		
agarrar	**inmortal**	**sobrenatural**
aparición	**locura**	**sombra**
asustarse	**paranormal**	**sueño**
cardenal	**retrato**	**temblar**
delirar	**sangre**	**tropezar**

A

Un fantasma se le aparece a una persona escéptica y le tiene que convencer de que es real. La persona no le cree y discuten.

B

Ha llegado el día de bodas de una pareja de enamorados. Ese día, el novio tiene que confesarle a su amada que es un vampiro y la tiene que convencer para que ella se convierta en vampiro también.

Preparación

Sobre el autor

Las obras del argentino **Joaquín Salvador Lavado**, conocido como Quino, se comenzaron a publicar en 1954 en Buenos Aires. Después de diez años de publicar dibujos de humor gráfico, Quino creó a Mafalda, su personaje más querido. A través de Mafalda, una niña que vivía en la Argentina de los años 60 y 70, Quino reflexionaba sobre la situación política y social del mundo. En 1973, Quino dejó de publicar Mafalda y empezó a dibujar otras historias con un humor que, según las palabras del propio dibujante, quizás fuera "menos vivaz pero tal vez algo más profundo".

Vocabulario de la tira cómica

podrido/a *fed up*
ratón, ratona *mouse*

Vocabulario útil

aplastar *to squash*
el/la astronauta *astronaut*
aterrizar *to land*
la cueva *cave*
deshabitado/a *uninhabited*
la escoba *broom*
la linterna *flashlight*
matar *to kill*
la nada *nothing*
el recogedor *dustpan*
la viñeta *vignette*

1 **Adivinar** En parejas, miren la primera viñeta de la tira cómica e imaginen qué va a pasar. Después, compartan su historia con la clase.

2 **Otros mundos** ¿Creen que sin imaginación hubiera sido posible realizar viajes espaciales? ¿Por qué?

Análisis

1 **Narrar** En parejas, cuéntense qué ocurre en la tira cómica.

2 **Un poco de fantasía** En parejas, contesten las preguntas.

1. ¿Qué año es?
2. ¿De dónde es el astronauta?
3. ¿Qué misión tiene?
4. ¿A qué planeta ha llegado?
5. ¿Cómo es la vida en ese planeta?
6. ¿Cómo son sus habitantes?

3 **Inventar** En grupos pequeños, imaginen otro final para la historia, a partir de la viñeta seis. Usen el pretérito y el imperfecto.

4 **Otro viaje** En parejas, cuéntense un viaje con el que hayan soñado. Después, compartan el viaje de su compañero/a con la clase.

Viaje espacial de Quino

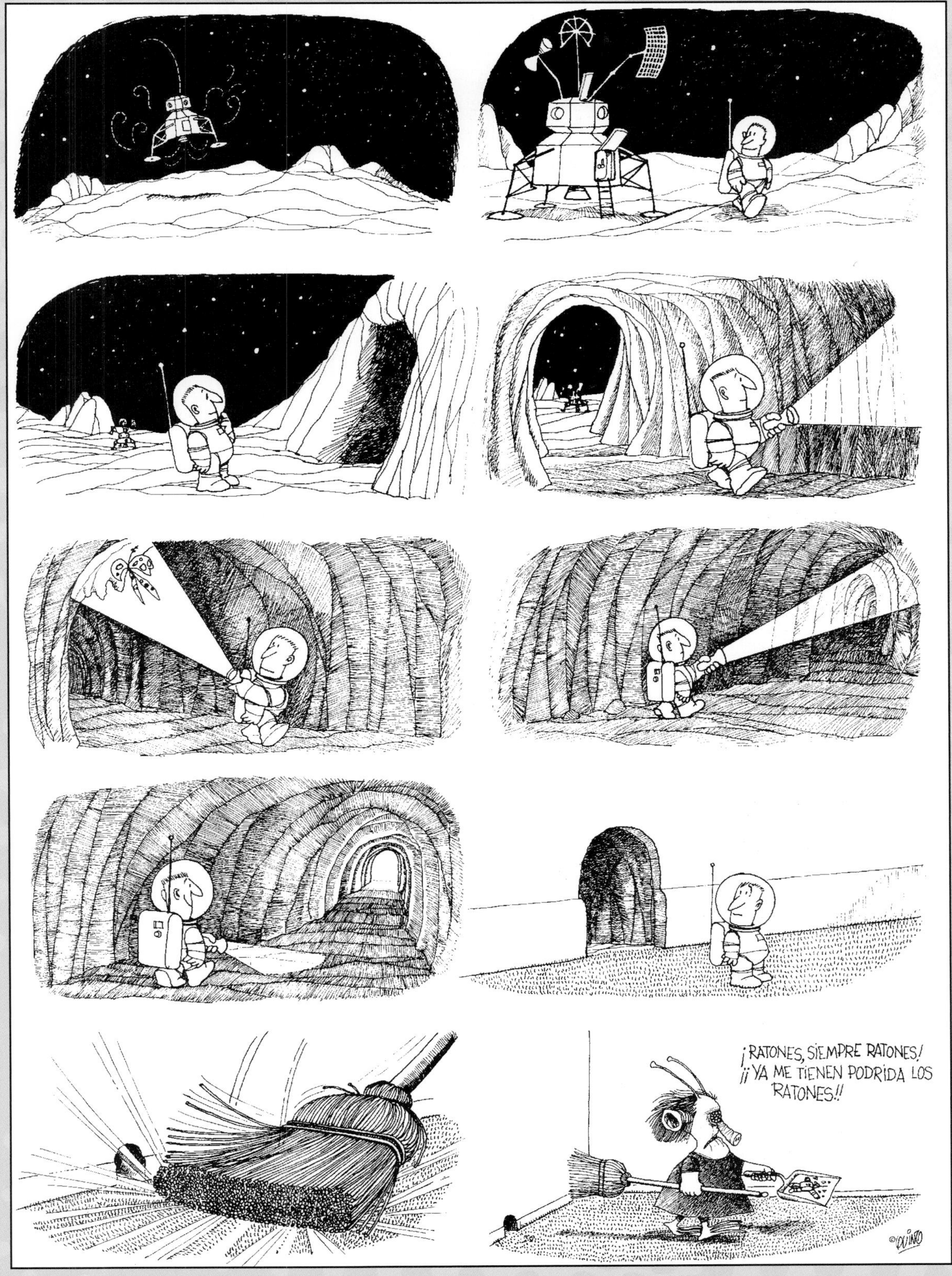

Escribe un relato fantástico

Escribe un relato fantástico. Tienes que usar el pretérito y el imperfecto. Antes de empezar, recuerda que estos relatos cuentan lo imposible y lo sobrenatural. Nos presentan, de esa forma, un mundo que rompe las reglas de la realidad. ¿Estás preparado/a?

Plan de redacción

Planea

1 **Quién es el protagonista** Piensa en quién va a ser el protagonista de tu historia. ¿Vas a ser tú, o vas a elegir a una tercera persona? ¿Es un hombre o una mujer? ¿Qué edad tiene? ¿Cómo es físicamente?

2 **Crear el marco** (*setting*) Decide el lugar, la hora y el año en que se desarrolla la historia.

3 **Cuál será el elemento fantástico** ¿Qué fenómeno o personaje fantástico tendrá tu historia?

4 **Qué va a ocurrir** Piensa en lo que va a suceder en el cuento.

Escribe

5 **Historia** Comienza a escribir la historia que has pensado. No debe ser muy larga. Recuerda que las acciones completas se expresan con el pretérito y que en las descripciones se usa el imperfecto.

6 **Desenlace** (*Outcome*) ¿Cómo termina la historia? El final de tu historia tiene que tener un elemento de sorpresa que capte la imaginación del lector.

Comprueba y lee

7 **Revisa** Lee tu cuento para mejorarlo.

- Evita las repeticiones.
- Comprueba (*Verify*) que los tiempos verbales que has utilizado son los correctos.
- Revisa la concordancia (*agreement*) entre sustantivos y adjetivos.

8 **Lee** Lee tu cuento a tus compañeros de clase. Ellos tomarán notas de tu relato. Cuando hayas terminado de leerlo, tienes que estar preparado para contestar sus preguntas.

¿Productos de la imaginación o realidades?

1. La clase se divide en cuatro grupos y cada uno tiene que pensar y anotar sus opiniones sobre una de las siguientes preguntas.

"¿Existen los fantasmas?"

"¿Crees en el destino?"

"¿Y los ovnis?"

"¿Y en el horóscopo?"

2. Cada grupo tiene que preparar un breve resumen sobre lo que piensa del tema. En el caso de que no todos los miembros del grupo estén de acuerdo, pueden mencionar que dentro del grupo hay distintas opiniones y explicar cuáles son.
3. Los diferentes grupos presentan sus ideas a la clase, mientras todos toman nota.
4. Cuando todos los grupos terminen sus presentaciones, toda la clase debe participar haciendo preguntas y/o defendiendo sus opiniones.

LECCIÓN 2

Una cuestión de personalidad

¿Qué es la personalidad? Se suele definir como el conjunto de características que distinguen a un individuo de otro. Estos rasgos y conductas determinan la manera que tiene un individuo de relacionarse con los demás y de enfrentarse al mundo.

¿Cómo eres?

¿Corresponde tu comportamiento con tu personalidad?

¿Cuál es la personalidad ideal?

Le diría que aprovechara cada momento
58

30

38

Preparación

Vocabulario del corto

atreverse *to dare*
el/la campesino/a *peasant*
componerse *to fix itself*
el cura *priest*
el chamán *shaman (religious figure believed to have magical or supernatural powers to heal and to foresee events)*
desanimarse *to get discouraged*
el establo *stable*
el frasco *flask*
el/la huérfano/a *orphan*
la milpa *cornfield*
el rezo *prayer*
la sequía *drought*
terco/a *stubborn*

Vocabulario útil

afrontar *to face*
arrepentirse *to regret*
arriesgarse *to risk*
contentar *to make happy*
contentarse *to be satisfied*
el coraje *courage*
embarazada *pregnant*
esconderse *to hide (oneself)*
estar en un dilema *to have a dilemma*
indeciso/a *undecided*
perspicaz *acute, sagacious*
la procesión *procession*
recurrir a (alguien) *to turn to (someone)*
tener el valor *to have the courage*
valer la pena *to be worth it*
valiente *brave*
valorar *to value*

EXPRESIONES

Amor del mero bueno. *True love.*
Dichosos los ojos que te ven. *You're a sight for sore eyes.*
Estar de malas. *To be in a bad mood.*
Estar que trina. *To seethe with anger.*
No hay que desanimarse. *Let's keep going.*
¡Pa'luego es tarde! *No time like the present!*

1 **Vocabulario** Completa las oraciones con las palabras de la lista. Hay dos palabras de más.

PALABRAS

arriesgarse	indecisa
decisiones	opinión
desanimada	perspicaz
dilema	terca
embarazada	valiente

1. Una persona ______________ no tiene miedo a ______________.
2. Una persona ______________ no está motivada.
3. Una persona ______________ no quiere cambiar de ______________.
4. Una persona ______________ es muy lista y tiene mucho instinto.
5. Una persona ______________ tiene problemas para tomar ______________.

2 **Milagros** En parejas, contesten las preguntas.

1. ¿Qué son los milagros?
2. ¿Creen que los milagros existen? Razonen sus respuestas.
3. Expliquen algún acontecimiento histórico o una experiencia personal que se haya resuelto milagrosamente.

3 **Instantes** En parejas, observen las siguientes fotografías e imaginen lo que va a ocurrir en el cortometraje.

4 **Calentamiento** En parejas, háganse las siguientes preguntas y razonen sus respuestas. Si lo desean, pueden ampliar sus respuestas con alguna anécdota o experiencia personal.

1. ¿Afrontas las situaciones difíciles con valentía o te desanimas con facilidad?
2. ¿Qué haces cuando tienes que tomar una decisión que sabes que afectará a tu vida?
3. ¿Te arrepientes de no haber hecho algo que querías hacer pero no tuviste el valor de hacerlo?
4. ¿Te has ido a dormir alguna vez desesperado/a pensando que todo estaba perdido y al día siguiente al despertarte la cosa no parecía tan grave?
5. ¿Has sentido alguna vez que se te escapó la gran oportunidad de tu vida y que nunca jamás volvería? ¿Estabas equivocado/a? ¿Te es difícil cambiar de opinión?
6. ¿Crees que las personas mayores te pueden dar buenos consejos?
7. ¿Crees que los amores de antes eran más auténticos y duraderos que los de la actualidad?
8. ¿Qué estarías dispuesto/a a arriesgar por un amor de verdad?
9. ¿Te gusta compartir tus experiencias? ¿Con quién?
10. ¿A quién recurres cuando necesitas ayuda?

PREMIO ARIEL AL MEJOR CORTOMETRAJE
ACADEMIA MEXICANA DE ARTES Y CIENCIAS CINEMATOGRÁFICAS, A.C.
PREMIO DEL JURADO AL MEJOR CORTOMETRAJE DEL FESTIVAL
FESTIVAL INTERNACIONAL DE CINE DE VIÑA DEL MAR, CHILE
PREMIO DEL JURADO NACIONAL DE CRÍTICA CINEMATOGRÁFICA
FESTIVAL DE CINE DE LA UNIVERSIDAD DE COLUMBIA, US
La Milpa
Una producción de CONACULTA/INSTITUTO MEXICANO DE CINEMATOGRAFÍA
Guión y Dirección PATRICIA RIGGEN Productores PATRICIA RIGGEN /MIGUEL URBINA/ÁLVARO DONADO
Fotografía CHECCO VARESE Edición VÍCTOR MARÍN/JOSÉ PELÁEZ/MARIO SANDOVAL Música ROSINO SERRANO
Sonido ANDRÉS FRANCO Dirección de Arte POLO ESCOBOSO Actores SOCORRO AVELAR/LETICIA GUTIÉRREZ/
MAGALI BOYSSELLE/GERARDO TARACENA/GABRIEL RONQUILLO/HERIBERTO DEL CASTILLO/LUZ MARÍA PEÑA/JOSÉ ANTONIO
ESTRADA/MAURICIO DAVISON/GERARDO MARTÍNEZ
Ficción / 35mm / Color / THX Dolby Digital / 2002

FICHA **Personajes** Ángela, Rocío, Pepito, Jacinto, Crisanto, Carmela, Espiridión, cura, delegado, chamán
Duración 27 minutos **País** México

ESCENAS

(*Rocío visita a Ángela que está enferma.*)
Ángela ¿Y ahora por qué tan de malas? ¿Se te fue el güerito[1] ése con que andas? (...) ¿Que nunca te conté? ¡Qué tiempos, tú, niña! Ven, siéntate aquí tantito[2]. De Jacinto, ni a tu madre le conté.

(*Ángela le cuenta a Rocío la historia de su juventud en la milpa.*)
Ángela Esa parcela era lo único que nos quedaba y no había llovido. Los hombres del pueblo vieron que no había de otra más que sacar a la Virgen.

Ángela Entonces tenía yo, ahora verás... veintitrés años. Para esos tiempos, tú, ya estaba medio pasadita de edad... como era huérfana, pobre y de pilón[3] tenía que ver por el Pepito, que ya estaba grande, pero retrasadito[4]. Pues nadie quería cargar conmigo.

(*Jacinto, primo de Ángela, se va del pueblo.*)
Carmela ¡Ay, hijita! Tu primo Jacinto se fue con los villistas y ni adiós dijo.
Rocío ¿Te dejó, Ángela?
Ángela Pues sí, igualito que la milpa ya me andaba quebrando.

Crisanto Mire, sobrina, usted se va con el señor Delegado que nos va a hacer el favor de hacerse cargo de usted, y el crío[5] nos lo quedamos nosotros.
Ángela No tío, así no.
Carmela ¿Y qué vas a hacer tú sola?

Ángela Otro día continuamos, Rocío. Estoy muy cansada.
Rocío Ángela, no te duermas. Espérate. Antes tengo que decirte algo. No me atreví a irme con Memo. Y sí quiero, pero tengo miedo.

[1]*fair-haired* [2]*a little while* [3]*on top of it* [4]*slow (mentally)* [5]*baby*

Nota CULTURAL

Desde 1910 hasta 1914, México vivió uno de los episodios más significativos de su historia: la Revolución Mexicana. Uno de sus líderes fue el carismático Pancho Villa (1876-1923) que logró formar un ejército de voluntarios mexicanos, conocidos como villistas. El objetivo inicial de estos grupos era defender los derechos de los campesinos quienes estaban obligados a trabajar tierras que no les pertenecían y vivían sumidos en la absoluta pobreza.

EN PANTALLA

Ordenar Ordena estas acciones según las vas viendo.

___ a. Los campesinos pasean a la Virgen por la milpa.
___ b. Jacinto abandona a Ángela.
___ c. El pueblo celebra una fiesta en la milpa.
___ d. El chamán aconseja a Ángela.
___ e. Los villistas se van de San Martín y comienza a llover.
___ f. Ángela se esconde en un establo.

Análisis

1 **Comprensión** Contesta las preguntas.

1. ¿Por qué está de mal humor Rocío cuando llega a la casa de Ángela? Cita tres ejemplos del corto que muestren que está enojada.
2. ¿Por qué decide Ángela contarle a Rocío la historia de su juventud?
3. ¿Por qué los campesinos paseaban a la Virgen por la milpa?
4. ¿Por qué se escondió Ángela en el establo?
5. ¿Por qué abandonó Jacinto a Ángela?
6. ¿Por qué los campesinos le pidieron al cura que les prestara el Niño Jesús?
7. ¿Por qué Rocío y Espiridión salieron corriendo de la panadería?
8. ¿Por qué el pueblo de San Martín celebró una fiesta en la milpa?

2 **Actuar** A continuación aparece lo que Rocío le dice a su novio por el teléfono celular. En parejas, imaginen y escriban la parte del diálogo de Memo. Luego, representen la conversación telefónica entre Rocío y Memo.

—Sí te quiero, muchísimo.

—Pero no puedo, de veras, no puedo.

—¿Hasta allá? Es lejos. Mis papás no me lo… ¿Bueno?

—No me cuelgues por f… por fa…

(*Memo cuelga y Rocío le llama otra vez.*)

—¡Memo! ¡Memo! Por favor no me cuelgues.

—Dame chance, sólo unos días. Es una decisión gruesísima.

—Mis papás no están de acu… ¡Memo!

3 **Amor verdadero** En un momento dado, Ángela le dice a Rocío: "Aquél si era amor del mero bueno". En parejas, citen ejemplos del corto que demuestren el amor que Ángela sentía por Jacinto y el amor que Jacinto sentía por Ángela. Luego, digan cuántos tipos de amor se ven en este corto.

4 **Decisiones** Ángela tuvo que afrontar algunas situaciones difíciles en su juventud. En grupos de tres, digan tres decisiones importantes que tomó Ángela y expliquen la importancia que tuvieron en su vida. Razonen sus respuestas.

5 **Contextos** En grupos de tres, digan a qué personaje pertenece cada cita y expliquen en qué circunstancias se dice. Después, opinen sobre las afirmaciones y compartan su opinión con los demás grupos. Vuelvan a ver el corto si es necesario.

1. "Cuando me vaya, me voy a ir calladita, sin molestar a nadie."
2. "Todos son iguales. Nomás ahora sin pistola ni caballo, pero igual de machos."
3. "Los campesinos somos tercos como una mula."
4. "¿Cómo les hago entender a estos pobres que los fenómenos de la naturaleza no tienen nada que ver con las imágenes religiosas?"
5. "La revolución es lo único que nos queda a los pobres."
6. "Los hombres buenos no se dan en maceta. Hay que buscarlos. De que los hay, los hay. Pero el trabajo es dar con ellos."

6 **¡Va a amanecer rebonito!** En grupos pequeños, miren esta fotografía del corto y ubíquenla (*situate it*) en la historia. Luego, discutan cuál creen que es la importancia que tiene este momento en el argumento y en el desenlace (*ending*).

7 **Reflexiones** En grupos pequeños, contesten las preguntas. Luego, compartan sus respuestas con el resto de la clase.

1. ¿Cuál es la actitud de Rocío hacia Ángela al principio del corto y al final? ¿Por qué?
2. ¿Qué influencia tiene la historia de Ángela en la joven Rocío?
3. Al final del corto, Ángela dice: "Esto sí hay que celebrarlo. Mi niña se va a la guerra". ¿Cuál es el significado con el que usa Ángela el término "guerra" en este contexto?
4. ¿Recomendarían este cortometraje? ¿Por qué?

8 **Situaciones** En parejas, elijan una de las situaciones y escriban un diálogo. Utilicen al menos seis palabras o expresiones de la lista. Cuando lo tengan listo, represéntenlo delante de la clase.

PALABRAS		
arrepentirse	**desanimarse**	**terco/a**
arriesgarse	**estar en un dilema**	**valer la pena**
atreverse	**indeciso/a**	**valentía**
contentarse	**perspicaz**	**valiente**
coraje	**tener el valor**	**valorar**

A

Un(a) novio/a se va a África a estudiar. Llama a su novio/a para pedirle que le acompañe. Éste/a está muy enamorado/a de él/ella y no quiere perderlo/a, pero está indeciso/a.

B

Un(a) joven está enamorado/a de dos personas al mismo tiempo. Tiene muchas dudas. Su abuelo/a le cuenta que él/ella pasó por la misma situación y cómo lo solucionó.

Los verbos ser y estar

Recuerda

Los verbos **ser** y **estar** se traducen como *to be* en inglés, pero los dos tienen usos diferentes. El verbo **ser** normalmente se usa para hablar de cualidades permanentes y el verbo **estar** para estados que cambian con el tiempo.

Usos de ser

El verbo **ser** se usa:

- Para definir o identificar algo o a alguien.

  *Ángela **es una mujer** con mucho carácter.*

- Para hablar del origen, de la nacionalidad o de la procedencia de algo o de alguien.

  *Ángela y Rocío **son mexicanas**.*

- Para indicar el material del que están hechas las cosas.

  *El frasco **es de cristal**.*

- Para hablar de las profesiones. Recuerda que se suele omitir el artículo antes de la profesión indicada.

  *El hijo de Ángela **es tendero** (shopkeeper).*

- Para hablar de la hora y la fecha.

  ***Eran las diez** de la noche.*

- Para indicar cuándo o dónde tuvo o tendrá lugar un evento.

  *La fiesta **fue en la milpa**.*

- Para expresar posesión.

  *El Niño **es de todos**.*

Usos de estar

El verbo **estar** se usa:

- Para ubicar, localizar a algo o a alguien en el espacio.

  *Los villistas **estaban en el pueblo**.*

- Para hablar de la salud, del estado de ánimo y de estados físicos.

  *Ángela **estaba embarazada**.*

- Con ciertas expresiones sobre el clima: estar despejado, estar soleado, estar nublado.

  *Ángela miró al cielo que, por fin, **estaba soleado**.*

- Con el gerundio, para indicar acciones continuas que se están desarrollando en ese momento.

  *El hermano de Ángela **estaba cuidando la milpa**.*

Diferencias entre ser y estar

Ser se usa para hablar de cualidades permanentes, es decir, que no cambian con el paso del tiempo.

Estar se usa para hablar de cualidades temporales, es decir, que cambian con el tiempo.

- **Ser** y **estar** con adjetivos

  La diferencia entre **ser** y **estar** se ve más claramente cuando se usan con los mismos adjetivos. Por ejemplo, si se dice que alguien es optimista se está diciendo que es optimista siempre, y que esa cualidad es parte de su personalidad. Sin embargo, si se dice que está optimista, se está indicando que en ese momento está optimista, pero que no siempre lo es.

Siempre	**Temporalmente**
Es muy elegante.	Está muy elegante.
Es muy trabajador.	Está muy trabajador.
Es nerviosa.	Está nerviosa.

- Algunos adjetivos cambian de significado al usarse con **ser** o con **estar**.

ser aburrido/a *to be boring*	**estar aburrido/a** *to be bored*
ser listo/a *to be smart*	**estar listo/a** *to be ready*
ser malo/a *to be bad*	**estar malo/a** *to be sick; to go bad*
ser rico/a *to be rich*	**estar rico/a** *to be delicious*
ser seguro/a *to be safe, to be secure*	**estar seguro/a** *to be sure*
ser verde *to be green*	**estar verde** *to be unripe; to be inexperienced*
ser vivo/a *to be lively, vivacious*	**estar vivo/a** *to be alive*

Práctica

1 **Ser y estar** Escribe una pequeña historia en el pasado, utilizando al menos seis palabras o frases de la lista.

PALABRAS

aburrido/a
argentino/a
arquitecto/a
enfermo/a
listo/a
ocho de la tarde
rico/a
triste
valiente
vivo/a

2 **Tabú** Jueguen al Tabú en parejas. Uno/a de ustedes le describe a su compañero/a la persona o cosa de la lista que elija, SIN usar las palabras entre paréntesis. Túrnense y utilicen **ser** y **estar** en sus descripciones.

- sol (día, cielo, calor)
- Brad Pitt (actor, Jennifer Aniston, guapo)
- discoteca (música, bailar, sábado por la noche)
- presidente (gobierno, país, poder)
- dinero (comprar, pagar, verde)
- perro (animal, gato, cuatro)
- Estatua de la Libertad (verde, monumento, Nueva York)
- mesa (mueble, cuatro, comer)

Preparación

Vocabulario de la lectura

la ambición *ambition*
asequible *attainable*
la autoestima *self-esteem*
el bienestar *well-being*
la clave *key*
la depresión *depression*
el descubrimiento *discovery*
desgraciado/a *unhappy, unfortunate*
la ecuación *equation*
entristecerse *to become sad*
la estupidez *stupidity*
la expectativa *expectation*
el/la investigador(a) *researcher*
la meta *goal*
el olvido *oblivion*
la seguridad *safety*
sumar *to add*

Vocabulario útil

deprimido/a *depressed*
evadirse *to escape*
la infelicidad *unhappiness*
el/la psiquiatra *psychiatrist*

1 **Vocabulario** Completa el correo electrónico con las palabras adecuadas.

From: Carmen <Carmen@micorreo.com>
To: Jorge <Jorge@micorreo.com>
Re: del Departamento de Psicología

Querido Jorge:

¡Estoy tan contenta! Voy a trabajar con la mejor ____________ del Departamento de Psicología.

Tú me dijiste que tengo demasiada ____________, pero yo no estoy de acuerdo. Mi ____________ es trabajar con ella para encontrar la ____________ de los problemas de ____________ que son tan frecuentes hoy día. Sé que va a ser difícil, pero deseo intentarlo.

Me ____________ mucho que no me comprendas. Espero hablar contigo pronto.

Besos,

Carmen

2 **Felicidad** En parejas, háganse las siguientes preguntas y razonen sus respuestas.

1. ¿Son felices? ¿Conocen a alguien que sea feliz?
2. ¿Creen que la sociedad será más feliz en el futuro?
3. Preparen una lista con diez cosas que les hagan felices a los dos. Léansela al resto de la clase cuando la hayan terminado. ¿Qué cosas son más frecuentes en todas las listas?

Las cuatro fórmulas científicas de la felicidad

Felicidad = Características personales + 5 Necesidades básicas + 3 Necesidades adicionales

Decía la canción: "Tres cosas hay en la vida: salud, dinero y amor", pero hoy sabemos, gracias a las últimas investigaciones, que estos tres términos no son más que uno de los componentes de la felicidad. ¿Cuáles son los otros componentes? Las características personales como el optimismo, la flexibilidad, la extraversión; las necesidades básicas: que incluyen la salud, el dinero, el amor y la seguridad personal; y, para terminar, las necesidades adicionales: la autoestima, las expectativas, las relaciones profundas y las ambiciones.

Si crees en las estadísticas, claro. Y si te fías de° *trust* la lectura que hacen de ellas los investigadores británicos Carol Rothwell y Pete Cohen, una psicóloga y un "asesor de estilos de vida", que afirman que han encontrado la ecuación de la felicidad. Para obtenerla, encuestaron° *surveyed* a mil voluntarios, y de sus respuestas concluyeron que el nivel de felicidad de una persona tiene los siguientes ingredientes, y en las siguientes proporciones (casi culinarias): La felicidad es igual al conjunto° *whole* de características de la persona sumada a las necesidades básicas (multiplicadas por cinco) sumada a las necesidades adicionales (multiplicadas por tres).

El tipo y el equipo de fútbol

Así de fácil. Para los autores, su "descubrimiento" tiene el mérito de "ser la primera ecuación que permite a las personas poner cifras° a su estado emocional". No todos están de acuerdo. El autor del libro *La felicidad*, José Manuel Rodríguez Delgado, se muestra así de tajante°: "Es una estupidez: ninguna ecuación matemática podrá definir la felicidad". Quizá el mérito de esa investigación sea el de aportar° algunos datos estadísticos. Gracias a ellos, sabemos que hombres y mujeres obtienen de forma diferente su felicidad —por ejemplo, ellos, del triunfo deportivo, de su equipo, claro; y ellas, de... ¡adelgazar! Otros estudios apuntan que lo más indicado para ser feliz es ser mujer y mayor de 30, que la inflación nos entristece y la democracia nos alegra.

figures · *categorical, cutting* · *that of providing*

¿Existe alguna "receta"? Sean optimistas, nos dicen.

"Qué voy a hacerle, soy feliz", confesaba avergonzado Pablo Neruda[1]. La felicidad ha tenido a menudo mala prensa, como si el desgraciado fuera más lúcido, más digno de estudio. La psicología ha sido durante mucho tiempo una ciencia de la enfermedad que ha ignorado un aspecto del ser humano más frecuente de lo que se pensaba.

Como apuntan los psicólogos María Dolores Avia y Carmelo Vázquez en su obra *Optimismo inteligente,* "la investigación tiene una deuda pendiente° con emociones importantísimas". Una deuda que se está saldando° gracias a la llamada "psicología positiva", que analiza las emociones gratificantes, que define la salud no como ausencia de enfermedad, sino como estado de bienestar.

an unpaid debt · *is being paid off*

Los placeres terrenales

Pero, ¿qué es la felicidad desde el punto de vista psicológico? Los expertos han dudado entre dos ideas. Una, la felicidad concebida como orientación hacia objetivos que uno valora° , no su satisfacción plena, porque la falta de las cosas deseadas es elemento indispensable de la felicidad, y otra, la más sencilla: felicidad como hedonismo. Y la han relacionado con tres sistemas de conducta: el biológico (las necesidades más terrenales), el social y el psicológico (autorrealización). ¿Qué significa? Pues bien, que ante un manjar°, y con buena compañía, sentimos felicidad porque se satisfacen tanto placeres sensoriales (comer, reír) como otros más elevados (buenas relaciones sociales). Unos sin otros no dan felicidad.

values · *good meal*

Menos felices, más enfermos

¿Existe alguna "receta"? Sean optimistas, nos dicen. Tenemos que convencernos de que con serlo obtendremos beneficios para nuestra salud. Un estudio afirma que los pesimistas de un grupo de estudiantes pasaron 8,6 días enfermos al mes como media°; los optimistas, sólo 3,7. En su mayor parte fueron infecciones, males vinculados con° el sistema inmunitario.

Pero los psicólogos apuntan más claves. Metas asequibles, no obsesionarse con uno mismo, abrirse al mundo... Y nos recuerdan que el olvido es una característica de la memoria, no un defecto. El olvido selectivo afecta positiva —normalmente— o negativamente —en casos de depresión. Las personas felices no viven menos tragedias, sino que su memoria no se "regodea°" con ellas. En las mundanas palabras de Rita Hayworth[2]: "Los dos atributos que marcaron mi felicidad son: una buena salud y una mala memoria". ■

on average · *related to* · *takes great delight*

[1] **Pablo Neruda** (1904–1973) célebre poeta chileno [2] **Rita Hayworth** (1918–1987) famosa actriz norteamericana

Análisis

1 **Comprensión** Contesta las preguntas.

1. Según Carol Rothwell y Pete Cohen, ¿cuáles son algunos componentes de la felicidad?
2. ¿Qué opina José Manuel Rodríguez de la ecuación de la felicidad?
3. Según el artículo, ¿qué hace felices a las mujeres y qué hace felices a los hombres?
4. Según algunos estudios, ¿qué es lo más indicado para ser feliz?
5. ¿Qué analiza la psicología positiva?
6. Desde el punto de vista psicológico, ¿cuáles son las dos ideas de la felicidad?
7. ¿Por qué somos felices cenando en un restaurante con buena compañía?
8. ¿Qué beneficios nos da el ser optimistas?

2 **Nosotros creemos...** Trabajen en parejas para contestar las preguntas.

1. ¿Qué opinan de lo que dijo la actriz Rita Hayworth? ¿Creen que la mala memoria ayuda a ser feliz? Den ejemplos.
2. ¿Qué es más importante para ustedes: la salud, el amor o el dinero? ¿Por qué?
3. "La felicidad ha tenido a menudo mala prensa." Expliquen qué quiere decir esta afirmación y pongan ejemplos.
4. ¿Es posible ser feliz hoy día? ¿Qué debemos hacer para ser más felices?

3 **Hombres y mujeres** ¿Qué opinan de que las mujeres sean felices cuando adelgazan y los hombres cuando su equipo deportivo gana? ¿Es cierto? ¿Por qué? Trabajen en grupos pequeños y razonen sus respuestas.

4 **La búsqueda de la felicidad** En grupos pequeños, hablen de los medios que utilizamos hoy día para encontrar la felicidad y contesten las preguntas de la tabla. Cuando hayan terminado, compartan sus opiniones con la clase. ¿Están todos de acuerdo?

¿Dónde buscamos la felicidad?
¿Funcionan esos métodos? ¿Por qué?
¿Creen que es necesario evadirse de la realidad para ser feliz?

5 **¡Qué feliz fui!** En parejas, compartan con su compañero/a un momento en el que fueron muy felices. Incluyan esta información.

- ¿Cuándo fue?
- ¿Dónde estabas?
- ¿Estabas solo/a?
- ¿Qué te hizo feliz?
- ¿Serías feliz ahora en las mismas circunstancias?

6 **La felicidad de los otros** En grupos pequeños, seleccionen un personaje famoso, de la vida real o de ficción, y denle cinco consejos para que sea más feliz.

7 **Titulares** Trabajen en grupos pequeños para dar su opinión sobre los titulares. Anoten sus opiniones y después compártanlas con la clase. ¡Intenten llegar a un acuerdo!

Hay que ser mayor de 30 años para saber lo que es la felicidad.

La felicidad no existe.

Los hombres son más felices que las mujeres.

8 **Situaciones** En parejas, elijan una de las situaciones y escriban un diálogo. Utilicen al menos seis palabras o expresiones de la lista. Cuando lo terminen, represéntenlo delante de la clase.

PALABRAS		
atreverse	desanimarse	infelicidad
autoestima	estupidez	meta
bienestar	evadirse	olvido
contentarse	expectativa	tener el valor
depresión	indeciso/a	valer la pena

A
Dos amigos/as están hablando de cómo van a ser sus vidas en el futuro. Uno/a de ellos/as es muy pesimista. El/La otro/a es muy optimista.

B
Un(a) psicólogo/a y su paciente tienen diferentes opiniones sobre lo que es la felicidad. El/La psicólogo/a está seguro/a de que el/la paciente puede ser feliz si quiere. El/La paciente dice que no es verdad.

Preparación

Sobre el autor

René Avilés Fábila, conocido escritor mexicano, nació en el Distrito Federal el 5 de noviembre de 1940. Escritor versátil, ha cultivado el ensayo, el artículo periodístico y la ficción. Su obra *Nueva utopía y Los guerrilleros* recibió en 1972 el Premio Casa de las Américas. En 1991, fue galardonado con el Premio Nacional de Periodismo Cultural.

Vocabulario de la lectura

la arena *sand*
la búsqueda *search*
la caverna *cave, cavern*
la criatura *creature*
desembarcar *to disembark*
el esfuerzo *effort*
extasiado/a *captivated, enraptured*
la gruta *cave*
hundir (un barco) *to sink (a ship)*
la ilusión *hope; illusion*
impedir *to hinder, to hamper*
el informe *report*
la jornada *working day*
marchar *to leave*
melodioso/a *melodious*
la muralla *wall*
la nave *ship*
el paraíso *paradise*
el pez *fish*
la recompensa *reward*
el reposo *rest*
el retorno *return*
la sirena *mermaid, siren*

Vocabulario útil

aventurarse *to venture*
desilusionarse *to be disappointed, to become disillusioned*
la determinación *determination*
determinado/a *determined*
la falsa ilusión *delusion*
la inmortalidad *immortality*
intrépido/a *intrepid*
intrigar *to intrigue*
el/la náufrago/a *castaway*

1 **Vocabulario** Conecta las palabras con la definición adecuada. Hay dos palabras de más.

1. _____ desilusionarse	a. imagen de una cosa producida por la imaginación
2. _____ sirena	b. hacer algo que se considera valiente
3. _____ criatura	c. perder la ilusión
4. _____ arena	d. premio por algo bien hecho
5. _____ aventurarse	e. ser imaginario que vive en el mar
6. _____ caverna	f. está en la playa
7. _____ paraíso	g. fascinado, maravillado
8. _____ extasiado/a	h. lugar especialmente agradable y tranquilo
9. _____ ilusión	
10. _____ recompensa	

2 **Preparación** En parejas, háganse las preguntas, y compartan sus explicaciones y opiniones.

1. ¿Qué sueño les gustaría realizar? ¿Van a intentar conseguirlo? ¿Por qué?
2. ¿Son idealistas? Si no lo son, ¿les gustaría serlo?
3. ¿Qué significa la siguiente afirmación: "Ten cuidado, no sea que tus sueños se hagan realidad."?

La recompensa

Pasó buena parte de su vida buscando sirenas. No hubo lugar que no visitara, consejos que no siguiera, pistas que no escudriñara°. Infructuoso°; daba la impresión de que los seres mitad mujer mitad pez eran propiedad exclusiva de la mitología y la literatura. Y cuando todo parecía perdido, en una remota isla, un ciego y balbuceante° anciano le dio instrucciones precisas para llegar hasta el país de las sirenas. A cambio de sus informes no exigió remuneración alguna, se sintió pagado con la credulidad de su oyente°.

scrutinized · *Fruitless* · *stuttering* · *listener*

Siguió las indicaciones del viejo al pie de la letra°. Marchaba sin posibilidades de retorno; aquélla sería su última búsqueda e iba dispuesto a tener éxito o morir en el intento. En efecto, no había regreso posible, al desembarcar, luego de una larga travesía°, el viajero solitario hundió su nave. Y se introdujo en tierras exóticas, en un maravilloso mundo vegetal de árboles descomunales° y flores fosforescentes de formas arbitrarias. Atrás dejaba la civilización, su país, su familia, acosando° sus obsesiones.

to the letter · *passage* · *enormous* · *pursuing relentlessly*

Al cabo de varias penosas° jornadas, encontró playas distintas a las que lo vieron llegar, protegidas por altas murallas rocosas; finísimas arenas doradas que se dejaban lamer por aguas perezosas y restos marinos diseminados° sin orden; conchas, estrellas de mar y caracoles°. En toda aquella espléndida soledad no había huellas humanas que no fueran las suyas. Tanto las plantas como los animales que iba descubriendo eran a) desconocidas para él, b) especies extinguidas o bien c) únicamente registradas por antiguos

grueling · *scattered throughout* · *shells, starfish, and snails* libros de relatos que ahora resultaban indignos de crédito, producto de autores que poseían una imaginación exaltada. Sin embargo, nada en ese sitio le causaba temor, por el contrario estaba a gusto, como si lo conociera de siempre.

Durante tres días y cuatro noches aguardó en la playa, comiendo apenas los frutos necesarios para sobrevivir. Algo le decía que estaba en el lugar de sus sueños y fantasías que otros juzgaron con dureza explicándole que las sirenas no existían, seres que nadie había visto jamás, ilusiones como los genios° dentro de las botellas o las lámparas de aceite°. Pero él era obstinado y sobre todo un hombre de fe. Y aquí estaba.

genies
oil lamps

A la quinta noche, mientras la fiebre y la fatiga debilitaban su organismo impidiéndole el restaurador reposo, le pareció escuchar chapoteos° y sonidos maravillosos, como voces femeninas. ¿Era que las sirenas salían de su refugio acuático y jugueteaban con la espuma° en las arenas bruñidas° de la playa, no lejos de donde él dormitaba° entre la hojarasca°? Pese a la oscuridad (luna cubierta por densas nubes), pudo apreciar alucinado varias siluetas recostadas°, confundidas con las rocas negras que sobresalían°. Comprendió que había logrado su objetivo, que estaba en el punto culminante de su vida y quizás al final del camino.

splashings
foam/polished/dozed
fallen leaves
reclining
stood out

Lloraba inmóvil, emocionado, mirando las anheladas° figuras.

yearned

No estaba engañado°, no fui presa de la locura, las sirenas existen, se decía obsesivamente una y otra vez.

deceived

Dio gracias al Cielo y cayó desmayado° víctima del esfuerzo y la agitación cuando intentaba llegar a ellas.

fainted

No supo cuánto tiempo permaneció postrado°. Al despertar no estaba en la playa sino en un sitio bajo el mar, dentro de una caverna formada por corales, y era capaz de moverse y respirar como si las aguas fuesen su elemento. Su felicidad no tenía límites: además de haberlas hallado —personajes mitológicos que sólo Ulises logró escuchar, criaturas de sus sueños delirantes, de los cuentos infantiles que dieron origen a la incesante búsqueda—, las bellísimas sirenas lo habían aceptado: transformaron su organismo adaptándolo al agua; lo hicieron uno más del espléndido reino marino. Ya no estaba cansado, no lo agobiaba° la pesadez de los últimos momentos en que fue habitante de la superficie del planeta. Era ligero y sentía gusto por la tibia° temperatura que lo oprimía°. Dejó su lecho° de algas° y desde la entrada de la gruta extasiado contempló su nuevo mundo: pececillos de escamas° plateadas y aletas° como mantos de gasa con filos negros°, otros de bigotes felinos° y cuerpo atigrado°, uno más de suaves combinaciones azules, rojas, verdes, violetas, lilas… mostrando posibilidades infinitas que un pintor hubiera envidiado; anguilas° de reflejos metálicos que, traviesas°, se perseguían velozmente entre sí formando burbujas° tras su nado, mantas inofensivas como un holán° casi transparente, torpes cangrejos que hurgaban° el fondo buscando alimento, ostras° de gran tamaño que se abrían para mostrar perlas impecables que irradiaban luz, caballitos marinos que lo miraban con curiosidad antes de proseguir su camino. También la vegetación era sorprendente por sus múltiples formas que ondulaban danzas bajo los cadenciosos movimientos de las corrientes. El paraíso, el premio a su tesón°; en él permanecería el resto de su vida o tal vez del tiempo: ni lo sabía ni le importaba, aquéllas eran dimensiones sin sentido. De nuevo en su lecho se dispuso a meditar sobre las bellezas que estaban a la mano, sobre las inmensas posibilidades que su nuevo estado le ofrecía; pero los pensamientos fueron interrumpidos: se acercaban voces cristalinas y melodiosas, de un lenguaje musical inhumano que no le era incomprensible. Rápidamente se incorporó° aprestándose a° recibir a las sirenas: entraron. Y cerró con fuerza sus ojos, esperanzado en desvanecer° la repugnante visión que brindaban° aquellas criaturas: sobre bien torneadas° piernas femeninas avanzaban hacia él enormes cabezas de pez. ■

laid up
oppressed
warm
was stifling/bed/seaweeds
scales
fins
gauze shawls with black stripes/whiskers/striped
eels
mischievous
bubbles
ruffle
were rummaging
oysters
determination
sat up/getting ready to
to dispel
were offering
shapely

Análisis

1 **Comprensión** Contesta las preguntas.

1. ¿Qué buscaba el viajero?
2. ¿Cómo supo dónde estaban las sirenas?
3. ¿Por qué no podía regresar?
4. ¿Cómo eran las plantas y los animales que iba encontrando?
5. ¿Tenía miedo el viajero?
6. ¿Qué le pareció escuchar a la quinta noche?
7. ¿Qué le ocurrió, cuando, emocionado, le dio gracias al Cielo?
8. ¿Dónde se despertó?
9. ¿Qué habían hecho las sirenas con su organismo?
10. ¿Cómo eran los seres que entraron en la caverna?

2 **Ampliación** En parejas, contesten las preguntas.

1. ¿Cómo es el protagonista físicamente? ¿Y cómo es su personalidad?
2. ¿Por qué creen que el protagonista está obsesionado con las sirenas?
3. ¿Por qué creen que el cuento se titula "La recompensa"?

3 **Y después...** En parejas, imaginen cómo fue la vida del viajero después de haber conocido a los seres fantásticos. Usen **ser** y **estar**, y el pretérito y el imperfecto. Hablen de los temas sugeridos en la lista o de otros que les parezcan interesantes.

- Su vida amorosa
- Sus hábitos
- Su alimentación
- Su vivienda
- Sus aficiones

4 **Los sueños** En parejas, hablen de los sueños e ilusiones que les gustaría que se hicieran realidad. Después, analicen el nivel de dificultad que tiene cada uno de ellos para materializarse y digan si sería bueno conseguirlos y por qué. Luego, compartan sus conclusiones con la clase.

5 **Y tú, ¿cómo eres?**

A En parejas, háganse las siguientes preguntas y apunten las respuestas de su compañero/a.

1. **Cuando estás en una fiesta...**
   a. te relacionas con muchas personas incluso desconocidas.
   b. te relacionas con pocas personas y todas conocidas.
2. **¿Prefieres trabajar solo?**
   a. No, me gusta tener compañeros de trabajo.
   b. Sí, generalmente.
3. **Tomas tus decisiones...**
   a. de una forma lógica y reflexiva.
   b. impulsivamente.
4. **Cuando vas a una fiesta...**
   a. te quedas hasta muy tarde.
   b. te vas temprano.
5. **Te gustan...**
   a. las personas sensatas.
   b. las personas impulsivas.
6. **Te interesa más...**
   a. lo real.
   b. lo posible.
7. **Te sientes bien cuando tomas...**
   a. decisiones lógicas.
   b. decisiones basadas en tus ideales.
8. **Necesitas...**
   a. una rutina.
   b. lo imprevisto.
9. **¿Con qué palabra te identificas más?**
   a. Administrador
   b. Artista
10. **En el trabajo,...**
    a. me gusta ser líder o jefe de grupo.
    b. me fascina el trabajo creativo y nada monótono.

B Ahora, díganle a su compañero/a cómo creen que es y comparen su personalidad con la del protagonista del cuento.

6 **Situaciones** En parejas, elijan una de las situaciones y escriban un diálogo. Utilicen al menos seis palabras de la lista. Cuando lo terminen, represéntenlo delante de la clase.

PALABRAS		
arena	**desembarcar**	**impedir**
aventurarse	**desilusionarse**	**inmortalidad**
búsqueda	**esfuerzo**	**marchar**
caverna	**falsa ilusión**	**recompensa**
criatura	**ilusión**	**retorno**

A

Una sirena y un(a) joven deprimido/a que pasea por la playa se conocen. Cada uno de ellos tiene que contar su historia.

B

Alguien va a su cuarto de baño por la mañana y se encuentra con un ser mitad hombre mitad pescado dentro de su bañera. ¡Reaccionen!

Preparación

Sobre la autora

Griselda Gambaro, escritora argentina, nacida en 1928, alterna la narrativa con el teatro. Una novela suya, titulada *Ganarse la muerte*, fue prohibida durante la dictadura militar argentina por considerarse contraria a la institución familiar y al orden social. Entre los muchos premios que ha conseguido, destacan (*are remarkable*) el Premio Nacional de Teatro por *Penas sin importancia* en 1996 y el Premio de la Academia Argentina de Letras por la colección de cuentos *Lo mejor que se viene* en 1999. En su teatro, que muchas veces plantea la excesiva docilidad del ser humano, se ve la influencia del teatro del absurdo.

Vocabulario de la lectura

adusto/a *austere*
animado/a *lively*
el bigote *moustache*
bondadosamente *kindly*
la colonia *eau de cologne*
conciliador(a) *conciliatory*
condenado/a *condemned*
la curita *bandage*
el espejo *mirror*
el filo *blade*
humilde *humble*
insólito/a *unusual*
el malhumor *bad mood*
el mechón *lock of hair*
mortecino/a *pale, deathly*
la mosca *fly*
la navaja *razor*
oxidado/a *rusted*
la pala *dustpan*
la patilla *sideburn*
la peluca *wig*
la porquería *filth*
el rasguño *scratch*
rectificar *to change one's answer*
reventante *aggravating*
risueño/a *agreeable*
suspirar *to sigh*
tétrico/a *gloomy*
la tijera *scissors*
el trapo *rag*
turbado/a *disturbed*
tutear *to address someone using the familiar* tú *form*

Vocabulario útil

amenazante *threatening*
el poder *power*
rebelde *rebellious*
rebelarse *to rebel*
la suciedad *filth*
sumiso/a *submissive*

1 **Vocabulario** En parejas, escriban una definición para estas palabras. Después, escriban una oración con cada una de ellas. Sigan el modelo.

> **Modelo** **risueño:** Una persona que está contenta y sonríe.
> *Esta mañana me he levantado muy risueño.*

1. escoba 2. humilde 3. tijera 4. suspirar 5. amenazante 6. peluca

2 **Contestar** En parejas, háganse las preguntas y compartan sus respuestas con la clase.

1. ¿Sabes decir que no? ¿Crees que es importante saber hacerlo? Pon ejemplos.
2. ¿Te has encontrado alguna vez en una situación extraordinaria en la que no sabías qué hacer o decir? Cuéntasela a tu compañero/a.

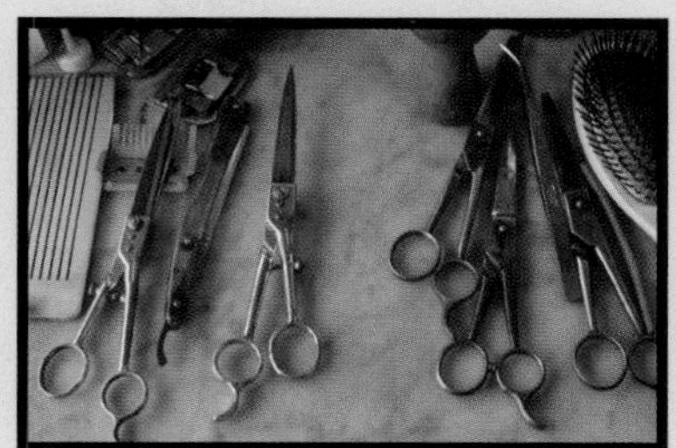

DECIR SÍ

Interior de una peluquería. Una ventana y una puerta de entrada. Un sillón giratorio de peluquero, una silla, una mesita con tijeras, peine, utensilios para afeitar. Un paño° blanco, grande, y unos trapos sucios. Dos tachos° en el suelo, uno grande, uno chico, con tapas°. Una escoba y una pala. Un espejo movible de pie. En el suelo, a los pies del sillón, una gran cantidad de pelo cortado. El Peluquero espera su último cliente del día, hojea° una revista sentado en el sillón. Es un hombre grande, taciturno, de gestos° lentos. Tiene una mirada cargada°, pero inescrutable. No saber lo que hay detrás de esta mirada es lo que desconcierta. No levanta nunca la voz, que es triste, arrastrada°. Entra Hombre, es de aspecto muy tímido e inseguro.

cloth
garbage cans
covers
pages through
gestures
heavy
drawn out

HOMBRE—Buenas tardes.

PELUQUERO—*(Levanta los ojos de la revista, lo mira. Después de un rato.)* ...tardes... *(No se mueve.)*

HOMBRE—*(Intenta una sonrisa, que no obtiene la menor respuesta. Mira su reloj furtivamente. Espera. El Peluquero arroja° la revista sobre la mesa, se levanta, como con furia contenida. Pero en lugar de ocuparse de su cliente, se acerca a la ventana y dándole la espalda, mira hacia afuera. Hombre, conciliador.)* Se nubló°. *(Espera. Una pausa.)* Hace calor. *(Ninguna respuesta. Se afloja el nudo de la corbata°, levemente nervioso. El Peluquero se vuelve, lo mira, adusto. El Hombre pierde seguridad.)* No tanto... *(Sin acercarse, estira° el cuello hasta la ventana.)* Está despejando. Mm... mejor. Me equivoqué. *(El Peluquero lo mira, inescrutable, inmóvil. Hombre.)* Quería... *(Una pausa. Se lleva la mano a la cabeza con un gesto desvaído.)* Si... si no es tarde... *(El Peluquero lo mira sin contestar. Luego le da la espalda y mira otra vez por la ventana. Hombre, ansioso.)* ¿Se nubló?

It became overcast.

loosens his tie

stretches

PELUQUERO—*(Un segundo inmóvil. Luego se vuelve. Bruscamente.)* ¿Barba?

HOMBRE—*(Rápido.)* No, barba, no. *(Mirada inescrutable.)* Bueno... no sé. Yo... yo me afeito. Solo. *(Silencio del Peluquero.)* Sé que no es cómodo, pero... Bueno, tal vez me haga la barba. Sí, sí, también barba. *(Se acerca al sillón. Pone el pie en el posapié°. Mira al Peluquero esperando el ofrecimiento°. Leve gesto oscuro del Peluquero. Hombre no se atreve a sentarse. Saca el pie. Toca el sillón tímidamente.)* Es fuerte este sillón, sólido. De... de madera. Antiguo. *(El Peluquero no contesta. Inclina la cabeza y mira fijamente el asiento del sillón. Hombre sigue la mirada del*

footrest

offer

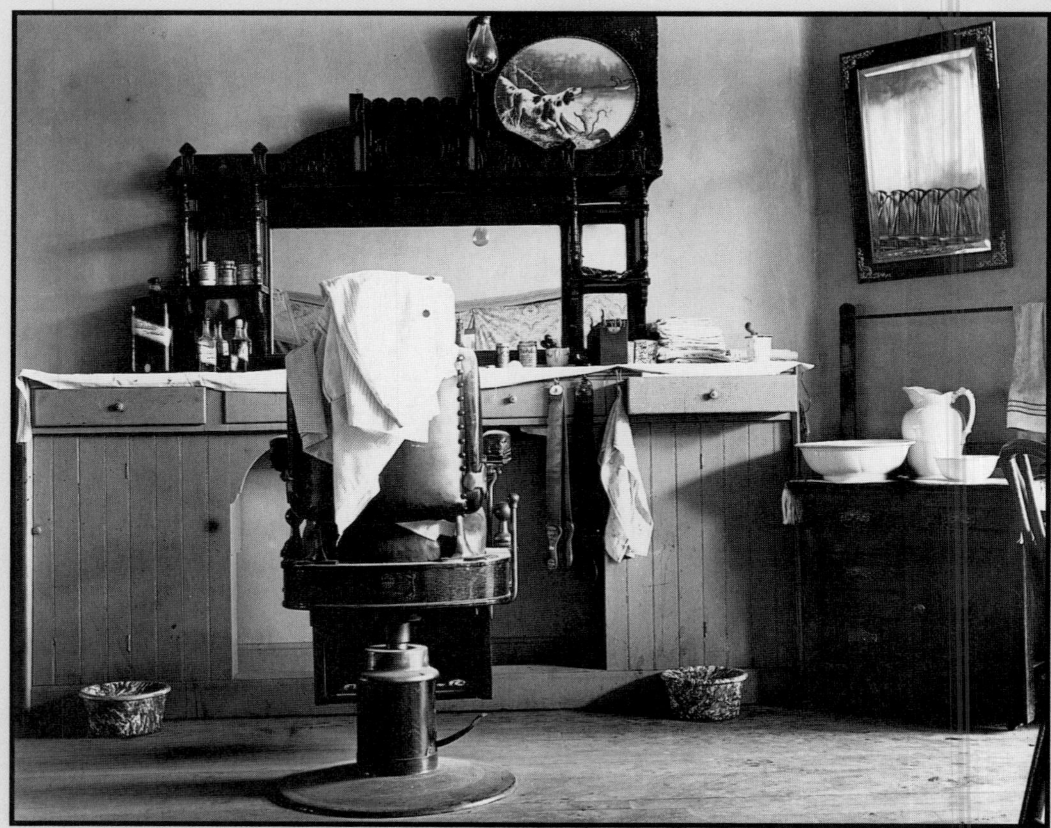

Peluquero. Ve pelos cortados sobre el asiento. Impulsivamente los saca, los sostiene en la mano. Mira al suelo...) ¿Puedo?... *(Espera. Lentamente, el Peluquero niega con la cabeza. Hombre, conciliador.)* Claro, es una porquería. *(Se da cuenta de que el suelo está lleno de cabellos cortados. Sonríe confuso. Mira el pelo en su mano, el suelo, opta por guardar los pelos en su bolsillo. El Peluquero, instantánea y bruscamente, sonríe. Hombre aliviado.)* Bueno... pelo y... barba, sí, barba. *(El Peluquero, que cortó su sonrisa bruscamente, escruta el sillón. Hombre lo imita. Impulsivamente, toma unos de los trapos sucios y limpia el asiento. El Peluquero se inclina y observa el respaldo°, adusto. Hombre lo mira, sigue luego la dirección de la mirada. Con otro rapto°, impulsivo, limpia el respaldo. Contento.)* Ya está. A mí no me molesta... *(El Peluquero lo mira, inescrutable. Se desconcierta.)* dar una mano... Para eso estamos, ¿no? Hoy me toca a mí, mañana a vos. ¡No lo estoy tuteando! Es un dicho que... anda por ahí. *(Espera. Silencio e inmovilidad del Peluquero.)* Usted... debe estar cansado. ¿Muchos clientes?

back
fit

PELUQUERO—*(Parco°.)* Bastantes.

Laconic.

HOMBRE—*(Tímido.)* Mm... ¿me siento? *(El Peluquero lo mira, inescrutable.)* Bueno, no es necesario. Quizás usted esté cansado. Yo, cuando estoy cansado... me pongo de malhumor... Pero como la peluquería estaba abierta, yo pensé... Estaba abierta, ¿no?

PELUQUERO—Abierta.

HOMBRE—*(Animado.)* ¿Me siento? *(El Peluquero niega con la cabeza lentamente.)* En resumidas cuentas°, no es... necesario. Quizás usted corte de parado°. A mí, el asado° me gusta comerlo de parado. No es lo mismo, claro, pero uno está más firme. ¡Si tiene buenas piernas! *(Ríe. Se interrumpe.)* No todos... ¡Usted sí! *(El Peluquero no lo atiende. Observa fijamente el suelo. Hombre sigue su mirada. El Peluquero lo mira, como esperando determinada° actitud. Hombre recoge rápidamente la alusión. Toma la escoba y barre. Amontona° los pelos cortados. Mira al Peluquero, contento. El Peluquero vuelve la cabeza hacia la pala, apenas si señala un gesto de la mano. El Hombre reacciona velozmente. Toma la pala, recoge el cabello del suelo, se ayuda con la mano. Sopla° para barrer los últimos, pero desparrama° los de la pala. Turbado, mira a su alrededor, ve los tachos, abre el más grande. Contento.)* ¿Los tiro aquí? *(El Peluquero niega con la cabeza. Hombre abre el más pequeño.)* ¿Aquí? *(El Peluquero asiente con la cabeza. Hombre, animado.)* Listo. *(Gran sonrisa.)* Ya está. Más limpio. Porque si se amontona la mugre° es un asco°. *(El Peluquero lo mira, oscuro. Hombre pierde seguridad.)* No…ooo. No quise decir que estuviera sucio. Tanto cliente, tanto pelo. Tanta cortada de pelo, y habrá pelo de barba también, y entonces se mezcla que… ¡Cómo crece el pelo! ¿eh? ¡Mejor para usted! *(Lanza una risa estúpida°.)* Digo, porque... Si fuéramos calvos, usted se rascaría°. *(Se interrumpe. Rápidamente.)* No quise decir esto. Tendría otro trabajo.

In short,
standing up
barbecue
a certain
Piles up
Blows
scatters
dirt/despicable
Laughs stupidly.
If we were bald, you would scratch yourself.

PELUQUERO—*(Neutro.)* Podría ser médico.

HOMBRE—*(Aliviado.)* ¡Ah! ¿A usted le gustaría ser médico? Operar, curar. Lástima que la gente se muere, ¿no? *(Risueño.)* ¡Siempre se le muere la gente a los médicos! Tarde o temprano... *(Ríe y termina con un gesto. Rostro muy oscuro del Peluquero. Hombre se asusta.)* ¡No, a usted no se le moriría! Tendría clientes, pacientes, de mucha edad, *(Mirada inescrutable.)* longevos°. *(Sigue la mirada.)* ¡Seríamos inmortales! Con usted de médico, ¡seríamos inmortales!

long-lived

PELUQUERO—*(Bajo y triste.)* Idioteces. *(Se acerca al espejo, se mira. Se acerca y se aleja, como si no se viera bien. Mira después al Hombre, como si éste fuera culpable.)*

HOMBRE—No se ve. *(Impulsivamente, toma el trapo con el que limpió el sillón y limpia el espejo. El Peluquero le saca el trapo de las manos y le da otro más chico.)* Gracias. *(Limpia empeñosamente el espejo. Lo escupe°. Refriega. Contento.)* Mírese. Estaba cagado de moscas°.

Spits.
covered with fly droppings

PELUQUERO—*(Lúgubre.)* ¿Moscas?

HOMBRE—No, no. Polvo.

PELUQUERO—*(Idem.)* ¿Polvo?

PELUQUERO—No, no. Empañado°. Empañado por el aliento°. *(Rápido.)* ¡Mío! *(Limpia.)* Son buenos espejos. Los de ahora nos hacen caras de...

Steamed up.
breath

PELUQUERO—*(Mortecino.)* Marmotas°...

Dopey fools

HOMBRE—*(Seguro.)* ¡Sí, de marmotas! *(El Peluquero, como si efectuara una comprobación°, se mira en el espejo, y luego mira al Hombre. Hombre, rectifica velozmente.)* ¡No a todos! ¡A los que son marmotas! ¡A mí! ¡Más marmota de lo que soy!

carrying out an inspection

PELUQUERO—*(Triste y mortecino.)* Imposible. *(Se mira en el espejo. Se pasa la mano por las mejillas°, apreciando si tiene barba. Se toca el pelo, que lleva largo, se estira los mechones.)*

cheeks

HOMBRE—Y a usted, ¿quién le corta el pelo? ¿Usted? Qué problema. Como el dentista. La idea de un dentista abriéndole la boca a otro dentista, me causa gracia. *(El Peluquero lo mira. Pierde seguridad.)* Abrir la boca y sacarse uno mismo una muela°... No se puede... Aunque un peluquero sí, con un espejo... *(Mueve los dedos en tijeras sobre su nuca.)* A mí, qué quiere, meter la cabeza en la trompa° de los otros, me da asco°. No es como el pelo. Mejor ser peluquero que dentista. Es más... higiénico. Ahora la gente no tiene... piojos°. Un poco de caspa°, seborrea°. *(El Peluquero se abre los mechones sobre el cráneo, mira como efectuando una comprobación, luego mira al Hombre.)* No, usted no. ¡Qué va! ¡Yo! *(Rectifica.)* Yo tampoco... Conmigo puede estar tranquilo. *(El Peluquero se sienta en el sillón. Señala los objetos para afeitar. Hombre mira los utensilios y luego al Peluquero. Recibe la precisa insinuación. Retrocede.)* Yo... yo no sé. Nunca...

molar
in the trunk (mouth)
it makes me feel nauseated
lice
dandruff/seborrhea

PELUQUERO—*(Mortecino.)* Anímese. *(Se anuda° el paño blanco bajo el cuello, espera pacíficamente.)*

ties

HOMBRE—*(Decidido.)* Dígame, ¿usted hace con todos así?

PELUQUERO—*(Muy triste.)* ¿Qué hago? *(Se aplasta sobre el asiento.)*

HOMBRE—No, ¡porque no tiene tantas caras! *(Ríe sin convicción.)* Una vez que lo afeitó uno, los otros ya... ¿Qué van a encontrar? *(El Peluquero señala los utensilios.)* Bueno, si usted quiere, ¿por qué no? Una vez, de chico, todos cruzaban un charco, un charco maloliente°, verde, y yo no quise. ¡Yo no!, dije, ¡Que lo crucen los imbéciles!

a stinking pool

PELUQUERO—*(Triste.)* ¿Se cayó?

HOMBRE—¿Yo? No… Me tiraron, porque... *(Se encoge de hombros.)* les dio... bronca que yo no quisiera… arriesgarme. *(Se reanima.)* Así que... ¿por qué no? Cruzar el charco o... después de todo, afeitar, ¿eh? ¿Qué habilidad se necesita? ¡Hasta los imbéciles se afeitan! Ninguna habilidad especial. ¡Hay cada animal que es pelu...! *(Se interrumpe. El Peluquero lo mira, tétrico.)* Pero no. Hay que tener pulso, mano firme, mirada penetran... te para ver… los pelos... Los que se enroscan°, me los saco con una pincita°. *(El Peluquero suspira profundamente.)* ¡Voy, voy! No sea impaciente. *(Le enjabona la cara.)* Así, nunca vi a un tipo tan impaciente como usted. Es reventante. *(Se da cuenta de lo que ha dicho, rectifica.)* No, usted es un reventante dinámico. Reventante para los demás. A mí no... No me afecta. Yo lo comprendo. La acción es la sal de la vida y la vida es acción

curl up
little tweezers

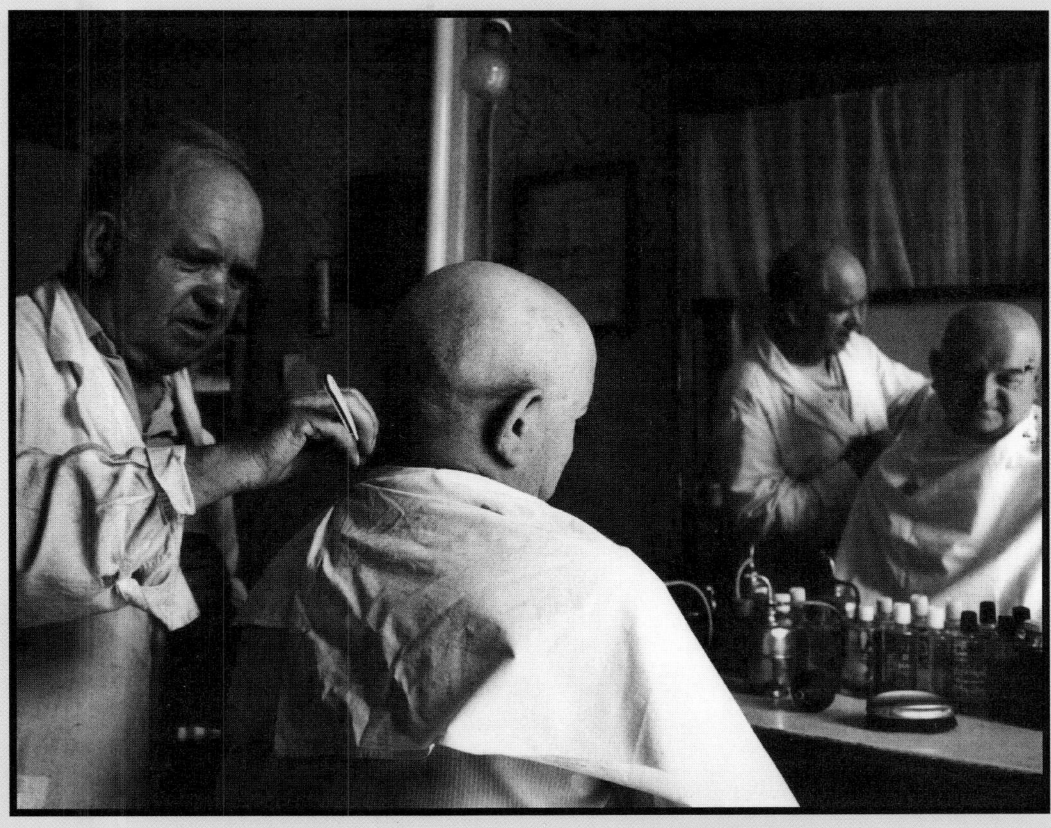

y... *(Le tiembla la mano, le mete la brocha enjabonada° en la boca. Lentamente, el Peluquero toma un extremo del paño y se limpia. Lo mira.)* Disculpe. *(Le acerca la navaja a la cara. Inmoviliza el gesto, observa la navaja que es vieja y oxidada. Con un hilo de voz.)* Está mellada°.

soapy shaving brush

jagged

PELUQUERO—*(Lúgubre.)* Impecable.

HOMBRE—Impecable está. *(En un arranque desesperado.)* Vieja, oxidada y sin filo, ¡pero impecable! *(Ríe histérico.)* ¡No diga más! Le creo, no me va a asegurar una cosa por otra. ¿Con qué interés, no? Es su cara. *(Bruscamente.)* ¿No tiene una correa°, una piedra de afilar°? *(El Peluquero bufa° tristemente, Hombre desanimado.)* ¿Un... cuchillo? *(Gesto de afilar.)* Bueno, tengo mi carácter y... ¡adelante! Me hacen así, *(gesto de empujar con un dedo.)* ¡y yo ya! ¡Vuelo! *(Afeita. Se detiene.)* ¿Lo corté? *(El Peluquero niega lúgubremente con la cabeza. Hombre, animado, afeita.)* ¡Ay! *(Lo seca apresuradamente con el paño.)* No se asuste. *(Desorbitado.)* ¡Sangre! ¡No, un rasguño! Soy... muy nervioso. Yo me pongo una telita de cebolla. ¿Tiene... cebollas? *(El Peluquero lo mira, oscuro.)* ¡Espere! *(Revuelve ansiosamente en sus bolsillos. Contento, saca una curita...)* Yo… yo llevo siempre. Por si me duelen los pies, camino mucho, con el calor... una ampolla°, acá, y otra... allá. *(Le pone la curita.)* ¡Perfecto! ¡Ni que hubiera sido profesional! *(El Peluquero se saca el resto de jabón de la cara, da por concluida la afeitada. Sin levantarse del sillón, adelanta la cara hacia el espejo, se mira, se arranca° la curita, la arroja° al suelo. El Hombre la recoge, trata de alisarla°, se la pone en el bolsillo.)* La guardo... está casi nueva... Sirve para otra... afeitada...

belt

sharpening stone/snorts

blister

tears off/throws

to smooth it out

PELUQUERO—*(Señala un frasco, mortecino.)* Colonia.

HOMBRE—¡Oh, sí! Colonia. *(Destapa el frasco, lo huele.)* ¡Qué fragancia! *(Se atora°*

He chockes

con el olor nauseabundo. Con asco, vierte un poco de colonia en sus manos y se las pasa al Peluquero por la cara. Se sacude las manos para alejar el olor°. Se acerca una mano a la nariz para comprobar si desapareció el olor, la aparta rápidamente a punto de vomitar.)

shakes his hands to get rid of the smell

PELUQUERO—*(Se tira un mechón. Mortecino.)* Pelo.

HOMBRE—¿También el pelo? Yo... yo no sé. Esto sí que no.

PELUQUERO—*(Idem.)* Pelo.

HOMBRE—Mire, señor. Yo vine aquí a cortarme el pelo. ¡Yo vine a cortarme el pelo! Jamás afronté una situación así... tan extraordinaria. Insólita... pero si usted quiere... yo... *(Toma la tijera, la mira con repugnancia.)* yo... soy hombre decidido... a todo, ¡A todo!... Porque… mi mamá me enseñó que... y la vida...

PELUQUERO—*(Tétrico.)* Charla. *(Suspira.)* ¿Por qué no se concentra?

HOMBRE—¿Para qué? ¿Y quién me prohíbe charlar? *(Agita las tijeras.)* ¿Quién se atreve? ¡A mí los que se atrevan! *(Mirada oscura del Peluquero.)* ¿Tengo que callarme? Como quiera. ¡Usted! ¡Usted será el responsable! ¡No me acuse si… ¡no hay nada de lo que no me sienta capaz!

PELUQUERO—Pelo.

HOMBRE—*(Tierno° y persuasivo.)* Por favor, con el pelo no, mejor no meterse con el pelo… ¿para qué? Le queda lindo largo… moderno. Se usa...

Tender

PELUQUERO—*(Lúgubre e inexorable.)* Pelo.

HOMBRE—¿Ah, sí? ¿Conque° pelo? ¡Vamos pues! ¡Usted es duro de mollera°, ¿eh?, pero yo, ¡soy más duro! *(Se señala la cabeza.)* Una piedra tengo acá. *(Ríe como un condenado a muerte.)* ¡No es fácil convencerse! ¡No, señor! Los que lo intentaron, no le cuento. ¡No hace falta! Y cuando algo me gusta, nadie me aparta de mi camino, ¡nadie! Y le aseguro que... No hay nada que me divierta más que... ¡cortar el pelo! ¡Me!... me enloquece. *(Con animación, bruscamente.)* ¡Tengo una ampolla en la mano! ¡No puedo cortárselo! *(Deja la tijera, contento.)* Me duele.

So

pig-headed

PELUQUERO—Pe—lo.

HOMBRE—*(Empuña° las tijeras, vencido.)* Usted manda.

Grips

PELUQUERO—Cante.

HOMBRE—¿Que yo cante? *(Ríe estúpidamente.)* Esto sí que no... ¡Nunca! *(El Peluquero se incorpora a medias en su asiento, lo mira. Hombre, con un hilo de voz.)* Cante, ¿qué? *(Como respuesta, el Peluquero se encoge tristemente de hombros. Se reclina nuevamente sobre el asiento. El Hombre canta con un hilo de voz.)* ¡Fígaro!... ¡Fígaro... qua, fígaro là...! *(Empieza a cortar.)*

PELUQUERO—*(Mortecino, con fatiga.)* Cante mejor. No me gusta.

HOMBRE—¡Fígaro! *(Aumenta el volumen.)* ¡Fígaro, Fígaro! *(Lanza un gallo tremendo°.)*

His voice cracks.

PELUQUERO—*(Idem.)* Cállese.

HOMBRE—Usted manda. ¡El cliente siempre manda! Aunque el cliente... soy... *(Mirada del Peluquero.)* es usted... *(Corta espantosamente°. Quiere arreglar el asunto, pero lo empeora°, cada vez más nervioso.)* Si no canto, me concentro... mejor. *(Con los dientes apretados.)* Sólo pienso en esto, en cortar, *(Corta.)* y... *(Con odio.)* ¡Atajá ésta°! *(Corta un gran mechón. Se asusta de lo que ha hecho. Se separa unos pasos, el mechón en la mano. Luego se lo quiere pegar en la cabeza al Peluquero. Moja el mechón con saliva. Insiste. No puede. Sonríe, falsamente risueño.)* No, no, no. No se asuste. Corté un mechoncito largo, pero… ¡no se arruinó nada! El pelo es mi especialidad. Rebajo y emparejo°.

frightfully

makes it worse

Take that.

Cut and even up.

(Subrepticiamente, deja caer el mechón, lo aleja con el pie. Corta.) ¡Muy bien! *(Como el Peluquero se mira en el espejo.)* ¡La cabecita para abajo! *(Quiere bajarle la cabeza, el Peluquero la levanta.)* ¿No quiere? *(Insiste.)* Vaya, vaya, es caprichoso... El espejo está empañado, ¿eh?. *(Trata de empañarlo con el aliento.)* No crea que muestra la verdad. *(Mira al Peluquero, se le petrifica el aire risueño, pero insiste.)* Cuando las chicas lo vean... dirán, ¿quién le cortó el pelo a este señor? *(Corta apenas, por encima. Sin convicción.)* Un peluquero… francés... *(Desolado°.)* Y no. Fui yo…

Devastated.

PELUQUERO—*(Alza la mano lentamente. Triste.)* Suficiente. *(Se va acercando al espejo, se da cuenta que es un mamarracho°, pero no revela una furia ostensible°.)*

he looks a sight
obvious rage

HOMBRE—Puedo seguir. *(El Peluquero se sigue mirando.)* ¡Déme otra oportunidad! ¡No terminé! Le rebajo un poco acá, y las patillas, ¡me faltan las patillas! Y el bigote. No tiene, ¿por qué no se deja el bigote? Yo también me dejo el bigote, y así, ¡como hermanos! *(Ríe angustiosamente. El Peluquero se achata° el pelo sobre las sienes°. Hombre, se reanima.)* Sí, sí, aplastadito° le queda bien, ni pintado. Me gusta. *(El Peluquero se levanta del sillón, Hombre retrocede°.)* Fue… una experiencia interesante. ¿Cuánto le debo? No, usted me debería a mí, ¿no? Digo, normalmente. Tampoco es una situación anormal. Es... divertida. Eso: divertida. *(Desorbitado.)* ¡Ja—ja—ja! *(Humilde.)* No, tan divertido no es. Le... ¿le gusta cómo... *(El Peluquero lo mira, inescrutable.)*... le corté? Por ser… novato°... *(El Peluquero se estira las mechas de la nuca.)* Podríamos ser socios... ¡No, no! ¡No me quiero meter en sus negocios! ¡Yo sé que tiene muchos clientes, no se los quiero robar! ¡Son todos suyos! ¡Le pertenecen! ¡Todo pelito que anda por ahí es suyo! No piense mal. Podría trabajar gratis. ¡Yo! ¡Por favor! *(Casi llorando.)* ¡Yo le dije que no sabía! ¡Usted me arrastró! ¡No puedo negarme cuando me piden las cosas... bondadosamente! ¿Y qué importa? ¡No le corté un brazo! Sin un brazo, hubiera podido quejarse. ¡Sin una pierna! ¡Pero fijarse en el pelo! ¡Qué idiota! ¡No! ¡Idiota, no! ¡El pelo crece! En una semana, usted, ¡puf!, ¡hasta el suelo! *(El Peluquero le señala el sillón. El Hombre recibe el ofrecimiento incrédulo, se le iluminan los ojos.)* ¿Me toca a mí? *(Mira hacia atrás buscando a alguien.)* ¡Bueno, bueno! ¡Por fin nos entendimos! ¡Hay que tener paciencia y todo llega! *(Se sienta, ordena, feliz.)* ¡Barba y pelo! *(El Peluquero anuda el paño bajo el cuello. Hace girar el sillón. Toma la navaja, sonríe. El Hombre levanta la cabeza.)* Córteme bien. Parejito°. *El Peluquero le hunde la navaja. Un gran alarido°. Gira nuevamente el sillón. El paño blanco está empapado en sangre que escurre° hacia el piso. Toma el paño chico y seca delicadamente. Suspira larga, bondadosamente, cansado. Renuncia. Toma la revista y se sienta. Se lleva la mano a la cabeza, tira y es una peluca lo que se saca. La arroja sobre la cabeza del Hombre. Abre la revista, comienza a silbar° dulcemente.*

flattens
temples
all flattened up
steps back

inexperienced
Nice and all evened up.
howl
drips
to whistle

[¡El pelo crece! En una semana, usted, ¡puf!, ¡hasta el suelo! ¡Bueno, bueno! ¡Por fin nos entendimos! ¡Hay que tener paciencia y todo llega!]

TELÓN. ■

Análisis

1 Comprensión Contesta las preguntas.

1. ¿Dónde ocurre la acción?
2. ¿Qué quería el Hombre?
3. ¿Cómo es físicamente el Peluquero? ¿Y cómo es su personalidad?
4. ¿Cómo es la personalidad del Hombre?
5. ¿Quién afeita a quién? ¿Por qué?
6. ¿Qué ocurre al final?

2 Ampliar En parejas, contesten las preguntas.

1. ¿A quién creen que representa el Peluquero? ¿Y el Hombre?
2. Al final, el Peluquero se quita una peluca. ¿Qué creen que significa esto?
3. ¿Por qué el Peluquero no habla casi nada?
4. Expliquen la relación que hay entre el título y el final de la obra.

3 Personajes En esta obra, los personajes son muy distintos entre sí. ¿Cómo son? En grupos de tres, preparen una lista con las características que tienen. ¿Cómo creen que fue su pasado y cómo son sus vidas en la actualidad?

	Características	Pasado	Presente
Peluquero			
Hombre			

4 Verá, doctor En grupos de tres, imaginen que los dos personajes acuden a la consulta de un(a) psicólogo/a para mejorar su relación y cambiar sus personalidades. Uno/a de ustedes será el/la psicólogo/a y los/las otros/as dos serán el hombre y el peluquero. Preparen la escena y, después, represéntenla delante de la clase.

5 ¿Quiénes? En grupos pequeños, imaginen que tienen que hacer el *cásting* para esta obra de teatro. Busquen dos famosos/as que creen que harían bien el papel del Peluquero y el papel del Hombre, y expliquen sus razones. Compartan su selección y sus razones con el resto de la clase. Cuando todos los grupos hayan presentado su *cásting*, la clase votará para elegir el mejor de todos.

6 ¡Yo no! En grupos pequeños, digan cuál de los personajes hizo la siguiente afirmación y expliquen su importancia en la historia. Después, compartan sus conclusiones con la clase.

> Una vez, de chico, todos cruzaban un charco, un charco maloliente, verde, y yo no quise. ¡Yo no!, dije, ¡Que lo crucen los imbéciles!

7 **¡No!** En esta obra se reflexiona sobre la necesidad de "decir que no" al poder, pero hay otras ocasiones en la vida en las que también hay que "decir que no", por ejemplo, a los padres, a la sociedad, a los políticos, etc. En parejas, hagan una lista de las circunstancias en las que hay que ser rebelde y expliquen por qué.

8 **Imaginar** En grupos pequeños, imaginen que la acción ocurre en otro sitio y escriban una escena. Se pueden inspirar en la lista de sugerencias. Utilicen **ser** y **estar**.

- en el ejército (*army*)
- en un restaurante
- en la playa
- en la universidad
- en una oficina
- en un centro comercial
- en el consultorio de un dentista

9 **Situaciones** En parejas, elijan una de las situaciones y escriban un diálogo basado en ella. Usen al menos seis palabras de la lista. Cuando lo terminen, represéntenlo delante de la clase.

PALABRAS		
ambición	**esfuerzo**	**rebelde**
animado/a	**humilde**	**reposo**
autoestima	**malhumor**	**retorno**
bienestar	**meta**	**risueño/a**
conciliador	**paraíso**	**suspirar**
desgraciado/a	**rebelarse**	**turbado/a**

A

Es el día de la boda y el/la novio/a ha cambiado de opinión y no quiere casarse, pero no quiere hacerle daño a sus seres queridos. Habla con el cura para preguntarle lo que tiene que hacer.

B

Un padre o una madre muy estricto/a habla con su hijo/a para convencerlo/a de que estudie medicina, y que abandone sus sueños de ser escritor(a).

Preparación

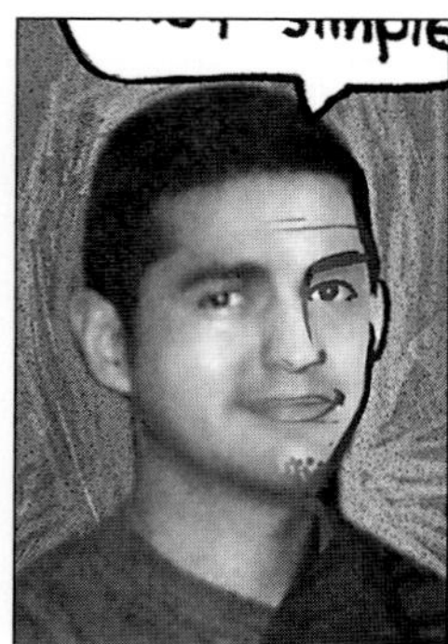

Sobre el autor

Ricardo Reyes nació en México D.F. en 1977. Se graduó en diseño gráfico en la Escuela Nacional de Artes Plásticas en 1998 y, desde entonces, ha trabajado en los campos del diseño y la ilustración desarrollando trabajos para el periódico *El Universal* y para las compañías Nivea, Agfa, Make a Team, Dineronet.com, etc. Actualmente, Reyes es jefe de diseño en Azul Púrpura Comunicación y está realizando varios proyectos propios donde se integran el cómic, la ilustración y el diseño.

Vocabulario de la tira cómica

el/la bombero/a *firefighter*
darse cuenta *to become aware of something, to realize*
desilusionar *to disappoint*
odiar *to hate*
saborear *to savor*
tanto *so much*

1 **Cuando era niño** Contesta las preguntas.

1. ¿Cómo eras cuando eras niño/a?
2. ¿En qué características eres igual y en cuáles has cambiado?
3. Haz una lista de las cosas que eran más fáciles cuando eras niño/a y otra de las que eran más difíciles.

Más fáciles	Más difíciles

Análisis

1 **Su vida** En parejas, lean otra vez la tira cómica y digan cómo era la vida del protagonista cuando era niño y cómo es su vida de adulto.

2 **Imaginar** Imagina que puedes hablar contigo cuando eras niño/a. ¿Qué te dirías?

3 **El futuro** En parejas, preparen una lista de preguntas que se harían si pudieran hablar con ustedes mismos con veinte años más. Después, intenten responderlas. Compartan sus preguntas y respuestas con la clase cuando hayan terminado.

Yo le diría de **Ricardo Reyes**

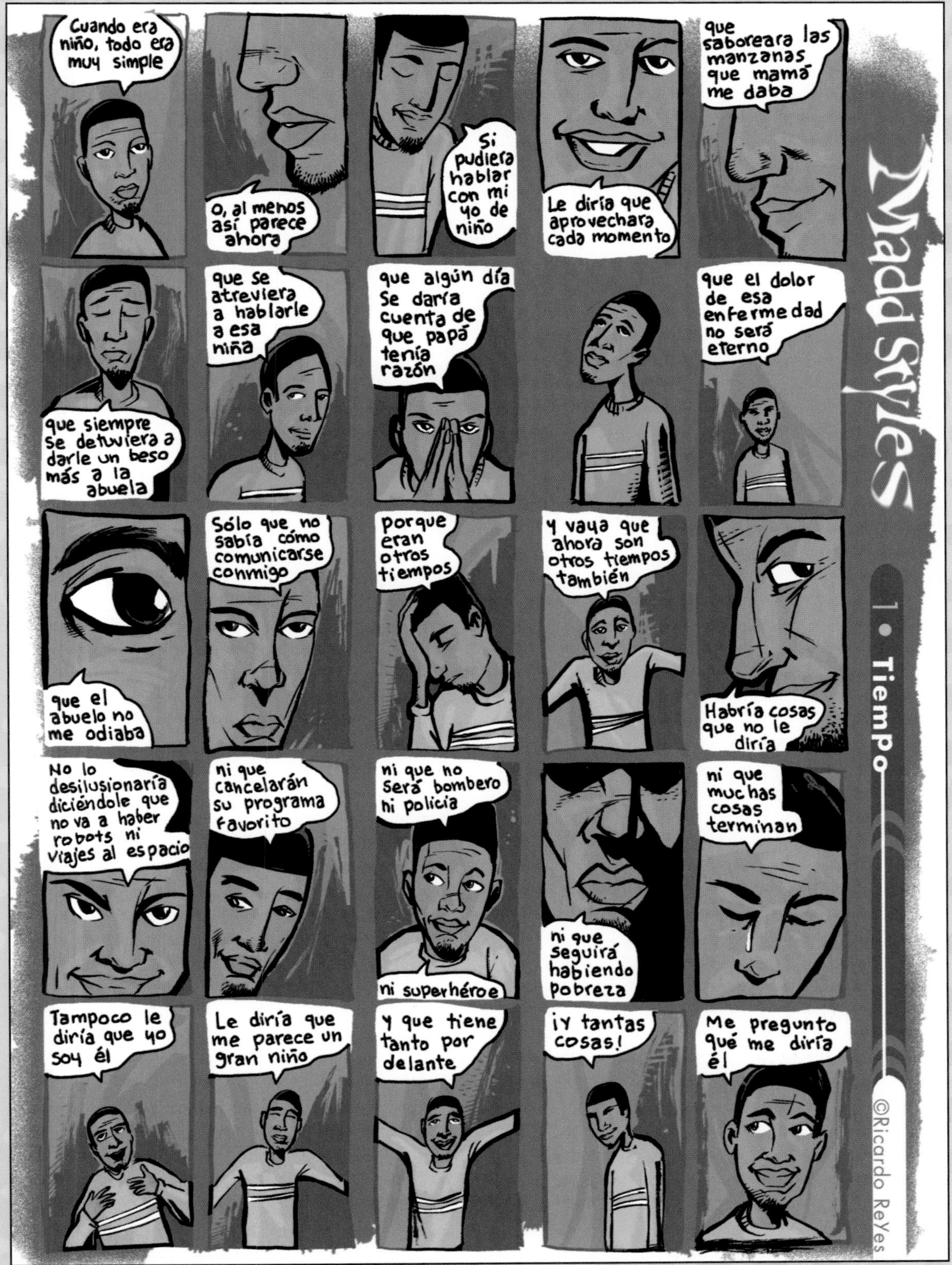

Describe tu personalidad

¿Cómo eres? ¿Qué te gusta y qué te molesta? ¿Cómo es tu vida diaria? ¿Qué cambiarías? Escribe una composición describiéndote a ti mismo/a. Sigue el Plan de redacción.

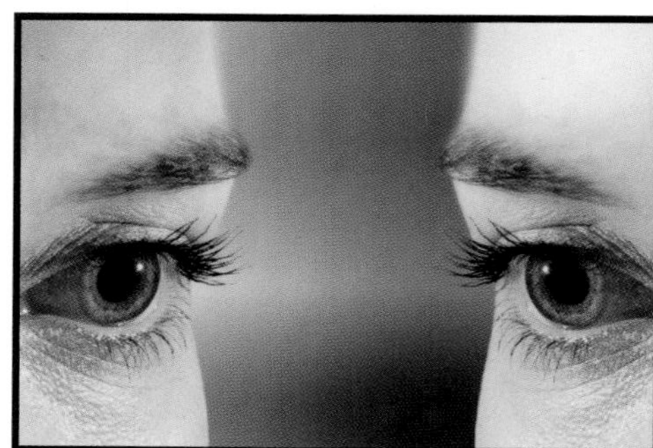

Plan de redacción

Escribe

1. **Presentación** Preséntate en el primer párrafo. Tienes que indicar tu nombre, tu lugar de origen, si estás soltero/a, comprometido/a, casado/a, etc. Si eres estudiante de tiempo completo o si también trabajas, etc.
2. **Tu personalidad** Piensa en tu personalidad. Incluye en tu descripción las cualidades que tienes que te gustan y las que no te gustan.
3. **Tu vida** Reflexiona sobre tu forma de ser. ¿Cambiarías algo? ¿Por qué?
4. **Concluye** Termina con un pequeño párrafo que resuma cómo eres.

Comprueba y lee

5. **Revisa** Lee tu descripción para mejorarla.
   - Evita las repeticiones.
   - Comprueba que has usado **ser** y **estar** correctamente.
   - Revisa la concordancia entre los sustantivos y los adjetivos de la descripción.
6. **Lee** Lee tu descripción a tus compañeros de clase. Ellos tomarán notas y, cuando hayas terminado de leer, tienes que estar preparado/a para contestar sus preguntas.

¿Cuál es la personalidad ideal?

1. La clase se divide en grupos pequeños. Cada grupo tiene que preparar dos listas: una con las diez cualidades que, según ustedes, forman la personalidad ideal en un hombre, y otra con las diez cualidades que forman la personalidad ideal en una mujer.

2. Después tienen que contestar las preguntas. Razonen sus respuestas. En el caso de que no todos los miembros del grupo estén de acuerdo, pueden mencionar que dentro del grupo hay distintas opiniones y explicar cuáles son.
    - ¿Tienen las dos listas las mismas cualidades para los hombres y las mujeres?
    - ¿Creen que la sociedad espera que los hombres y las mujeres tengan las mismas cualidades?
    - ¿Creen que esta situación va a cambiar en el futuro?
3. Los diferentes grupos presentan sus ideas a la clase, mientras todos toman nota.
4. Cuando todos los grupos terminen sus presentaciones, toda la clase debe participar haciendo preguntas y/o defendiendo sus opiniones.

LECCIÓN 3

Prohibido pensar

La cultura de masas llega a nuestras vidas a través de la prensa escrita, del cine, de la radio, de la televisión y de Internet. Estos medios nos divierten, nos informan y nos forman, a la vez que nos transmiten sus valores. Esto les concede un enorme poder: ¿Lo usan adecuadamente?

¿Somos independientes?

¿Quién elige nuestros iconos?

¿Qué somos: telespectadores o consumidores potenciales?

64

72

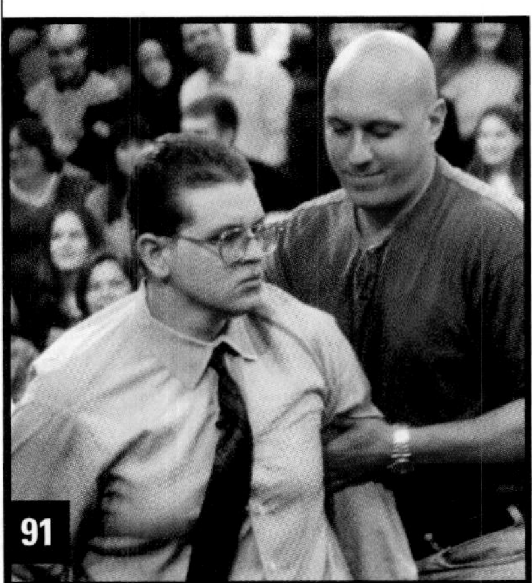

91

Preparación

Vocabulario del corto

el cásting *audition*
la cola de conejo *rabbit's foot*
ensayar *to rehearse*
el/la facha *fascist*
tratar a (alguien) *to treat (someone)*

Vocabulario útil

animar *to encourage*
aspirante a *aspiring to*
el atasco *traffic jam*
avergonzado/a *ashamed; embarrassed*
avergonzarse *to be ashamed*
de camino a *on the way to*
desilusionado/a *disappointed*
el embotellamiento *traffic jam*
fiarse de (alguien) *to trust (someone)*
fortuito/a *fortuitous*
la gorra *cap*
incómodo/a *uncomfortable; awkward*
rechazar *to reject*
surgir *arise*

EXPRESIONES

A por todas. *Knock'em dead.*
Dar calabazas (a un pretendiente). *To reject (a suitor).*
Decir algo de carrerilla. *To reel off spoken lines.*
En el fondo. *Deep down.*
Estar coladito/a por (alguien). *To have a crush on (someone).*
Menudas vueltas da el destino. *Funny how life goes round.*
Tener para rato. *To be stuck.*

1 **Vocabulario** Completa este diálogo con palabras y expresiones de la lista. Haz los cambios que creas convenientes.

PALABRAS

animar	ensayar
atasco	gorra cap
calabazas	rato
coladito/a	surgir
en el fondo	tratar

PILI ¡Uy, qué ____________! Aquí tenemos para ____________.
CATI Tranquila, vamos con tiempo.
PILI Juan está ____________ por ti, ¿sabes? Dale una oportunidad, mujer.
CATI Lo que le voy a dar son ____________.
PILI ¿Por qué le ____________ tan mal?
CATI No es mi príncipe azul, así es que no le ____________.
PILI Yo no le ____________. Lo que pasa es que ____________ es un romántico.

2 **Taxis** En parejas, contesten las preguntas.

1. ¿Les gusta tomar taxis?
2. ¿En qué ocasiones los toman?
3. ¿Suelen hablar con los taxistas o son pasajeros silenciosos?
4. Cuenten algo fuera de lo normal que les haya ocurrido alguna vez en un taxi.

3 **Fotografías** En parejas, miren las fotografías e imaginen lo que va a ocurrir en el cortometraje.

4 **¡Taxi! ¿Está libre?** En parejas, escriban un diálogo entre un(a) taxista y un(a) pasajero/a. Intenten que sea lo más original posible. Después, ensáyenlo y represéntelo delante de la clase.

5 **Comunicación** En parejas, contesten las preguntas.

1. ¿Les gusta hablar con desconocidos/as?
2. ¿Se fían de las personas que no conocen?
3. ¿Creen en el amor a primera vista?
4. ¿Se han enamorado alguna vez de un desconocido/a? ¿Qué pasó?
5. ¿Creen que todo pasa por alguna razón o creen que los sucesos de la vida son totalmente arbitrarios?
6. ¿Se contradicen a veces sus acciones con sus pensamientos? ¿En qué circunstancias?
7. ¿Cuándo suele usarse la expresión "nada que perder"?
8. ¿Tienen algún amuleto de la buena suerte? ¿Cuál es? ¿Les funciona?

6 **Un encuentro fortuito** En parejas, cuéntense alguna experiencia que tuvieron cuando iban de camino a algún sitio y se cruzaron con un desconocido/a. Incluyan la siguiente información. Después, compartan sus historias con la clase.

- Adónde iban
- Cómo llegaron allí
- A quién encontraron
- Qué pasó por el camino
- Cómo les afectó el encuentro
- Si volvieron a ver a esa persona

FICHA **Personajes** Nina, Pedro (taxista) **Duración** 20 minutos **País** España

ESCENAS

Taxista ¡Ah! ¿Eres actriz?
Nina Bueno, sí, no sé. La verdad es que nunca se me había ocurrido, pero el otro día alguien que controla esto me dijo que yo daría muy bien en cámara y... no sé, pues me he lanzado, y ahora no hay quien me baje del burro[1].

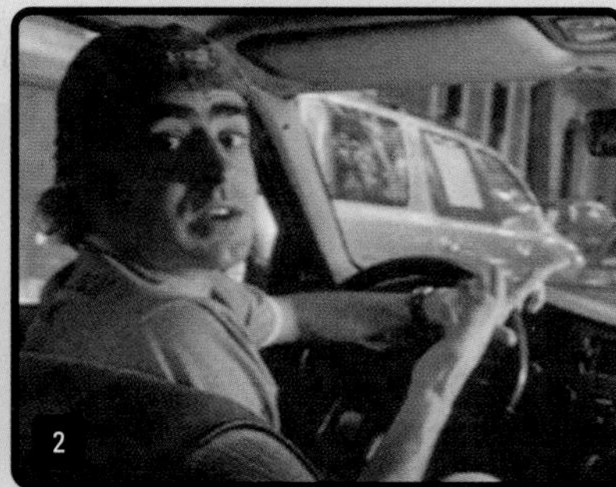

Taxista Oye, pues por mí, si quieres ensayar en alto, ¡no te cortes![2] A mí me encanta el cine. Así te vas soltando un poco[3] antes de llegar. Tú imagínate que soy el director que te hace la prueba. Además, aquí tenemos para rato.

Nina Bueno, ¿te sitúo? ¡Vale! Estamos al final de la Guerra Civil Española. Yo soy la hija de un intelectual republicano que ha sido capturado por los nacionales. Y en esta escena yo voy a pedirle ayuda a un joven militar fascista para que le perdonen la vida a mi padre.

(Van ensayando una escena.)
Taxista Por si no te has enterado[4], esto es una guerra, y en una guerra todo es lícito.
Nina ¿Como en el amor?
Taxista No hay tiempo para hablar de amor.

Muchos cástings y kilómetros después...
Nina ¿Tú qué miras tanto?
Taxista No, no, no... No puedes decirme eso tan fríamente, tan imperturbable. Si en el fondo, en el fondo, sigues enamorada de mí.

(El taxista la invita a Lisboa.)
Taxista Si no te gusta Lisboa, vamos a otro sitio. Donde tú quieras, yo te llevo. ¿No hay ningún sitio en especial al que siempre has querido ir?
Nina Los sitios especiales no están hechos para mí.

[1] I'm hooked! [2] Go ahead! [3] That way you'll loosen up. [4] In case you may not know,

Nota CULTURAL

La Guerra Civil Española (1936-1939) se inició con la sublevación de un sector del ejército, que terminó dividido en dos bandos: republicanos y nacionales. Los republicanos eran liberales de distintas ideologías fieles a la II República y opuestos al fascismo.
Los nacionales seguían al General Francisco Franco, militar de ideología fascista que, tras ganar la guerra, instauró una dictadura en España que duró hasta su muerte en 1975. Muchos intelectuales opuestos al franquismo tuvieron que exiliarse; muchos otros fueron fusilados.

EN PANTALLA

Completar Completa las oraciones con la palabra adecuada.

1. Nina se sube a un ____.
2. Nina es una aspirante a ____.
3. El taxi está parado en un ____.
4. El taxista se pone una ____.
5. Al taxista le fascina ____.

a. gorra
b. Lisboa
c. atasco
d. actriz
e. taxi
f. de camino

Análisis

1 **Comprensión** Contesta las preguntas.

1. ¿Adónde va Nina?
2. ¿Qué trabajos ha hecho ya Nina como actriz?
3. ¿Cree Nina que le van a dar el papel en la película? ¿Por qué?
4. ¿Qué tipo de personajes son los que más le gustan a ella?
5. ¿Qué hacen Nina y el taxista de camino al *cásting*?
6. ¿Qué papel hace Nina? ¿Qué papel hace el taxista?
7. ¿Qué le da el taxista a Nina para que tenga buena suerte?
8. ¿Qué le propone el taxista a Nina la segunda vez que se encuentran?
9. ¿Cómo reacciona ella?
10. ¿En qué ciudad ocurre la historia de este cortometraje?

2 **Deducción** En parejas, miren la foto y digan qué importancia tiene este instante en el desarrollo de la historia. ¿Qué creen que sucede entre los dos protagonistas? Expliquen qué detalles y ejemplos del corto apoyan sus opiniones.

3 **¿Decisión o indecisión?** Terminado el viaje, Nina y el taxista se despiden, pero ¿de verdad quieren despedirse? En parejas, escriban un posible diálogo entre ellos si se hubiera dado uno de los siguientes casos.

- El taxista le hubiera dicho al nuevo cliente que no estaba libre.
- Nina se hubiera olvidado el teléfono celular en el taxi.

4 **¿Realidad o ficción?** En el corto, el taxista dice dos veces: "No hay tiempo para hablar de amor ahora." En parejas, sitúen los dos contextos en los que se dice esta frase. Después, discutan cómo se relacionan la historia de Nina y Pedro con la historia de los personajes que interpretan.

5 **Cómo eran y cómo son** Hagan la siguiente actividad en grupos de tres.

A Primero, completen la tabla incluyendo la siguiente información.

- ¿Cómo eran los protagonistas de esta historia cuando se encontraron por primera vez y cómo son cuando el destino los vuelve a unir?
- ¿Cuáles eran sus ilusiones y sueños? ¿Cómo han cambiado?
- ¿Cuál era y cuál es su actitud ante la vida?

Cómo eran	Cómo son

B Con toda la clase, imaginen las vidas de los protagonistas y digan por qué creen que Nina rechazó la proposición del taxista al final. ¿Qué hubieran hecho ustedes en su lugar? ¿Por qué?

6 **Nada que perder** *Nada que perder* es el título que eligió Rafa Russo para este cortometraje. En grupos pequeños, contesten las preguntas sobre el título y, después, compartan sus opiniones.

- ¿Cuál es el significado del título en relación con el argumento y el desenlace (*ending*) de la historia?
- ¿Por qué creen que el director eligió este título?
- ¿Qué ganan y/o qué pierden los protagonistas de esta historia?

7 **Otra oportunidad** En grupos pequeños, compartan cuáles fueron sus reacciones al final del corto. ¿Cómo se sintieron? ¿Les sorprendió el final o se imaginaron que terminaría así? Después, vuelvan a escribir el final haciendo los cambios que crean necesarios para dar otra oportunidad a los protagonistas y puedan subirse al tren que dejaron escapar la otra vez. Compartan sus finales con la clase.

8 **Situaciones** En parejas, elijan una de las situaciones y escriban un diálogo. Utilicen al menos seis palabras o expresiones de la lista. Cuando lo tengan listo, represéntenlo delante de la clase.

PALABRAS

a por todas	*cásting*	ensayar
aspirante a	cola de conejo	fiarse de
atasco	dar calabazas	incómodo/a
avergonzado/a	de camino a	tener para rato
avergonzarse	en el fondo	tratar

A

Uno/a de ustedes va a un *cásting* en autobús. Hay mucho tráfico y decides ensayar la escena. A tu lado hay un(a) chico/a muy simpático/a y empiezan a hablar.

B

Un(a) chico/a del que/de la que estuviste muy enamorado/a te dio calabazas en el pasado y, ahora, después de varios años, te dice que quiere casarse contigo.

Las preposiciones

Recuerda

En español, si las preposiciones van seguidas de un verbo, éste siempre es un infinitivo.

*La muchacha duda por un momento **entre quedarse** con el taxista o ir a la cita. Finalmente, sale del taxi **sin pagar**.*

AYUDA

Las preposiciones más usadas del español son:

a *to; at*
con *with*
de *of; from*
desde *from*
durante *during*
en *in; on*
entre *between*
hacia *toward(s)*
hasta *until*
para *for; in order to*
por *for*
según *according to*
sin *without*
sobre *on, over*
tras *after*

Verbos seguidos por una preposición

Algunos de los verbos que van seguidos por preposición son:

- **Seguidos por a**

acostumbrarse a *to become accustomed to*	**ayudar a** *to help*	**invitar a** *to invite*
aprender a *to learn to*	**comenzar a** *to begin*	**ir a** *to go to*
atreverse a *to dare to*	**decidirse a** *to decide to*	**negarse a** *to refuse to*

- **Seguidos por de**

acabar de *to have just*	**cansarse de** *to get tired of*
acordarse de *to remember*	**dejar de** *to stop, to fail to*
alegrarse de *to be glad*	**encargarse de** *to take charge of*
arrepentirse de *to repent*	**tratar de** *to try to*

enamorarse de - to fall in love

- **Seguidos por en**

consistir en *to consist of*	**insistir en** *to insist on/upon*	**pensar en** *to think about/of*	**quedar en** *to agree on*

*Ellos se habían conocido un año antes. Cuando la ve, él **se acuerda de** ella inmediatamente, y **se alegra de** verla. Pero ella no **se atreve a** hablar con él. El taxista, preocupado por la muchacha, la **invita a** ir a Lisboa con él. Ella **se niega a** aceptar la invitación. Él **trata de** convencerla, pero ella no quiere cambiar de vida.*

Por y para

El uso de las preposiciones es similar en inglés y en español, salvo en algunas ocasiones, como *por* y *para*.

- **Usos de por**

Se usa **por** para **indicar**:

- **Movimiento**
  *El taxi va **por** Madrid.*
- **Duración de una acción**
  *Están en el taxi **por** una hora.*
- **Causa o razón de una acción**
  *Él estudiaba portugués **por** ella.*
- **Medios por los que se realiza algo**
  *Habla **por** teléfono.*
- **Intercambio o sustitución**
  *Ella paga **por** el viaje en taxi.*
- **Unidad de medida**
  *El carro va a setenta millas **por** hora.*
- **El agente en la voz pasiva**
  *La escena es ensayada **por** los dos.*

- **Usos de para**

Se usa **para** para **indicar**:

- **Destino**
  *Toma el taxi **para** ir a la prueba de cásting.*
- **El destinatario**
  *La cola de conejo es **para** ella.*
- **La opinión sobre algo, en contraste con la opinión de los otros**
  ***Para** él, ella tiene que poner más emoción en el papel.*
- **Para quién o para qué empresa se trabaja**
  *Pedro trabaja **para** una empresa de taxis.*
- **Meta**
  *Ensaya **para** hacer el papel.*
- **Uso + sustantivo**
  *Se pone los lentes **para** la prueba.*
- **Fecha específica en el futuro**
  *Nina tiene una prueba **para** el viernes.*

AYUDA

- Expresiones con **para**
  - **no estar para bromas** *to be in no mood for jokes*
  - **no ser para tanto** *not to be so important*
  - **para colmo** *to top it all off*
  - **para que sepas** *just so you know*
  - **para siempre** *forever*
- Expresiones con **por**
  - **por casualidad** *by chance/accident*
  - **por fin** *finally*
  - **por lo general** *in general*
  - **por lo menos** *at least*
  - **por lo tanto** *therefore*
  - **por lo visto** *apparently*
  - **por otro lado/otra parte** *on the other hand*
  - **por primera vez** *for the first time*
  - **por si acaso** *just in case*
  - **por supuesto** *of course*

Práctica

1 **Ah, el amor** En parejas, completen la carta con las preposiciones **a**, **de**, **en**, **para** y **por**. Después, imaginen qué ocurrió entre Carlos y Mariana, y escriban la respuesta de Carlos, usando las preposiciones que han estudiado.

Querido Carlos:

Pienso mucho ___a___ ti últimamente. Iba ___a___ llamarte ___por___ teléfono ___para___ contarte algo, pero prefiero hacerlo ___por___ carta. Me caso con Enrique ___en___ el verano. ___Para___ mí, él es muy importante en mi vida y, sin embargo, el otro día vi ___a___ casualidad el reloj que me regalaste y me acordé ___de___ lo bien que lo pasamos tú y yo juntos. ___Por___ eso te escribo, ___de___ que sepas que siempre estarás en mi corazón, pero no debemos hablarnos nunca más, ___para___ Enrique y ___para___ nosotros. Debemos aprender ___a___ vivir separados.

Alégrate ___de___ mi felicidad y trata ___de___ ser feliz tú también.

Mariana

2 **Definiciones** En parejas, jueguen a las definiciones. Se turnan para elegir un objeto de la lista, dar su definición y explicar para qué se usa. Deben usar **por** y **para**.

PALABRAS

cámara de fotos	puerta
cuchillo	semáforo
lentes de sol	teléfono celular
llaves	televisión

Preparación

Vocabulario de la lectura

alcanzar *to achieve*
el alivio *relief*
cimentar *to establish*
la consagración *professional recognition*
el desinterés *lack of interest*
estrenar *to premiere*
el fracaso *failure*
improvisar *to improvise*
el internado *boarding school*
interpretar *to interpret (a role)*
mascullar *to mumble*
el rechazo *rejection*
el reparto *cast*
rodar *to shoot (a film)*
vago/a *lazy*

Vocabulario útil

el estreno *premiere*
el/la famoso/a *famous person*
el premio *prize*

1 **Laberinto** En parejas, busquen la salida del laberinto y túrnense para hacer oraciones con las palabras indicadas.

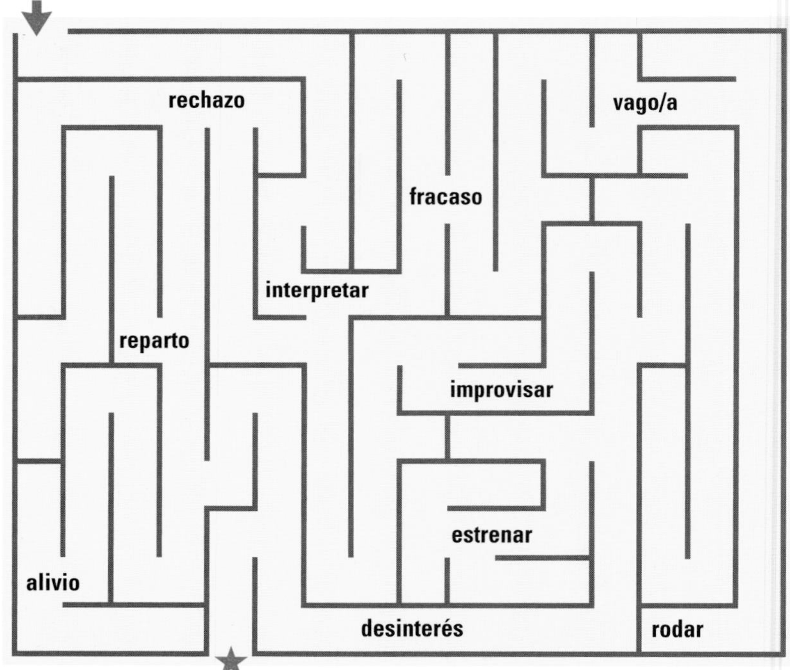

2 **Famosos de cine** En parejas, háganse las siguientes preguntas.

1. ¿Te gustaría ser un actor o una actriz famoso/a? Hagan una lista con las cosas positivas y negativas de serlo.
2. ¿Quién es tu actor o actriz favorito/a? ¿Por qué?
3. ¿Conocen películas, directores o actores hispanos? ¿Cuáles? ¿Les gustan?

BENICIO DEL TORO: "Soy un vago, pero asumo bien mis fracasos y rechazos"

No sólo es un rasgo de sus personajes. En la vida real, Benicio del Toro no habla. Masculla. Verbaliza con pereza y nunca retoma° las frases que interrumpe, lo que consigue volver la comunicación a la vez difícil e intrigante. El actor que ha hecho de lo ininteligible un arte estrena *La presa*, un *thriller* militar donde interpreta a un soldado loco y comparte reparto con Tommy Lee Jones. "No me gusta trabajar. Es realmente duro. Cuando te dan un papel tienes que hacerlo de verdad, y yo soy un vago. A veces he sentido alivio por no haber conseguido algunos trabajos. Quizá por eso lleve bien mi carrera de actor: porque sé asumir° los fracasos y los rechazos."

takes up again

to accept

No hay que fiarse de las apariencias. En la profesión, Benicio del Toro tiene fama de perfeccionista. Inunda a sus directores de sugerencias, corre riesgos con sus personajes y hace lo posible por encontrarles sustancia. "Su mayor cualidad es su instinto, pero ese instinto se basa en mucha reflexión y una gran dedicación", comenta William Friedkin, que le ha dirigido en *La presa*, donde el actor es un asesino profesional del Ejército que pierde la cabeza y empieza a degollar cazadores° en los bosques de Oregón.

to slit hunters' throats

Benicio del Toro empieza a tener una seria cantidad de canas° que esconde bajo una gorra de béisbol. Se le ha comparado

gray hairs

con Marlon Brando y Brad Pitt, en versión latina. "¿Me consideran *sexy*? Pues bueno. No cambia nada en mi vida. Me parece *cool* pero no me importa mucho", comenta con desinterés.

"Pocos actores alcanzan un momento en su carrera en el que pueden controlar su destino profesional. Todo depende de tanta gente —los estudios, los productores, los directores, los responsables de *cásting*— que tomas lo que te dan. La cosa latina, lo de tener la piel oscura, hace que Hollywood me perciba de cierta forma. Si no estás dispuesto a aceptar que es parte de tu trabajo puedes sentirte muy frustrado. En este sistema siempre hay alguien más importante que tú y no siempre se pueden distinguir los buenos de los malos. (...) Admiro a los que han podido sobrevivir en esta industria tan frágil", ha dicho Del Toro a *Los Angeles Times*.

El actor tiene 36 años y nació en Santurce, Puerto Rico. Dos hechos marcaron su infancia. Su madre murió cuando él tenía nueve años y su padre le envió a un internado en Pensilvania cuando cumplió 13. Del Toro no sabía muy bien lo que quería ser de mayor. Le gustaba pintar pero se matriculó en Empresariales en la Universidad de California, en San Diego. Le duró poco. En contra de la voluntad de su padre, se mudó a Nueva York y empezó a estudiar teatro en la escuela *Circle in the Square* y, luego, con una beca, en el conservatorio de Stella Adler. Empezó de extra en videos de Madonna y en un episodio de *Corrupción en Miami*. En 1989, pensó que le había llegado su gran momento cuando le contrataron para hacer de malo en una película de James Bond.

"El Oscar me ha abierto nuevas puertas. Tengo más oportunidades. No soy Jack Nicholson, pero parece que mi nombre ayuda en las películas."

Fue la primera de las falsas oportunidades que marcarían su carrera. *Licencia para matar*, en la que moría despedazado en una trituradora°, resultó ser un fracaso en taquilla. "Cuando hice el James Bond pensé que ya trabajaría regularmente, pero no fue así y el panorama se fue oscureciendo°." Le siguieron una ristra° de papeles secundarios, hasta que en 1995 interpretó a Fred Fenster en *Sospechosos habituales* y empezó a mascullar profesionalmente. "Cuando leí el guión", comentó Del Toro a *The Washington Post*, "la única razón de ser de mi personaje era morir. No decía nada. Tampoco hacía nada que influyera en la historia. Así que pensé: no puedo hacer nada con esto. Y Bryan Singer [el director] y Chris McQuarrie [el guionista] me dejaron improvisar."

cut into pieces in a crusher

getting dark

string

Poco después interpretó al compañero de cuarto de Jean-Michel Basquiat en la película sobre el pintor neoyorquino que realizó Julian Schnabel y a un gánster original en *El funeral*, de Abel Ferrara.

Y llegó *Miedo y asco en Las Vegas*°, la arriesgada° adaptación cinematográfica de Terry Gilliam de la mítica novela de Hunter Thompson sobre las aventuras deliciosamente narcóticas del autor y del abogado Gonzo (Del Toro). El actor engordó 20 kilos (le costó tanto adelgazar que luego rechazó el papel de Diego Rivera en *Frida* para evitar pasar otra vez por el mismo calvario°) y su interpretación fue tan convincente que casi le costó la carrera. Muchos en Hollywood pensaron que se había vuelto tan desquiciado° como su personaje. "La gente no quería contratarme porque pensaba que había ganado peso o que tenía un problema con las drogas o el alcohol."

Fear and Loathing in Las Vegas/ *risky*

torture

crazy

Estuvo casi dos años sin trabajar. Hasta que por fin le llegó la consagración y el Oscar al mejor actor secundario por su papel de policía mexicano en *Traffic*, película que también cimentó la carrera de su director, Steven Soderbergh.

"El Oscar me ha abierto nuevas puertas. Tengo más oportunidades. No soy Jack Nicholson, pero parece que mi nombre ayuda en las películas." Ahora, Benicio del Toro está terminando de rodar en Nuevo México *21 grams*, que dirige Alejandro González Iñárritu *(Amores perros)*, con Sean Penn y Naomi Watts. "Me gusta hacer una película al año, es un privilegio, así puedo dedicarme a hacer otras muchas cosas. Pero me falta tiempo." Palabra de vago. ■

Análisis

1 **Comprensión** Contesta las preguntas.

1. ¿Por qué la conversación con Benicio del Toro es difícil e intrigante?
2. ¿En qué ocasiones el actor ha sentido alivio?
3. ¿De qué tiene fama el actor?
4. ¿Con qué actores se le ha comparado?
5. ¿Dónde nació Benicio del Toro?
6. ¿Qué hizo en contra del deseo de su padre?
7. ¿Con qué película ganó el Oscar?
8. ¿Por qué le gusta hacer una película por año?

2 **Interpretar** Trabajen en parejas para contestar las preguntas.

1. ¿Han visto alguna de las películas que se mencionan en el artículo? ¿Qué piensan de ellas?
2. Escriban una descripción de Benicio del Toro. ¿Cómo es? ¿Les cae bien? ¿Creen que es buen actor?
3. ¿Por qué el actor dice que tuvo muchas falsas oportunidades?
4. ¿Por qué no querían contratarlo después de su actuación en *Miedo y asco en Las Vegas?*
5. ¿Qué quiere decir el actor cuando afirma lo siguiente: "parece que mi nombre ayuda en las películas"?

3 **Entrevista** En parejas, uno/a de ustedes es un actor o una actriz famoso/a y el/la otro/a es un(a) periodista. Escriban una entrevista y, cuando la hayan terminado, represéntenla delante de la clase.

4 **Película** En parejas, elijan una película que los/las dos conozcan y cambien algo de su argumento. Usen como referencia las siguientes sugerencias. Después, compártanla con la clase, que tiene que adivinar cuál es.

- añadir un personaje nuevo
- cambiar el final
- cambiar la personalidad de los personajes
- cambiar el escenario
- cambiar el tiempo histórico de la historia

5 **Fama** En parejas, miren la ilustración e inventen una historia inspirándose en ella. Después, compartan su historia con la clase.

6 **Un guión** En grupos pequeños, imaginen que son guionistas de Hollywood y que tienen que proponer una breve historia para un guión. No olviden incluir el título de la película y los actores que querrían utilizar.

7 **¿Qué es el cine?** En grupos pequeños, hablen del cine. Den su opinión sobre las siguientes afirmaciones y después compartan sus conclusiones con la clase.

"Algún día el cine americano triunfará y entonces América dominará el mundo." *Sinclair Lewis*

"Tengo diez mandamientos (*commandments*). Los primeros nueve dicen: ¡No debes aburrir!..." *Billy Wilder*

"La única forma de tener éxito es que la gente te odie. Así te recordarán." *Joseph von Stenberg*

"El mejor cine político es no hacer cine." *Marco Ferreri*

"El cine nunca es arte. Es un trabajo de artesanía, de primer orden a veces, de segundo o tercero lo más." *Luchino Visconti*

8 **Situaciones** En parejas, elijan una de las situaciones y escriban un diálogo. Utilicen al menos seis palabras de la lista. Cuando lo terminen, represéntenlo delante de la clase.

PALABRAS		
alcanzar	estreno	rechazo
alivio	fracaso	reparto
consagración	improvisar	rodar
desinterés	interpretar	vago/a

A

El/La director(a) de una película y el actor o actriz principal se llevan muy mal. El/La director(a) habla con él/ella para convencerlo/a de que cambie de comportamiento.

B

Un(a) extra quiere conocer personalmente al/a la protagonista de la película e inventa un plan loco. Al final, consigue hablar con la estrella.

Preparación

Sobre el autor

El periodista español **Mariano José de Larra** nació en Madrid en 1809. De carácter apasionado, a los diecinueve años abandonó los estudios para dedicarse al periodismo. Colaboró en muchas publicaciones de la época y sus escritos lograron fama inmediata. Sus artículos más reconocidos eran los retratos satíricos de la España contemporánea. Se suicidó en 1837, cuando tenía tan sólo veintiocho años.

Vocabulario de la lectura

aborrecer *to detest*
aludir *to refer to*
averiguar *to find out*
la censura *censorship*
el/la ciudadano/a *citizen*
condenar *to sentence*
convencer *to convince*
el derecho *right*
el disparate *nonsense*
equivocarse *to make a mistake*
exigente *demanding*
impreso/a *printed*
injuriar *to slander*
injurioso/a *slanderous*
juzgar *to judge*
oponerse *to oppose*
la prensa *press*
provechoso/a *profitable*
la queja *complaint*
el reglamento *regulations*
el respeto *respect*

Vocabulario útil

el/la juez(a) *judge*
la cárcel *jail*
el/la preso/a *prisoner*

1 **Vocabulario** Completa las oraciones con el vocabulario que acabas de aprender.

1. El juez tiene que intentar no ________________ en la condena.
2. Un conjunto de leyes es un ________________.
3. Cuando no se disfruta de libertad de expresión hay ________________.
4. ________________ es un sinónimo de acusar falsamente.
5. Alguien que pide mucho de los demás es ________________.
6. El lugar adonde van los presos es la ________________.

2 **La información** En parejas, contesten las preguntas.

1. ¿Consideran que están bien informados/as?
2. ¿Es importante para ustedes estar informados/as?
3. ¿Qué medio utilizan para conocer las noticias de actualidad? ¿Leen el periódico? ¿Ven los noticieros de la televisión? ¿Oyen la radio? ¿Por qué?
4. ¿Creen que los medios de comunicación son objetivos? Den ejemplos.

Lo que no se puede decir, no se debe decir

Hay verdades de verdades, y podríamos clasificarlas con mucha razón en dos: la verdad que no es verdad, y... Dejando a un lado las muchas de esa especie que pasan convencionalmente por lo que no son, vamos a la verdad verdadera, que es indudablemente la contenida en el epígrafe° de este capítulo.

epigraph

Una cosa aborrezco, pero de ganas, a saber: esos hombres naturalmente turbulentos que se alimentan de oposición, a quienes ningún Gobierno les gusta, ni aun el que tenemos en el día; hombres que no dan tiempo al tiempo, para quienes ningún político es bueno, esos hombres que quieren que las guerras no duren, que haya libertad de prensa,... Vaya usted a saber lo que quieren esos hombres. ¿No es un horror?

Yo no. Dios me libre°. El hombre debe ser dócil y sumiso, y cuando está sobre todo en la clase de los súbditos°, ¿qué quiere decir esa petulancia° de juzgar a los que le gobiernan? ¿No es esto la débil y mezquina° criatura pidiendo cuentas a su Creador? La ley, señor, la ley. Clara está, impresa y todo: no es decir que se la dan a uno de tapadillo°. Ése es mi norte°.

God forbid.

subjects

vanity

base

secretly/compass

Quiero hacer un artículo, por ejemplo. No quiero que me lo prohíban, aunque no sea más que por no hacer dos en vez de uno.

¿Y qué hace usted?, me dirán, ¿qué hace usted para que no se lo prohíban?

¡Qué debo hacer, hombres exigentes! Nada: lo que debe hacer un escritor independiente en tiempos como éstos de independencia.

Empiezo por poner al frente° de mi artículo, para que me sirva de eterno recuerdo: *Lo que no se puede decir, no se debe decir.* Sentada en el papel esta provechosa verdad, que es la verdadera, abro el reglamento de censura: no me pongo a criticarlo, ¡nada de eso!, no es mi responsabilidad. Sea reglamento o no sea reglamento, cierro los ojos, y venero la ley, y la bendigo°, que es más. Y continúo: "Artículo 12: No permitirán los censores que se inserten en los periódicos: artículos con ideas o doctrinas que conspiren a destruir o alterar la religión, el respeto a los derechos del trono, el Estatuto Real° y demás leyes fundamentales de la Monarquía."

at the top

I venerate the law, and I bless it

throne, Royal Statute

Esto dice la ley. Ahora bien: doy el caso que se me ocurra una idea que conspira a destruir la religión. La callo, no la escribo, me la como. Éste es el modo.

No digo nada del respeto a los derechos del trono, el Estatuto, etc., etc. ¿Si les parecerá° a esos hombres de oposición que no se me ocurre nada sobre esto? Pues se equivocan, ni cómo debo impedir yo que se me ocurran los mayores disparates del mundo. Ya se ve que se me ocurriría entrar

seem

en el examen de ese respeto, y que se me ocurriría investigar los fundamentos de todas las cosas más fundamentales. Pero me llamo aparte°, y digo para mí: ¿No está clara la ley? Pues a callarse. Es verdad que se me ocurrió; pero la ley no condena ocurrencia° alguna. Ahora, en cuanto a escribirlo, ¿no fuera una necedad°? No pasaría. Callo, pues; no lo pongo, y no me lo prohíben. He aquí el medio sencillo, sencillísimo. Los escritores, por otra parte, debemos dar el ejemplo de la sumisión. O es ley, o no es ley. ¿No es buena manía la de oponerse a todo, la de querer escribirlo todo?

aside

idea

nonsense

En buena hora; voy a escribir ya; pero llego a este párrafo y no escribo. Que no es injurioso, que no es libelo. No importa; puede convencerse el censor de que se alude, aunque no se aluda. ¿Cómo haré, pues, para que el censor no se convenza? Gran trabajo: no escribo nada; mejor para mí; mejor para él; mejor para el Gobierno: que encuentre alusiones en lo que no escribo. He aquí, he aquí el sistema. He aquí la gran dificultad por tierra. Desengañémonos°: nada más fácil que obedecer. Pues entonces, ¿en qué se fundan las quejas? ¡Miserables que somos!

Let's not fool ourselves:

Los "escritos licenciosos°", por ejemplo. ¿Y qué son escritos licenciosos? ¿Y qué son costumbres? Medito, y a mi primera resolución, nada escribo; más fácil es no escribir nada, que ir a averiguarlo.

dissolute

Buenas ganas tengo de injuriar a algunos "soberanos° y gobiernos extranjeros". Pero ¿no lo prohíbe la ley? Pues chitón°.

sovereigns

So, hush.

Hecho mi examen de la ley, voy a ver mi artículo; con el reglamento de censura a la vista°, con la intención que me asiste, no puedo haberlo infringido. Examino mi papel; no he escrito nada, no he hecho artículo, es verdad. Pero en cambio he cumplido con la ley. Éste será eternamente mi sistema; buen ciudadano, respetaré el látigo° que me gobierna, y concluiré siempre diciendo: "Lo que no se puede decir, no se debe decir".

in full view

whip

Octubre de 1834. Publicado en la Colección de 1835. ■

Análisis

1 **Comprensión** Contesta las preguntas.

1. ¿A quién dice el autor que aborrece?
2. Según él, ¿cómo debe ser el hombre?
3. ¿Qué va a hacer Larra para que no le prohíban el artículo?
4. ¿Por qué dice que empieza el artículo así: "Lo que no se puede decir, no se debe decir"?
5. ¿Cuál es el tono del artículo? ¿Es serio, irónico, pesimista? Pon ejemplos del texto.
6. Según tu opinión, ¿por qué escribió Larra este artículo?

2 **Cerrar los ojos** En grupos de tres, analicen las citas. Después, compartan sus opiniones con el resto de la clase.

"...abro el reglamento de censura: no me pongo a criticarlo, ¡nada de eso!, no es mi responsabilidad."

"El hombre debe ser dócil y sumiso, y cuando está sobre todo en la clase de los súbditos, ¿qué quiere decir esa petulancia de juzgar a los que gobiernan? Desengañémonos: Nada más fácil que obedecer."

3 **Opiniones** En parejas, contesten las preguntas.

1. ¿Creen que algunas personas tienen más derecho a opinar que otras? ¿Por qué?
2. ¿Qué arriesgan las personas que cuestionan los valores establecidos en una sociedad totalitaria? ¿Y en una sociedad democrática?
3. ¿A quién le interesa que la gente obedezca? ¿Por qué?

4 **Libertad** Larra escribió este artículo en 1834. En grupos de tres, discutan si creen que su contenido es actual todavía. Razonen sus respuestas. Después, digan qué opinan sobre la libertad de prensa. ¿Creen que es importante? ¿Por qué?

3 de mayo
Día Internacional de la libertad de prensa

5 **El poder de la información** En grupos pequeños, comenten las ventajas (*advantages*) y desventajas que tiene la transmisión en vivo por televisión de acontecimientos con fuertes connotaciones emocionales. Después, compartan sus opiniones con la clase.

Por televisión	Ventajas	Desventajas
Catástrofes naturales		
Crisis humanitarias		
Guerras		
Otros		

6 **La información es poder** En grupos pequeños, comenten estas afirmaciones. ¿Son ciertas? Después, compartan sus opiniones con el resto de la clase.

Los medios de comunicación manipulan la opinión pública.

La avalancha de información que transmiten los medios de comunicación deteriora el razonamiento individual.

El cine sólo influye en la moda.

7 **Situaciones** En parejas, elijan una de las situaciones y escriban un diálogo. Utilicen al menos seis palabras de la lista. Cuando lo terminen, represéntenlo delante de la clase.

PALABRAS

aborrecer	**convencer**	**injuriar**
averiguar	**derecho**	**preso/a**
cárcel	**disparate**	**provechoso/a**
censura	**exigente**	**reglamento**
condenar	**impreso**	**respeto**

A

Uno/a de ustedes es un(a) periodista que tiene una noticia que puede poner en peligro la seguridad del gobierno del país. El/La periodista y su editor(a) no están de acuerdo: ¿Se debe publicar la noticia?

B

Uno/a de ustedes es un(a) fotógrafo/a de revistas del corazón, el/la otro/a es un(a) famoso/a que ha sido fotografiado/a por la noche con un desconocido/a. El/La famoso/a quiere la foto y el/la fotógrafo/a no quiere dársela. Discuten.

Preparación

Sobre la autora

Elena Poniatowska, nacida en 1932, es una de las escritoras mexicanas más reconocidas. Esta periodista y narradora ha colaborado con infinidad de periódicos y es fundadora del diario mexicano *La Jornada*. Escritora versátil, se siente cómoda cambiando de género, y ha escrito novelas, crónicas, poemas y cuentos. Algunas de sus obras más famosas son: *Lilus Kikus* (1954), *La noche de Tlatelolco* (1971) y *Tinísima* (1992).

Vocabulario de la lectura

alterarse *to get upset*
anonadado/a *overwhelmed*
el arrebato *fit*
bostezar *to yawn*
la butaca *seat*
clavar *to drive something into something*
el/la comediante *comedian*
la chispa *flicker*
defraudado/a *disappointed*
desaprovechar *to waste*
desengañado/a *disillusioned*
el desenlace *ending*
engañoso/a *deceiving*
estelar *star*
la estrella *star*
el galán *hero*
hogareño/a *domestic*
malvado/a *evil*
novelero/a *fickle*
la pantalla *screen*
el/la principiante *beginner*
la puñalada *stab*
el rollo *roll*
la sala *movie theater*
la sesión (cinematográfica) *performance*
tomarse la molestia *to bother*
trastornado/a *disturbed*

Vocabulario útil

acosar *to stalk*
acosador(a) *stalker*
el/la fan *fan*
obsesionado/a *obsessed*

1 **Vocabulario** Marca la palabra que no corresponde al grupo.

1. bostezar:
   a. sueño b. cansancio c. estrella
2. cine:
   a. sesión b. butaca c. prensa
3. galán:
   a. actor b. estrella c. desenlace
4. malvado:
   a. rechazo b. egoísta c. malo
5. arrebato:
   a. pasión b. furia c. comediante
6. desengañado:
   a. triste b. hogareño c. desilusionado

2 **Contestar** En parejas, háganse las preguntas y luego compartan sus respuestas con la clase.

1. ¿Quién es tu personaje famoso favorito? ¿Por qué?
2. ¿Te has encontrado alguna vez con alguien famoso? ¿Qué hiciste entonces o qué harías si lo vieras?

CINE PRADO

Señorita:

A partir de hoy, usted debe borrar mi nombre de la lista de sus admiradores. Tal vez debiera ocultarle° esta deserción. Pero callándome, iría en contra de una integridad personal que jamás ha eludido los compromisos° de la verdad. Al apartarme° de usted, sigo un profundo viraje° de mi espíritu, que se resuelve en el propósito final de no volver a contarme entre los espectadores de una película suya.

conceal from you · *commitments* · *isolating myself* · *turn*

Esta tarde, más bien esta noche, me destruyó usted. Ignoro si le importa saberlo, pero soy un hombre hecho pedazos°. ¿Se da usted cuenta? Soy un hombre que depende de una sombra engañosa, un hombre que persiguió su imagen en la pantalla de todos los cines de estreno y de barrio, un crítico enamorado que justificó sus peores actuaciones morales y que ahora jura separarse para siempre de usted, aunque el simple anuncio de *Fruto prohibido* haga vacilar° su decisión...

smashed to pieces · *sway*

Sentado en una cómoda butaca, fui uno de tantos. Un ser perdido en la anónima oscuridad, que de pronto se sintió atrapado en una tristeza individual, amarga y sin salida. Entonces fui realmente yo, el solitario que sufre y que le escribe. Porque ninguna mano fraternal se ha extendido para estrechar la mía. Mientras usted destrozaba° tranquilamente mi corazón en la pantalla, todos se sentían inflamados y felices. Hasta hubo un canalla° que rió descaradamente°, mientras yo la veía desfallecer° en brazos de ese galán abominable que la llevó a usted al último extremo de la degradación humana... Y un hombre que pierde de golpe° todos sus ideales ¿no le cuenta para nada señorita?

were breaking · *rotten (person)* · *shamelessly* · *swoon* · *suddenly*

Hágame usted el favor de ser un poco más responsable de sus actos, y antes de firmar un contrato o de aceptar un compañero estelar, piense que un hombre como yo puede contarse entre el público futuro y recibir un golpe mortal°. No hablo movido por los celos, pero, créame usted: en esta película: *Esclavas del deseo* fue besada, acariciada y agredida° con exceso. No sé si mi memoria exagera, pero en la escena del cabaret no tenía usted por qué entreabrir los labios, desatar° sus cabellos sobre los hombros y tolerar los procaces ademanes y los contoneos° de aquel marinero que sale bostezando, después de sumergirla en el lecho° revuelto y abandonarla como una embarcación que hace agua°... Yo sé que los actores pierden en cierto modo su libre albedrío° y que se hallan a merced de los caprichos° de un autor masoquista; sé también que están obligados a seguir punto por punto todas las deficiencias y las falacias del texto que deben interpretar. Pero... permítame usted, a todo el mundo le queda, en el peor de los casos, un mínimo de iniciativa, una brizna° de libertad, que usted no pudo o no quiso aprovechar.

mortal wound · *attacked, assaulted* · *to let loose* · *indecent gestures and swaggering* · *bed* · *a ship that sinks* · *free will* · *find themselves at the mercy of the whims* · *strand*

Si se tomara la molestia, usted podría contestarme que desde su primera película aparecieron algunos de los rasgos de conducta que ahora le reprocho°, y es cierto; es todavía más cierto que yo no tengo derecho ni disculpa para sentirme defraudado porque la acepté entonces a usted tal como es. Perdón, tal como creí que era. Como todos los desengañados, yo maldigo el día en que uní mi vida a su destino cinematográfico... ¡Y conste que la acepté toda opaca° y principiante, cuando nadie la conocía y le dieron aquel papelito de trotacalles con las medias chuecas y los tacones carcomidos°, papel que ninguna mujer decente habría sido capaz de aceptar!... Y sin embargo, yo la perdoné y en aquella sala indiferente y negra de mugre° saludé la aparición de una estrella. Yo fui su descubridor, el único que supo asomarse a su alma, pese a su bolsa arruinada y a sus vueltas de carnero°. Por lo que más quiera, perdóneme este brusco arrebato...

reproach, blame · *opaque, dull* · *bum with crooked pantyhose and worn heels* · *filth* · *jerky ram-like movements*

Se le cayó la máscara, señorita. Me he dado cuenta de la vileza° de su engaño. Usted no es la criatura de delicias, la paloma frágil y tierna° a la que yo estaba acostumbrado, la golondrina de otoñales revuelos°, el rostro perdido entre gorgueras de encaje° que yo soñé, sino una mala mujer hecha y derecha, novelera en el peor sentido de la palabra. De ahora en adelante, muy estimada señorita, usted irá por su camino y yo por el mío...

vileness

tender

swallow flying in the autumn

lace ruffs

Siga usted trotando por las calles, que yo ya me caí como una rata en la alcantarilla°. Y conste que lo de "señorita" se lo digo solamente para guardar las apariencias. Tómelo usted, si quiere, como una desesperada ironía.

sewer

Porque yo la he visto dar y dejarse dar besos en muchas películas. Pero antes, usted no alojaba° a su dichoso compañero en el espíritu. Besaba usted sencillamente como todas las buenas actrices: como se besa apasionadamente a un muñeco de cartón. Porque, sépalo usted de una vez por todas, la única sensualidad que vale la pena es la que se nos da envuelta en alma, porque el alma envuelve entonces nuestro cuerpo, como la piel de la uva que comprime la pulpa°... Antes, sus escenas de amor no me alteraban, porque siempre había en usted un rasgo de dignidad profanada°, porque yo percibía siempre un íntimo rechazo, una falla° en el último momento, que rescataba° mi angustia y que me hacía feliz. Pero en *La rabia en el cuerpo* y con los ojos húmedos de amor, usted volvió hacia mí un rostro verdadero, ése que no quiero ver nunca más. Dígalo de una vez, usted está realmente enamorada de ese malvado, de ese comediante de quinta fila° ¿no es cierto? Por lo menos todas las palabras, todas las promesas que le hizo, eran auténticas, y cada uno de sus ademanes y de sus gestos estaban respaldados por la decisión de su espíritu. ¿Por qué me ha engañado usted como engañan todas las mujeres, a base de máscaras sucesivas y distintas? ¿Por qué no me mostró de una vez el rostro desatado° que ahora me atormenta?

were not at home with

compresses the pulp

profaned

flaw

rescued

B-movie

wild

Mi drama es casi metafísico y no le encuentro posible desenlace. Estoy solo en mi angustia... Bueno, debo confesar que mi esposa todo lo comprende y que a veces comparte mi consternación. Estábamos recién casados cuando fuimos a ver inocentemente su primera película, ¿se acuerda usted? Aquella del buzo° atlético y estúpido que se fue al fondo del mar por culpa suya, con todo y escafandra°... Yo salí del cine completamente trastornado, y habría sido una vana pretensión el ocultárselo a mi mujer. Ella, por lo demás, estuvo completamente de mi parte; y hubo de confesar que sus *deshabillés*° son realmente espléndidos. No tuvo inconveniente en acompañarme al cine otras seis veces,

diver

diving suit

négligée

creyendo de buena fe que la rutina iba a romper el encanto°. Pero las cosas fueron empeorando a medida que se estrenaban sus películas. Nuestro presupuesto hogareño tuvo que sufrir importantes modificaciones, a fin de permitirnos frecuentar las pantallas unas tres veces por semana. Está por demás decir que después de cada sesión cinematográfica nos pasábamos el resto de la noche discutiendo... Al fin y al cabo, usted no era más que una sombra indefensa, una silueta de dos dimensiones, sujeta a las deficiencias de la luz. Y mi mujer aceptó buenamente tener como rival a un fantasma cuyas apariciones podían controlarse a voluntad°. Pero no desaprovechaba la oportunidad de reírse a costa de usted y de mí. Recuerdo su regocijo° aquella noche fatal en que, debido a un desajuste° fotoeléctrico, usted habló durante diez minutos con una voz inhumana, de robot casi, que iba del falsete al bajo profundo... A propósito de su voz, sepa usted que me puse a estudiar el francés porque no podía conformarme con° el resumen de los títulos en español, aberrantes y desabridos°. Aprendí a descifrar el sonido melodioso de su voz, pero no pude evitar la comprensión de ciertas palabras atroces, que puestas en sus labios o aplicadas a usted me resultaron intolerables. Deploré aquellos tiempos en que llegaban a mí atenuadas por pudibundas traducciones°; ahora, las recibo como bofetadas°.

Lo más grave de todo es que mi mujer me está dando inquietantes muestras de mal humor. Las alusiones a usted, y a su conducta en la pantalla, son cada vez más frecuentes y feroces. Últimamente ha concentrado sus ataques en la ropa interior y dice que estoy hablándole en balde° a una mujer sin fondo. Y hablando sinceramente, aquí entre nosotros, ¿a qué sale toda esa profusión de infames transparencias de tenebroso acetato°, ese derroche° de íntimas prendas negras? Si yo lo único que quiero hallar en usted es esa chispita° triste y amarga que hay en sus ojos... Pero volvamos a mi mujer.

Hace mohínes° y la imita. Me arremeda° también. Repite burlona algunas de mis quejas más lastimeras: "Los besos que me duelen en *Qué me duras*, me están ardiendo como quemaduras"... Desechando° toda ocasión de afrontar el problema desde un ángulo puramente sentimental, echa mano de argumentos absurdos pero contundentes°. Alega, nada menos, que usted es irreal y que ella es una mujer concreta. Y a fuerza de demostrármelo está acabando con todas mis ilusiones... No sé qué es lo que va a suceder si resulta cierto lo que aquí se rumorea, eso de que va usted a venir a filmar una película. ¡Por amor de Dios, quédese en su patria, señorita!

Sí, no quiero volver a verla, aunque cada vez que la música cede poco a poco y los hechos se van borrando en la pantalla, yo soy un hombre anonadado. Me refiero a esas tres letras crueles que ponen fin a la modesta felicidad de mis noches de amor, a dos pesos la luneta°. Quisiera quedarme a vivir con usted en la película, pero siempre salgo remolcado° del cine por mi mujer, que tiene la mala costumbre de ponerse de pie al primer síntoma de que el último rollo se está acabando... Señorita, la dejo. No le pido siquiera un autógrafo, porque si llegara a mandármelo yo sería tal vez capaz de olvidar su traición imperdonable. Reciba esta carta como el homenaje final de un espíritu arruinado y perdóneme por haberla incluido entre mis sueños. Sí, he soñado con usted más de una noche, y nada tengo que envidiar a esos galanes de ocasión que cobran un sueldo por estrecharla en sus brazos, y que la seducen con palabras prestadas. Créame sinceramente su servidor.

P. S. Se me olvidó decirle que le escribo desde la cárcel. Esta carta no habría llegado nunca a sus manos si yo no tuviera el temor de que le dieran noticias erróneas acerca de mí. Porque los periódicos están abusando aquí de este suceso ridículo: "Ayer por la noche, un desconocido, tal vez loco, tal vez borracho, fue corriendo hasta la pantalla del cine Prado y clavó un cuchillo en el pecho de Françoise Arnoul...". Ya sé que es imposible, señorita, pero yo daría lo que no tengo con tal de que usted conservara en su pecho, para siempre, el recuerdo de esa certera° puñalada. ■

encantamiento enchantment
a voluntad at will
regocijo rejoicing
desajuste imbalance
conformarme con I couldn't be satisfied with/ *desabridos* tasteless, dull
atenuadas por pudibundas traducciones diminished by prim translations
bofetadas slaps in the face
en balde in vain
tenebroso acetato gloomy acetate/ *derroche* waste/ *chispita* little sparkle
mohínes faces/ *arremeda* mimics
Desechando Rejecting
contundentes categorical
luneta orchestra seats
remolcado towed
certera well-aimed

Análisis

1 **Comprensión** Contesta las preguntas.

1. ¿Quién escribe la carta?
2. ¿A quién va dirigida la carta?
3. ¿Qué nueva película va a estrenar la actriz?
4. Según el admirador, ¿en qué tiene que pensar la actriz antes de firmar un contrato?
5. ¿Qué ocurrió en la película *La rabia en el cuerpo* que enojó al admirador?
6. ¿Qué relación tenía el admirador con la que ahora es su esposa, cuando fueron a ver la primera película de la actriz?
7. ¿Cómo reaccionó la esposa al principio?
8. ¿Cuántas veces iban al cine por semana?
9. ¿Cómo muestra la esposa su mal humor con la actriz?
10. ¿Dónde se encuentra el admirador cuando escribe la carta?

2 **Analizar** En parejas, contesten las preguntas.

1. Busquen en la carta afirmaciones en las que el personaje se confunde y le habla a la actriz como si fuera novia suya.
2. ¿Por qué creen que su mujer ha cambiado de actitud?
3. ¿Qué enoja al admirador?
4. ¿Por qué está en la cárcel el admirador?
5. ¿Por qué se despide pidiendo que no se olvide de "la certera puñalada"?

3 **La respuesta** Imaginen que la actriz contesta la carta de su admirador. En parejas, escriban una respuesta breve y, cuando hayan terminado, léanla al resto de la clase. Usen las preposiciones **por** y **para**.

4 **Detective** Al final del cuento, hay un fragmento de la noticia publicada en los periódicos. En parejas, inventen el interrogatorio (*interrogation*) entre el detective y el detenido. No olviden incluir los datos que el detective necesita conocer.

Nombre
Fecha de nacimiento
Estado civil
¿Qué pasó?
¿Por qué?
¿A qué hora?
¿Estaba solo o acompañado?
etc.

5 **Encuentro** En parejas, imaginen que la actriz y el admirador se encuentran casualmente. Preparen el diálogo que se da entre ellos. Tengan en cuenta los puntos indicados.

- el lugar y la hora del encuentro
- la personalidad de los dos personajes
- los problemas matrimoniales del admirador

6 **Fama** En parejas, completen el siguiente test. Tomen nota de las respuestas de su compañero/a y luego compártanlas con la clase.

1. **¿Cómo crees que conseguirías ser famoso/a?**
2. **¿Qué cualidades tuyas te podrían llevar a la fama?**
3. **¿Crees que te gustaría ser famoso/a?**
4. **¿Qué famoso/a sería tu modelo?**
5. **¿Crees que tu vida sentimental sería mejor o peor?**
6. **¿Qué crees que te gustaría más de ser famoso/a?**
7. **¿Qué crees que te disgustaría de ser famoso/a?**

7 **Situaciones** En parejas, elijan una de las situaciones y escriban un diálogo basado en ella. Usen al menos seis palabras de la lista. Cuando lo terminen, represéntenlo delante de la clase.

PALABRAS		
alterarse	desengañado/a	malvado/a
anonadado/a	desenlace	novelero/a
bostezar	engañoso/a	pantalla
defraudado/a	estrella	tomarse la molestia
desaprovechar	interpretar	trastornado/a

A

Un(a) admirador(a) y un(a) famoso/a que no quiere ser reconocido/a se quedan atrapados/as en un elevador.

B

Dos personajes de una telenovela están muy enamorados, pero su amor es secreto. Él/Ella quiere dejar la relación y el/la otro/a intenta impedirlo.

Preparación

Sobre los autores

Manel Fontdevila nació en Manresa, España, en 1965. Se inició en el cómic en 1990, trabajando en las revistas *El Víbora, Makoki* y *Cairo.* Actualmente es colaborador de la revista de humor *El Jueves,* donde también participa en el consejo de redacción. Algunas de sus creaciones son las series *La Parejita* que estrenó en 1995 y *¡Para ti que eres joven!* que publicó por primera vez en 1997 junto a Albert Monteys.

Albert Monteys, nacido en Barcelona en 1971, se dio a conocer con el cómic *Mondo Lirondo* que realizó para Camaleón Ediciones. Con este trabajo, ganó el premio al mejor *fanzine* en el Salón del Cómic de Barcelona en 1994. Monteys colaboró por un tiempo en el diario *Avui* y, posteriormente, empezó a trabajar en la revista *El Jueves*. En esta publicación, ha realizado las series fijas *Tato* y *¡Para ti que eres joven!* en colaboración con Manel Fontdevila. En 1997, ganó el premio Autor Revelación en el Salón del Cómic por el libro *Calavera lunar*.

Vocabulario de la tira cómica

la batería *drums*
encontrado/a *conflicting*
la falta de *lack of*
los medios *means, resources*
recurrir *to resort to something*
el ritmo *rhythm*

Vocabulario útil

la crítica *review*
pedante *know-it-all*

1 **Las críticas** Contesta las preguntas y explica tus respuestas.

1. ¿Qué te gusta más: el cine, la música o la literatura?
2. ¿Lees las críticas de cine, de música y/o de literatura?
3. ¿Sueles opinar lo mismo que los críticos?
4. ¿Te influyen las críticas que lees?

Análisis

1 **Concepto** En parejas, contesten las preguntas.

1. ¿Cuál es, según ustedes, el tema principal de esta tira cómica?
2. ¿Por qué se titula la tira cómica *Tú también puedes ser crítico*?
3. ¿Qué consejos le darían a alguien para que fuera un(a) buen(a) crítico/a?

2 **Crítica** Trabajen en parejas. Primero, cada uno/a de ustedes escribe una lista de cinco obras muy conocidas, ya sean de cine, de música o de literatura. Luego, intercambian las listas para hacer una breve crítica o comentario sobre las obras elegidas por su compañero/a. No olviden darles una puntuación (*scoring*) de 0 a 5, siendo 5 la máxima puntuación. Después, compartan sus listas y comentarios con la clase.

3 **Pedantes** En parejas, imaginen que son dos críticos/as de cine muy pedantes. Elijan una película que hayan visto los/las dos y preparen un diálogo en el que discuten sobre la película elegida. Usen palabras del vocabulario y las preposiciones **por** y **para**.

fleshed-out

freshness

Rolling Stones

background

discharge

cool

Escribe una crítica de cine

Ahora tienes la oportunidad de escribir tu propia crítica de cine.

Plan de redacción

Planea

1 **Elige la película** Selecciona una película que hayas visto últimamente que te haya gustado mucho o que no te haya gustado nada.

2 **Toma nota de los datos** Los datos importantes son la fecha de su estreno, el nombre del director o directora, y el nombre de los actores principales con los papeles que interpretan.

Escribe

3 **Introducción** Escribe una breve introducción con todos los datos, pues tienes que presentar la película. También debes explicar por qué fuiste a verla y si pensabas que te iba a gustar o no.

4 **Crítica** Aquí escribes tu opinión. ¿Qué piensas de la película y por qué? ¿Qué es lo que está bien y qué es lo que está mal?

5 **Conclusión** Tienes que resumir brevemente tu opinión. También debes decir por qué vale la pena ver la película o por qué no hay que verla.

Comprueba y lee

6 **Revisa** Lee tu crítica para mejorarla.

- Comprueba el uso correcto de las preposiciones.
- Asegúrate de que usas **ser** y **estar** adecuadamente.
- Evita las repeticiones.

7 **Lee** Lee tu crítica a tus compañeros de clase. Ellos tomarán notas y, cuando hayas terminado de leer, tienes que estar preparado/a para contestar sus preguntas.

La telebasura a debate

Basura en español significa *trash*. El término "telebasura" hace referencia a los programas de televisión que utilizan el sensacionalismo y el escándalo para subir sus niveles de audiencia.

1. La clase se divide en grupos pequeños. Cada grupo tiene que preparar una lista de cinco programas de televisión que consideran telebasura y cinco que consideran que son de buena calidad, y anotar brevemente por qué.
2. Después tienen que contestar las preguntas. En el caso de que no todos los miembros del grupo estén de acuerdo, pueden mencionar que dentro del grupo hay distintas opiniones y explicar cuáles son.
   - ¿Qué lista tiene los programas con más audiencia? ¿Cuál creen que es la razón?
   - Según su opinión, ¿qué lista tiene los programas más divertidos?
   - ¿Qué opinan de los programas de telebasura? ¿Los quitarían de la programación? ¿Por qué?
   - ¿Quiénes son, según ustedes, los responsables de la programación: los telespectadores o los altos ejecutivos de las cadenas de televisión?
3. Los diferentes grupos presentan sus ideas a la clase, mientras todos toman nota.
4. Cuando todos los grupos terminen sus presentaciones, toda la clase debe participar haciendo preguntas y/o defendiendo sus opiniones.

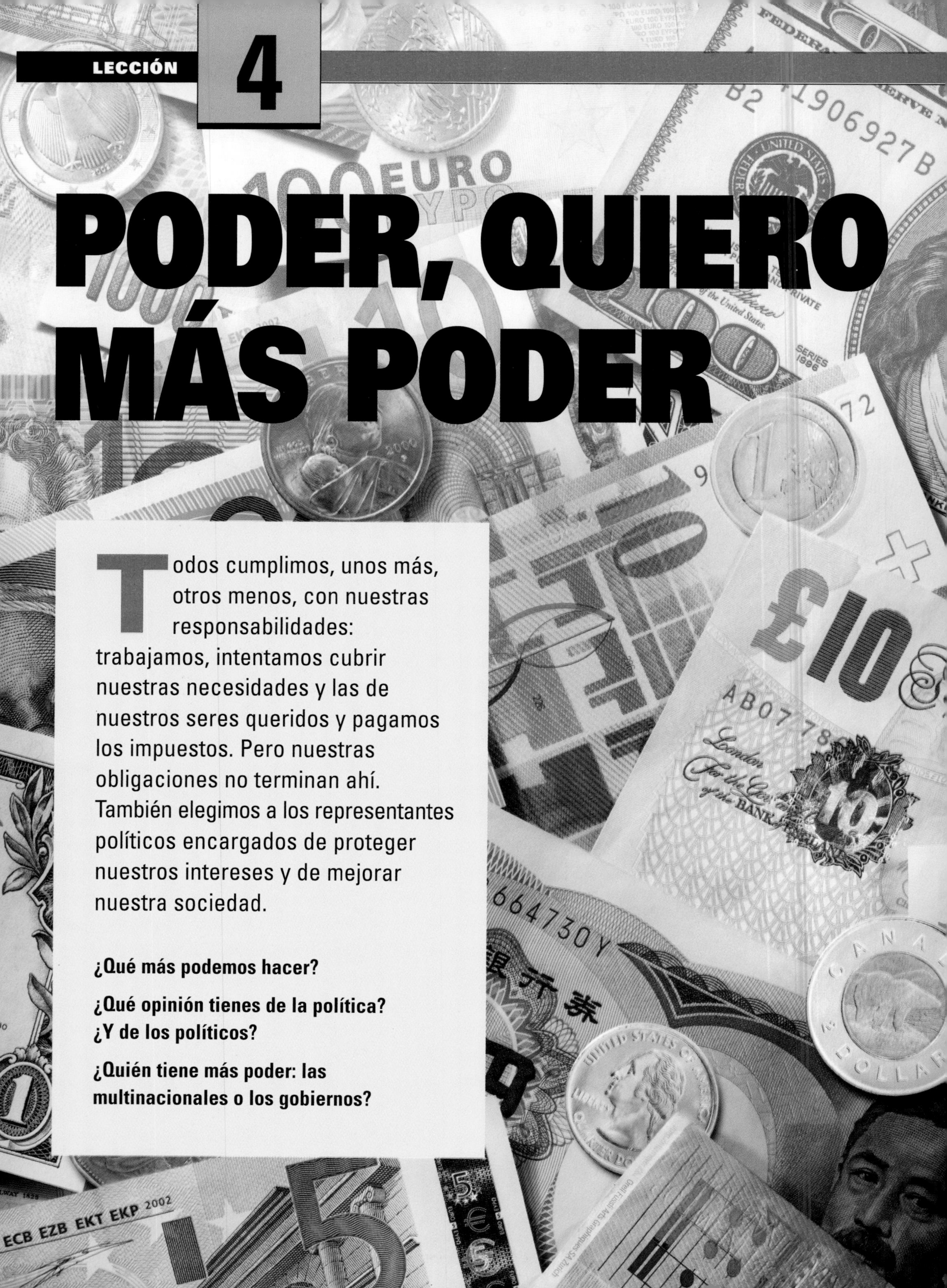

LECCIÓN 4

PODER, QUIERO MÁS PODER

Todos cumplimos, unos más, otros menos, con nuestras responsabilidades: trabajamos, intentamos cubrir nuestras necesidades y las de nuestros seres queridos y pagamos los impuestos. Pero nuestras obligaciones no terminan ahí. También elegimos a los representantes políticos encargados de proteger nuestros intereses y de mejorar nuestra sociedad.

¿Qué más podemos hacer?

¿Qué opinión tienes de la política? ¿Y de los políticos?

¿Quién tiene más poder: las multinacionales o los gobiernos?

94

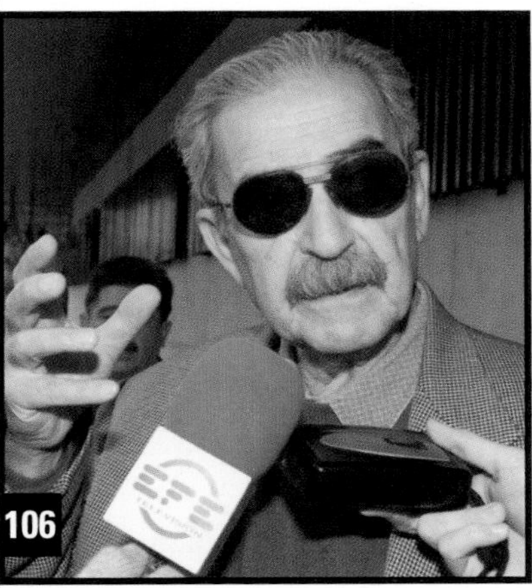
106

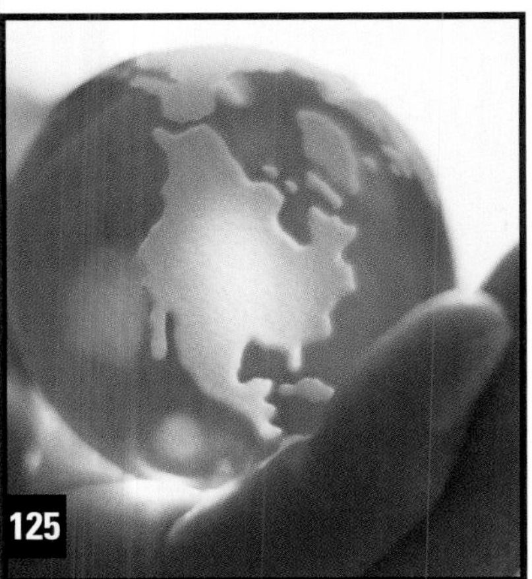
125

Preparación

Vocabulario del corto

acusado/a *accused*
la declaración *statement*
el delito *crime*
derogar (una ley) *to abolish (a law)*
el/la desaparecido/a *missing person*
el duelo *duel*
el enfrentamiento *confrontation*
la herencia *legacy*
la impunidad *impunity*
juzgado/a *tried (legally)*
llevar a cabo *to carry out*
merecer(se) *to deserve*
la nuca *nape*
otorgar *to grant*
el rencor *resentment*
requisar *to confiscate*

Vocabulario útil

la azotea *flat roof*
batirse en duelo *to fight a duel*
el castigo *punishment*
el/la culpable *guilty*
disparar *to shoot*
exiliado/a *exiled, in exile*
el exilio *exile*
impune *unpunished*
interrumpir *to stop*
el juzgado *court house*
presenciar *to witness*
la rabia *anger*
retar a duelo *to challenge to a duel*
la venganza *revenge*
vengar *to avenge*
vengarse *to take revenge*

EXPRESIONES

Duelo a muerte. *Duel to the death.*
Estar terminantemente prohibido. *To be strictly forbidden.*
Estoy en mi derecho. *I am entitled to it.*

1 **Vocabulario** Completa el crucigrama.

Horizontales
3. Ver un suceso en persona
4. Falta de castigo por un crimen cometido
6. Odio que se siente hacia una persona
9. Alguien a quien se le atribuye un crimen
10. Parte superior de un edificio sobre la que se puede caminar

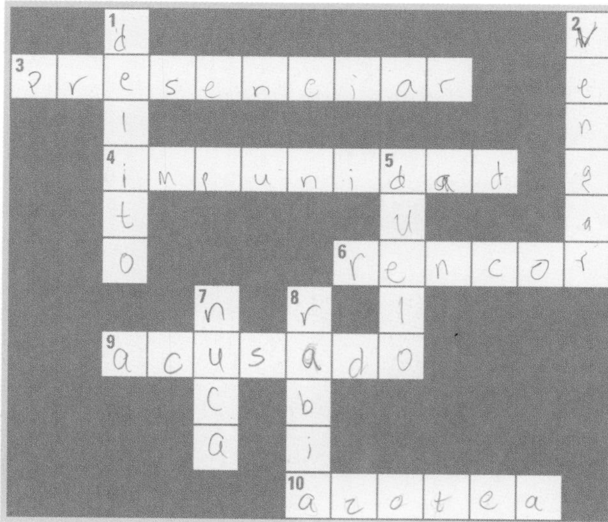

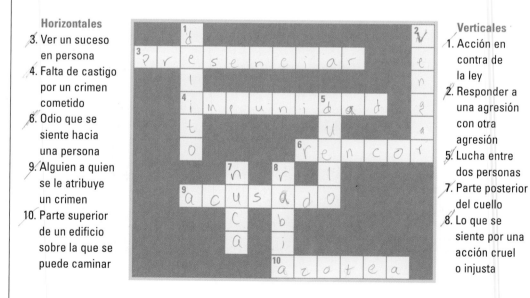

Verticales
1. Acción en contra de la ley
2. Responder a una agresión con otra agresión
5. Lucha entre dos personas
7. Parte posterior del cuello
8. Lo que se siente por una acción cruel o injusta

2 **Práctica** En parejas, inventen una pequeña historia que incluya las palabras del crucigrama. Después, léansela a la clase.

3 **Predecir** En parejas, miren la fotografía e imaginen lo que va a ocurrir en el cortometraje.

4 **La ley es la ley** En grupos de tres, contesten las preguntas. Después, compartan sus respuestas con la clase.

1. ¿Vivimos en un mundo justo?
2. ¿Qué ley, o leyes, derogarían?
3. ¿Qué ley, o leyes, aprobarían (*pass*)?
4. ¿Es la justicia una utopía?

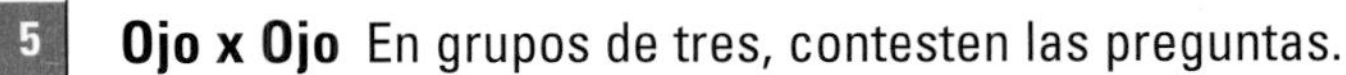

5 **Ojo x Ojo** En grupos de tres, contesten las preguntas.

1. ¿Han sido alguna vez víctimas de una injusticia o conocen a alguien que lo haya sido? ¿Qué hizo la ley? ¿Intentaron luchar?
2. Si la ley no les hiciera justicia, ¿estarían dispuestos/as a tomarse la ley por su propia mano?
3. ¿Estarían dispuestos/as (*willing*) a dar su vida por hacer justicia?
4. ¿Es la venganza justa, satisfactoria, necesaria?

6 **Citas** En grupos pequeños, lean las citas y digan si están de acuerdo. Razonen sus respuestas. Después, intercambien sus opiniones, conclusiones y/o dudas con la clase.

"Yo no hablo de venganzas ni perdones, el olvido es la única venganza y el único perdón." Jorge Luis Borges

"La venganza no soluciona nada. La gente debe sacar el odio, y la mejor forma es a través del amor." Laura Esquivel

"Permitir una injusticia significa abrir el camino a todas las que siguen." Willy Brandt

"Donde hay poca justicia es grave tener razón." Francisco de Quevedo

CUANDO EL ODIO ES MÁS FUERTE QUE EL AMOR

- Ariel al mejor Cortometraje de Ficción, Academia Mexicana de Ciencias y Artes
- Mejor Cortometraje de Ficción, Festival Internacional de Cine de Valdivia, Chile
- Premio al Mejor Corto, Muestra del II Concurso de Cortometrajes Versión Española/SGAE, Madrid, España

El ojo en la nuca

Una producción de CENTRO DE CAPACITACIÓN CINEMATOGRÁFICA
Guión y Dirección RODRIGO PLÁ Productores asociados DIARIO LA REPÚBLICA/ESTUDIOS CHURUBUSCO-AZTECA, CONACULTA
Productores ÁNGELES CASTRO/HUGO RODRÍGUEZ Fotografía SERGUEI SALDÍVAR TANAKA
Edición MIGUEL LAVANDEIRA Música LEONARDO HEIBLUM/JACOBO LIEBERMAN Sonido MARIO MARTÍNEZ/ROGELIO VILLANUEVA/DAVID BAKSHT
Dirección de Arte MIGUEL ÁNGEL ÁLVAREZ

Actores GAEL GARCÍA BERNAL/EVANGELINA SOSA/DANIEL HENDLER/WALTER REYNO/ELENA ZUASSTI
Ficción / 35 mm / Color / Dolby Digital / 2000

FICHA **Personajes** Pablo, Laura, Diego, General Díaz, jueza **Duración** 26 minutos **País** México-Uruguay

ESCENAS

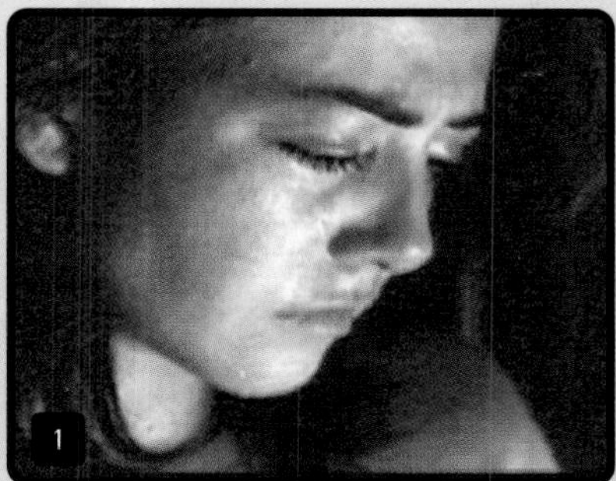
1

Laura Los desaparecidos están muertos, no vuelven...
Pablo (*detrás de la puerta*) Ya bonita, por favor, esto es algo que tengo que hacer. Ándale[1], ábreme... Déjame que te dé un beso...
Laura Si te vas ya no regreses...

2

Diego Ésta no es la manera, primo. ¿A qué vas? Tenés[2] que darte cuenta de que esto tampoco es justicia... ¡por más bronca[3] que tengas! (*Pablo sale del carro; Diego le sigue.*) ¡Pará, Pablo! Yo también quería mucho a tu viejo[4].

3

Jueza ¿Se da cuenta? En plena democracia dos hombres haciéndose justicia por su propia mano, es una locura.
Pablo Tiene que dejarme acabar el duelo, estoy en mi derecho.
Jueza La ley de duelo existe, sí, pero es anacrónica.

4

Conductora de TV Nos encontramos frente al Ministerio de Defensa Nacional aguardando las declaraciones del General Díaz, quien fuera señalado como uno de los responsables de delitos y abusos cometidos durante el gobierno de facto[5].

5

Reportera General Díaz, ¿qué va a pasar a partir del duelo? ¿Cree que habrá nuevos actos de violencia?
General Díaz No hay que seguir viviendo con un ojo en la nuca, hay que mirar hacia delante y olvidar rencores.

6

Pablo ¿A qué viniste?
Laura Tu padre ya está muerto, Pablo, tienes que dejarlo ir. Ni siquiera estás seguro de que fue Díaz.
Pablo ¡Cállate! De esto tú nunca entendiste nada.

[1] *Come on* [2] *Equivalente de la segunda persona del singular del verbo "tener". Se utiliza en lugar de "tienes".* [3] *anger* [4] *father* [5] *the ruling government at that time*

Nota CULTURAL

En 1985, tras doce años de gobiernos dictatoriales, Julio María Sanguinetti se convirtió en el nuevo presidente democrático de Uruguay. En 1986, Sanguinetti concedió amnistía a los militares involucrados (*involved*) en las violaciones de los derechos humanos y en 1989 esa amnistía, conocida como Ley de Caducidad, fue ratificada en un referéndum. Esta ley obliga al estado a buscar la verdad de los hechos, pero prohíbe castigar a los culpables.

EN PANTALLA

Ordenar Mientras ves el corto, ordena los personajes según van apareciendo.

_____ a. Diego
_____ b. director de duelo
_____ c. General Díaz
_____ d. jueza
_____ e. Laura
_____ f. Pablo
_____ g. policías
_____ h. reportera
_____ i. dueño de almacén

Análisis

1 **Comprensión** Contesta las preguntas.

1. ¿Qué ocurre en la primera escena del cortometraje?
2. ¿En qué país y durante qué período pasaron los hechos que se ven en esa escena?
3. ¿Dónde vive exiliado Pablo?
4. ¿Cuándo decide regresar a Uruguay? ¿Con qué intención?
5. ¿Qué pasa durante el duelo?
6. ¿Adónde llevan los policías a Pablo?
7. Según Pablo, ¿cuál es su herencia?
8. ¿Qué prohíbe terminantemente la jueza?
9. ¿Qué ley fue derogada en Uruguay en 1991?
10. ¿Cómo sabe Pablo que fue el General Díaz quien mató a su padre?

2 **Puntos de vista** En parejas, digan qué opinan estos personajes de lo que quiere hacer Pablo. Después, digan con cuál o cuáles de ellos están de acuerdo y por qué. ¿Cuál de ellos parece cambiar de opinión? ¿Por qué?

Diego

jueza

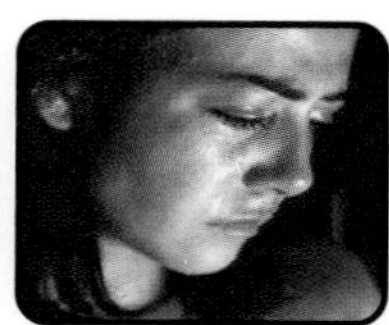
Laura

General Díaz

3 **Interpretaciones** En parejas, contesten las preguntas.

1. ¿Por qué interrumpe el duelo la policía?
2. ¿Por qué regresa Pablo a la casa donde vivía cuando era niño?
3. ¿Cuándo le pide Pablo a Diego que le consiga un arma? ¿Por qué?
4. ¿Por qué tira Pablo los lentes de su padre al mar?
5. Pablo decide regresar a México y olvidar. ¿Por qué cambia de opinión?
6. Al final, ¿por qué creen que Pablo mata al General Díaz?
7. ¿Por qué se llama este cortometraje *El ojo en la nuca*?

4 **Cara a cara** Imaginen que Pablo regresa del exilio con la única intención de hablar con el asesino de su padre. En parejas, escriban un diálogo entre ambos. Después, represéntenlo delante de la clase.

5 **Pasado y presente** En grupos pequeños, comenten la importancia que tiene este momento en el desenlace del corto. Después, relacionen la imagen con la afirmación de Pablo.

"Sólo sé que odio, que tengo que odiar, ésa es mi ... herencia."

6 **¿Qué opinan?** En grupos pequeños, contesten las preguntas. Después, compartan sus respuestas con la clase.

1. ¿Creen que el desenlace de este corto habría sido el mismo si Pablo no hubiera presenciado cómo los militares torturaban y se llevaban a su padre?
2. ¿Creen que Pablo tenía derecho a continuar el duelo? ¿Por qué?
3. ¿Qué tipo de hombre creen que era el General Díaz?
4. ¿Por qué creen que los militares culpables de violar los derechos humanos durante las dictaduras gozan de amnistía?
5. ¿Es justo que la ley les perdone? Propongan soluciones alternativas.

7 **La noticia** En grupos pequeños, imaginen que son periodistas y han presenciado lo ocurrido en el juzgado. Escriban la noticia. Después, una persona de cada grupo la comparte con la clase como si estuviera delante de las cámaras. No olviden que la noticia debe ser breve y clara, y que debe contestar las preguntas: ¿Qué?, ¿Quién?, ¿Cuándo?, ¿Dónde?, ¿Cómo? y ¿Por qué?

8 **Situaciones** En parejas, elijan una de las situaciones y escriban un diálogo. Utilicen al menos seis palabras o expresiones de la lista. Cuando terminen, represéntenlo delante de la clase.

PALABRAS

castigo	enfrentamiento	juzgado/a
derogar	Estoy en mi derecho.	merecer
desaparecido/a	herencia	rabia
disparar	impunidad	rencor

A

Los/Las dos son la misma persona. Estás consumido/a por el odio y sólo piensas en vengarte del asesino que mató a tu padre. Uno/a de ustedes piensa con la cabeza; el/la otro/a con el corazón. Discuten.

B

Uno/a de ustedes es Pablo, quien quiere vengar la muerte de su padre retando a duelo al culpable. El/La juez(a) se lo prohíbe. Intercambian sus diferentes puntos de vista.

El subjuntivo I

Recuerda

El uso del modo indicativo implica que, según el punto de vista del hablante, la acción pertenece a la realidad. El uso del modo subjuntivo indica que la acción pertenece a lo irreal o subjetivo.

Atención

Conjugación del subjuntivo

- Verbos regulares

Presente	Imperfecto
hable	hablara
coma	comiera
escriba	escribiera

- Verbos irregulares en presente

dar: *dé, des, dé, demos, deis, den*
estar: *esté, estés, esté, estemos, estéis, estén*
haber: *haya, hayas, haya, hayamos, hayáis, hayan*
ir: *vaya, vayas, vaya, vayamos, vayáis, vayan*
saber: *sepa, sepas, sepa, sepamos, sepáis, sepan*
ser: *sea, seas, sea, seamos, seáis, sean*

El subjuntivo en oraciones subordinadas sustantivas

- Cuando el sujeto de la oración principal y el sujeto de la oración subordinada o dependiente son diferentes, se usa el subjuntivo. Cuando el subjuntivo está en las oraciones subordinadas siempre va precedido de **que**. Este **que** separa la oración principal de la subordinada.

Laura quería	***que** Pablo se olvidara del pasado.*
principal	subordinada

La jueza temía	***que** ellos no respetaran su decisión.*
principal	subordinada

- Cuando las dos oraciones tienen el mismo sujeto se usa el infinitivo.

*Pablo **desea vengarse.***
*La jueza **desea anular** la ley de duelo.*

- Cuando el sujeto de la oración principal expresa negación, dudas, temores o emociones sobre la acción del sujeto de la oración subordinada, el verbo de la oración subordinada debe estar en subjuntivo.

DUDA/NEGACIÓN
dudar *to doubt*
negar *to deny*
no creer *not to believe*
no ser verdad *not to be true*
no estar seguro *not to be sure*
no parecer *not to seem*
no estar claro *not to be clear*
no ser evidente *not to be evident*

*Su novia **esperaba** que él **cambiara** de idea.*

EMOCIÓN
alegrarse (de) *to be happy (about)*
esperar *to hope, to wish*
gustar *to like*
tener miedo (de) *to be afraid (of)*
molestar *to bother*
sentir *to be sorry; to regret*
sorprender *to surprise*
temer *to fear*

*Ella **tenía miedo de** que le **hicieran** daño.*

- Cuando los verbos **creer** y **pensar** están acompañados de una negación (**no creer, no pensar**), el verbo de la oración subordinada va en subjuntivo. Si están acompañados de una afirmación, se utiliza el indicativo.

INDICATIVO
Creo** que **vendrá.
Creía** que **vendría.

SUBJUNTIVO
No creo** que **venga.
No creía** que **viniera.

- También se usa el subjuntivo con verbos de influencia, para hacer recomendaciones, dar órdenes y dar consejos.

INFLUENCIA

aconsejar *to advise*	**pedir** *to ask, to request*	**recomendar** *to recommend*
exigir *to demand*	**permitir** *to permit*	**rogar** *to beg*
ordenar *to order, to command*	**prohibir** *to prohibit, to forbid*	**sugerir** *to suggest*

*Su novia le **pidió** que no **fuera** al duelo.*
*La jueza les **prohibió** que **se enfrentaran**.*

El subjuntivo en oraciones impersonales

- Muchas oraciones impersonales requieren el subjuntivo en la oración subordinada, pues transmiten una emoción, una duda, una recomendación o una negación. Ésta es una lista de las más frecuentes.

Es bueno *It's good*	**Es justo** *It's fitting*	**Es natural** *It's natural*
Es importante *It's important*	**Es una lástima** *It's a shame*	**Es necesario** *It's necessary*
Es imposible *It's impossible*	**Es malo** *It's bad*	**Es posible** *It's possible*
Es interesante *It's interesting*	**Es mejor** *It's better*	**Es urgente** *It's urgent*

***Es importante** que todos **respetemos** las leyes.*
***Es posible** que el gobierno **encuentre** una solución.*

- Cuando las oraciones impersonales muestran certeza, se usa el indicativo, no el subjuntivo.

CERTEZA	**DUDA/NEGACIÓN**
Es cierto *It's true*	**No es cierto** *It's not true*
Es evidente *It's evident*	**No es evidente** *It's not evident*
Es seguro *It's certain*	**No es seguro** *It's not certain*
Es verdad *It's true*	**No es verdad** *It's not true*
Está claro *It's clear*	**No está claro** *It's not clear*
INDICATIVO	**SUBJUNTIVO**
***Es evidente** que no **puede** perdonar a los culpables.*	***No está claro** que la justicia **sea** igual para todos.*

AYUDA

Hay dos casos en los que el subjuntivo aparece en oraciones principales. Los dos expresan deseo.

- Ojalá + subjuntivo

  *Ojalá **hagan** justicia.*

- Que + presente de subjuntivo

  *Que te **vaya** bien.*

Práctica

1 **La justicia** En parejas, imaginen que uno/a de ustedes está acusado/a de un crimen y el/la otro/a es su abogado/a. Preparen un diálogo utilizando los elementos de la lista.

1. Dudar de que
2. Ser evidente que
3. Pedir que
4. Recomendar que
5. Sentir que
6. Creer que

2 **Yo estoy...** En parejas, imaginen que son dos amigos/as. Uno/a de ustedes dice que tiene un problema. El/La otro/a le da dos o tres consejos para que mejore su situación. Túrnense para inventarse un problema y dar consejos.

Preparación

Sobre el autor

Manuel Vicent es un escritor español nacido en 1936, el mismo año en que comenzó la Guerra Civil Española. Sus obras, mezcla de literatura y periodismo, están escritas con un tono realista. Su novela *Pascua y naranjas* recibió el Premio Alfaguara de Novela en 1966 y *Balada de Caín* consiguió el Premio Nadal en 1986. Vicent ha desarrollado su labor periodística en las revistas *Triunfo* y *Hermano Lobo*. En la actualidad, colabora en el diario nacional *El País*.

Vocabulario de la lectura

batir *to beat*
destrozar *to ruin*
duro/a *harsh*
forzar *to force*
el juicio *trial*
obligar *to oblige, to force*
el telediario *television news*
la tortilla *omelet*
tragarse *to swallow up*

Vocabulario útil

la campaña *campaign*
el/la candidato/a *candidate*
el discurso *speech*
informarse *to get informed*
gobernar *to govern*
la guerra *war*

1 **Busca palabras** En parejas, busquen en el cuadro seis palabras del vocabulario que han aprendido. Después, inventen un diálogo con esas palabras y represéntenlo delante de la clase.

O	T	A	D	I	D	N	A	C
M	F	S	M	J	I	S	L	A
D	I	S	C	U	R	S	O	M
Z	W	Q	T	A	Y	U	B	P
I	S	H	Z	S	T	N	L	A
D	U	R	O	K	F	J	I	Ñ
Z	O	P	F	V	C	B	G	A
F	W	U	B	T	X	E	A	R
Q	J	Ñ	S	I	A	H	R	L

2 **Asuntos serios** En parejas, háganse las siguientes preguntas.

1. ¿Te interesa la política? ¿Por qué? ¿Qué cambiarías si tuvieras la oportunidad?
2. ¿Te da miedo la idea de que haya una Tercera Guerra Mundial? ¿Confías en los políticos para controlar ese tipo de crisis? Razona tu respuesta.
3. ¿Aceptarías alguna responsabilidad política? ¿Por qué?

La tortilla

Un ama de casa está batiendo una tortilla de dos huevos en el plato frente al televisor y a su lado el marido, un español medio°, lee un periódico deportivo. Es la hora del telediario. Las noticias más terribles constituyen un paisaje sonoro en el fondo° del salón. En la pantalla se suceden° cadáveres, escándalos, declaraciones detonantes° de algún político y otras calamidades. Hasta ese momento ninguna noticia ha sido lo suficientemente dura como para que el ama de casa haya dejado de batir los huevos cinco segundos. Ninguna tragedia planetaria ha forzado al marido a apartar° la vista del periódico. Esta pareja de españoles ya está desactivada. De madrugada oye por la radio a un *killer* informativo formular juicios sumarísimos[1] que destrozan la fama de cualquier ciudadano decente sin que pase nada. Esta pareja de españoles sabe que hoy las sentencias inapelables° se producen antes de que se inicien los procesos. Basta que un juez te llame a declarar obligándote a pasar por un túnel de cámaras y micrófonos en las escaleras de la Audiencia°. Ya estás condenado. La dosis de basura informativa que de forma pasiva este par de seres inocentes se traga diariamente le ha inmunizado para cualquier reacción, entre otras cosas porque se da cuenta de que esos periodistas que se comportan como ángeles vengadores confunden su gastritis con los males de la patria y después de ponerte el corazón en la garganta se van a un buen restaurante y se zampan un codillo° a tu salud. Por eso en este momento en el telediario acaban de dar la gran noticia y esta pareja no se ha conmovido. "¿Has oído esto, Pepe? Están diciendo que ha comenzado la III Guerra Mundial", exclama la mujer sin dejar de batir los huevos. El marido tampoco levanta la vista del periódico deportivo. ¿Qué deberá producirse en el mundo para que esa ama de casa deje de batir los huevos cinco segundos? Sin duda, algo que sea más importante que una tortilla. Pero, en medio de este desmadre° informativo, ¿qué es más importante que una tortilla de dos huevos? Ésa es la pregunta. ■

average · *back* · *there's a series of (...) that follow each other/* · *explosive* · *to avert* · *not open to appeal* · *Supreme Court* · *dig into their dinner* · *chaos*

[1] **juicios sumarísimos** Los juicios que se tramitan (*are carried out*) en un tiempo más breve por su urgencia, por la sencillez del caso o por la importancia del suceso.

Análisis

1 **Comprensión** Contesta las preguntas.

1. ¿Qué está haciendo el ama de casa?
2. ¿Qué está apareciendo en la pantalla del televisor?
3. ¿Por qué la mujer no ha dejado de batir los huevos?
4. Según el autor, ¿qué hacen los periodistas?
5. ¿Cuál es la gran noticia?
6. ¿Qué hace el marido después de oír la noticia?

2 **Interpretar** Trabajen en parejas para contestar las preguntas.

1. ¿Qué quiere decir "esta pareja de españoles ya está desactivada"?
2. ¿Qué concepto tiene el autor de la Justicia? Pongan ejemplos del texto.
3. ¿Qué opinión tiene el autor de los periodistas?
4. ¿Por qué no reacciona la pareja?
5. Según el autor, ¿quiénes son los responsables de esta situación?
6. Expliquen lo que quiere decir el autor cuando escribe lo siguiente: "¿qué es más importante que una tortilla de dos huevos? Ésa es la pregunta." Razonen su respuesta.

3 **Noticias** En parejas, preparen un breve noticiero de televisión con noticias inventadas por ustedes. Cubran las secciones indicadas.

- economía
- política
- noticias internacionales
- cultura y espectáculos
- deportes
- salud

4 **Programa político** En grupos pequeños, imaginen que son asesores (*advisors*) del presidente del gobierno. ¿Qué cambios sugieren en los siguientes apartados (*sections*)? Utilicen el subjuntivo.

Sanidad	Educación
Servicios sociales	Economía
Transportes	Relaciones Internacionales
Seguridad	Trabajo

5 **Escándalos** En parejas, comenten los titulares. ¿A qué problemas hacen referencia? ¿Tienen solución esos problemas? Después, compartan sus opiniones con la clase.

Un 65% de la población no confía en los políticos.

Desacuerdo internacional para eliminar las armas nucleares.

La protesta contra la globalización acabó de forma violenta.

6 **Candidato** En grupos pequeños, tienen que formar el retrato (*portrait*) del/de la candidato/a ideal para ser presidente del país. Presenten luego su candidato/a a la clase y expliquen por qué creen que es el/la mejor posible.

Candidato ideal	
personalidad	
experiencia	
estudios	
imagen	
proyectos	
¿?	

7 **Situaciones** En parejas, elijan una de las situaciones y escriban un diálogo. Utilicen al menos seis palabras de la lista. Cuando lo terminen, represéntenlo delante de la clase.

PALABRAS

campaña	**gobernar**	**presenciar**
delito	**guerra**	**rabia**
destrozar	**informarse**	**telediario**
duro/a	**juzgado**	**tortilla**
forzar	**obligar**	**tragarse**

A

Un(a) juez(a) y un(a) abogado/a están discutiendo sobre su próximo juicio. El/La juez(a) quiere que se transmita por televisión y el/la abogado/a se opone. Los/Las dos exponen sus puntos de vista.

B

Dos amigos/as están viendo la televisión. De repente anuncian que la Tercera Guerra Mundial ha empezado. Uno/a quiere ayudar, y presentarse como voluntario/a para el ejército. El/La otro/a quiere ir a un sitio seguro hasta que pase la crisis.

Preparación

Sobre el autor

Juan Gelman, nacido en Buenos Aires, Argentina, en 1930, es uno de los más importantes poetas contemporáneos. Su obra fue rápidamente acogida (*received*) por la crítica. Algunos de sus poemarios son: *Cólera buey* (1965), *Los poemas de Sidney West* (1969), *Hechos y relaciones* (1980), *La junta luz* (1985), *Anunciaciones* (1987) y *Salarios del impío* (1993). Ha colaborado en la revista literaria *Crisis*, y en los periódicos *La Opinión* y *Página 12*.

Sobre la carta

En 1976, durante la dictadura militar argentina, la policía política fue a la casa del escritor para detenerlo. Al no encontrarlo, secuestraron a su hijo de 20 años y a su nuera de 18 años, que estaba embarazada. El cuerpo de su hijo fue hallado años más tarde y su nuera sigue en paradero (*whereabouts*) desconocido. Desde ese día fatal, Juan Gelman inició la búsqueda de su nieto o nieta.
En el año 2000, localizó a su nieta. Su madre había sido asesinada y la niña había sido secuestrada y posteriormente adoptada por una familia adepta a (*follower of*) la dictadura.

Vocabulario de la lectura

el agujero *hole*
apartar(se) *to take away; to get away*
apoderarse *to take possession*
arrojar *to throw*
asesinar *to murder*
el brillo *sparkle*
el/la cómplice *accomplice*
dar a luz *to give birth*
la falla *flaw*
inerme *unarmed*
pícaro/a *cunning*
los restos *remains*
secuestrar *to kidnap*
trasladar *to move*
el varón *man*

Vocabulario útil

el abuso de poder *abuse of power*
la dictadura *dictatorship*
(in)justo/a *(un)fair*
la lucha *struggle*
la manifestación *demonstration*
la queja *complaint*
el régimen *form of government*
el tribunal *court*

1 **Vocabulario** Conecta la definición con la palabra correspondiente. Después, en parejas, inventen un diálogo usando al menos cuatro palabras de la lista.

1. ____ apoderarse	a. Quitar la vida.
2. ____ asesinar	b. Alguien con astucia (*shrewdness*).
3. ____ injusto/a	c. Sinónimo de hombre.
4. ____ pícaro/a	d. No hace justicia.
5. ____ varón	e. Tomar algo a la fuerza.

2 **Opiniones** En parejas, contesten las siguientes preguntas.

1. ¿Han ido alguna vez a una manifestación? ¿Les gustaría ir a una? ¿Por qué?
2. Hagan una lista de causas por las que lucharían.

Carta abierta a mi nieto

Dentro de seis meses cumplirás 19 años. Habrás nacido algún día de octubre de 1976 en un campo de concentración. Poco antes o poco después de tu nacimiento, el mismo mes y año, asesinaron a tu padre de un tiro en la nuca disparado a menos de medio metro de distancia. Él estaba inerme y lo asesinó un comando militar, tal vez el mismo que lo secuestró con tu madre el 24 de agosto en Buenos Aires y los llevó al campo de concentración *Automotores Orletti* que funcionaba en pleno Floresta[1] y los militares habían bautizado "el Jardín". Tu padre se llamaba Marcelo. Tu madre, Claudia. Los dos tenían 20 años y vos[2], siete meses en el vientre materno° cuando eso ocurrió. A ella la trasladaron —y a vos con ella— cuando estuvo a punto de parir°. Debe haber dado a luz solita, bajo la mirada de algún médico cómplice de la dictadura militar. Te sacaron entonces de su lado y fuiste a parar° —así era casi siempre— a manos de una pareja estéril de marido militar o policía, o juez, o periodista amigo de policía o militar. Había entonces una lista de espera siniestra para cada campo de concentración: Los anotados esperaban quedarse con el hijo robado a las prisioneras que parían y, con alguna excepción, eran asesinadas inmediatamente después. Han pasado 12 años desde que los militares dejaron el gobierno y nada se sabe de tu madre. En cambio, en un tambor de grasa° de 200 litros que los militares rellenaron° con cemento y arena y arrojaron al Río San Fernando, se encontraron los restos de tu padre 13 años después. Está enterrado en La Tablada. Al menos hay con él esa certeza.

womb / to give birth / ended up / grease drum / filled

Me resulta muy extraño hablarte de mis hijos como tus padres que no fueron.

[1]**Floresta** Un barrio de Buenos Aires donde se encontraba el campo de concentración instalado en la fábrica Automotores Orletti.
[2]**vos** Se usa en lugar del pronombre "tú". Su uso se llama *voseo* y se da en la zona del Río de la Plata y otras partes de América Central.

No sé si sos[3] varón o mujer. Sé que naciste. Me lo aseguró el padre Fiorello Cavalli, de la Secretaría de Estado del Vaticano, en febrero de 1978. Desde entonces me pregunto cuál ha sido tu destino. Me asaltan ideas contrarias. Por un lado, siempre me repugna la posibilidad de que llamaras "papá" a un militar o policía ladrón de vos, o a un amigo de los asesinos de tus padres. Por otro lado, siempre quise que, cualquiera que hubiese sido el hogar al que fuiste a parar, te criaran y educaran bien y te quisieran mucho. Sin embargo, nunca dejé de pensar que, aún así, algún agujero o falla tenía que haber en el amor que te tuvieran, no tanto porque tus padres de hoy no son los biológicos —como se dice—, sino por el hecho de que alguna conciencia tendrán ellos de tu historia y de cómo se apoderaron de tu historia y la falsificaron. Imagino que te han mentido mucho.

También pensé todos estos años en qué hacer si te encontraba: si arrancarte° del hogar que tenías o hablar con tus padres adoptivos para establecer un acuerdo que me permitiera verte y acompañarte, siempre sobre la base de que supieras vos quién eras y de dónde venías. El dilema se reiteraba cada vez —y fueron varias— que asomaba la posibilidad de que las Abuelas de Plaza de Mayo[4] te hubieran encontrado. Se reiteraba de manera diferente, según tu edad en cada momento. Me preocupaba que fueras demasiado chico o chica —por ser suficientemente chico o chica— para entender lo que había pasado. Para entender por qué no eran tus padres los que creías tus padres y a lo mejor querías como a padres. Me preocupaba que padecieras así una doble herida, una suerte de hachazo° en el tejido de tu subjetividad en formación. Pero ahora sos grande. Podés[5] enterarte de quién sos y decidir después qué hacer con lo que fuiste. Ahí están las Abuelas y su banco de datos sanguíneos que permiten determinar con precisión científica el origen de hijos de desaparecidos. Tu origen.

to extract you

blow with an ax

Ahora tenés[6] casi la edad de tus padres cuando los mataron y pronto serás mayor que ellos. Ellos se quedaron en los 20 años para siempre. Soñaban mucho con vos y con un mundo más habitable para vos. Me gustaría hablarte de ellos y que me hables de vos. Para reconocer en vos a mi hijo y para que reconozcas en mí lo que de tu padre tengo: los dos somos huérfanos de él. Para reparar de algún modo ese corte brutal o silencio que en la carne de la familia perpetró la dictadura militar. Para darte tu historia, no para apartarte de lo que no te quieras apartar. Ya sos grande, dije.

Los sueños de Marcelo y Claudia no se han cumplido todavía. Menos vos, que naciste y estás quién sabe dónde ni con quién. Tal vez tengas los ojos verdegrises° de mi hijo o los ojos color castaño de su mujer, que poseían un brillo especial y tierno y pícaro. Quién sabe cómo serás si sos varón. Quién sabe cómo serás si sos mujer. A lo mejor podés salir de ese misterio para entrar en otro: el del encuentro con un abuelo que te espera.

gray and green

12 de abril de 1995

P.D. Automotores Orletti, como es notorio ya, fue centro de la Operación Cóndor[7] en la Argentina. Allí hubo tráfico de embarazadas y de niños secuestrados entre las fuerzas de seguridad de las dictaduras militares del cono sur. Allí operaron represores uruguayos. Mi nieta o nieto, ¿nació en algún centro clandestino de detención del Uruguay?

5 de diciembre de 1998 ■

[3]**sos** Del voseo. Equivalente de la segunda persona del singular del verbo "ser". Se utiliza en lugar de "eres".
[4]**Abuelas de Plaza de Mayo** Organización cuyo objetivo es localizar a todos los niños secuestrados desaparecidos por la represión política y devolverlos a sus familias legítimas.
[5]**Podés** Equivalente de la segunda persona del singular del verbo "poder". En el voseo, se usa en lugar de "puedes".
[6]**tenés** Equivalente de la segunda persona del singular del verbo "tener". Se utiliza en lugar de "tienes".
[7]**Operación Cóndor** Cuestionada su existencia por algunos, se dice que era una operación destinada al exterminio de la oposición por las dictaduras militares.

Análisis

1 **Comprensión** Contesta las preguntas.

1. ¿A quién le escribe el autor?
2. ¿Cuántos años va a cumplir el nieto?
3. ¿Qué le ocurrió al hijo de Juan Gelman?
4. ¿A dónde se llevaron al nieto?
5. ¿Cuándo y dónde encontraron el cadáver de su hijo?
6. ¿Qué régimen político había entonces en Argentina?
7. ¿Qué idea le repugna al autor?
8. A pesar de todo, ¿qué quiso siempre para su nieto?
9. ¿Para qué quiere Juan Gelman hablar con su nieto?

2 **Ampliar** En parejas, contesten las preguntas.

1. ¿Qué creen que le preocupa más a Juan Gelman a la hora de conocer a su nieto?
2. ¿Por qué creen que era tan importante para el autor encontrar a su nieto? ¿Sería importante para ustedes? ¿Por qué?
3. Expliquen a qué se refiere el autor cuando escribe lo siguiente: "Para darte tu historia, no para apartarte de lo que no te quieras apartar."
4. ¿Conocían la historia de los desaparecidos? ¿Qué piensan sobre los hechos?
5. Cuenten alguna historia similar que conozcan, ya sea de la vida real o de la ficción. ¿Qué ocurrió y dónde?

3 **El abuelo** Como saben, el abuelo encontró a su nieta en el año 2000. La nieta, después de conocer a su abuelo, declaró que quería mucho a su familia adoptiva y que deseaba seguir viviendo en el anonimato. Teniendo en cuenta esta información, contesten estas preguntas en parejas.

1. ¿Cómo creen que reaccionó Juan Gelman ante estas declaraciones? Expliquen su respuesta.
2. ¿Cómo creen que habrían reaccionado ustedes en el lugar del poeta? ¿Por qué?
3. ¿Qué creen que habrían hecho ustedes en el lugar de la nieta? Razonen su respuesta.

4 **Mentiras** Juan Gelman se imagina que le han mentido mucho a su nieta. En parejas, van a contestar estas preguntas sobre la mentira.

1. ¿Creen que a veces es necesario mentir? ¿Por qué?
2. Comenten una historia en la que les hayan mentido o en la que ustedes lo hayan hecho. ¿Perdonaron la mentira? ¿Les perdonaron a ustedes?
3. ¿Conocen a alguien que mienta mucho? ¿Por qué creen que lo hace?

5 **El poder** En grupos pequeños, contesten las preguntas.

1. ¿Qué es, según ustedes, el abuso de poder?
2. ¿Conocen algún caso de abuso de poder? Den ejemplos.
3. ¿Creen que los ciudadanos tenemos los medios necesarios para luchar contra el abuso de poder?
4. ¿Cómo creen que reaccionarían si sufrieran este tipo de abuso?

6 **Luchadores** En parejas, elijan una historia que conozcan de alguna persona que haya luchado contra una injusticia del sistema en la vida real o en la ficción. Escriban la historia, usando el subjuntivo, y compártanla con la clase cuando la hayan terminado.

7 **Mini-juicios** En grupos de tres, elijan uno de los siguientes casos y preparen un pequeño juicio. Un(a) compañero/a será el/la juez(a) y los otros representarán las posturas opuestas en cada tema. El/La juez(a) hará algunas preguntas y al final dará su veredicto.

- Quemar la bandera. ¿Libertad de expresión?
- Uniforme en la escuela. Códigos para el vestir. ¿Son necesarios?
- Ley de prohibición del tabaco. ¿Intromisión (*Interference*) en los derechos individuales?

8 **Situaciones** En parejas, elijan una de las situaciones y escriban un diálogo. Utilicen al menos seis palabras de la lista. Cuando lo terminen, represéntenlo delante de la clase.

PALABRAS		
cómplice	**forzar**	**queja**
dar a luz	**injusto/a**	**secuestrar**
destrozar	**lucha**	**trasladar**
dictadura	**obligar**	**tribunal**

A

Uno/a de ustedes acaba de descubrir que la que creía que era su familia biológica no lo es. Habla con un miembro de la familia adoptiva para preguntarle lo que pasó.

B

Dos amigos/as están hablando de la guerra. Uno/a defiende el servicio militar obligatorio (*draft*) en casos de guerra. El/La otro/a piensa que sólo deben ir los militares profesionales.

Preparación

Sobre el autor

Marcial Souto, nacido en 1947, es uno de los autores argentinos de ciencia ficción más reconocidos. Ha dirigido publicaciones como *Fantasía*, *El Péndulo* y *Minotauro*. En 1985, publicó la antología *La ciencia ficción en la Argentina*. Hasta la fecha, ha publicado dos libros de cuentos: *Para bajar a un pozo de estrellas* en 1983, y *Trampa para pesadillas* en 1988. En la actualidad, dirige la colección *Mundos Imaginarios* de Plaza y Janés.

Vocabulario de la lectura

agachar *to crouch down*
agregar *to add*
aislar *to isolate*
alrededor *around*
amanecer *to dawn*
amontonar *to pile up*
el andén *platform*
apresurarse *to hurry*
el arzobispo *archbishop*
el asombro *astonishment*
atrapar *to catch*
el balde *bucket*
el botín *loot*
el copo *snowflake*
el cordón (de la acera) *curb (of the sidewalk)*
chocar *to crash*
derretirse *to melt*
deshacer *to disintegrate*
detenerse *to stop*
escondido/a *hidden*
golpear *to hit*
gotear *to drip*
helar *to freeze*
la incomodidad *discomfort*
juntar *to put together*
manosear *to handle*
la manzana *block*
mojado/a *wet*
el montón *pile*
el murmullo *murmur*
ocurrirse *to come to mind*
el paraguas *umbrella*
el pavimento *paving*
pelearse *to quarrel*
pisar *to tread*
el/la poblador(a) *settler*
poner a salvo *to put in a safe place*
remover *to toss*
rozar *to graze*
seco/a *dry*
la tapa *lid*
tiritar *to shiver*
tropezar *to walk into something/someone*
la valija *suitcase*
volcar *to empty*

1 **Vocabulario** Relaciona cada palabra con la definición adecuada. Después, escribe un breve párrafo usando esas palabras.

1. mojado	a. hacer algo rápidamente
2. andén	b. sensación de sorpresa
3. amanecer	c. donde tomamos el tren
4. asombro	d. cuando sale el sol
5. apresurarse	e. tocar el suelo
	f. Tiene agua.
	g. lo que cae del cielo

2 **El dinero** En parejas, contesten las preguntas.

1. ¿Es muy importante el dinero en sus vidas? ¿Creen que pueden ser felices sin él?
2. ¿Qué harían si se encontraran una maleta llena de dinero en la calle?
3. ¿Importan la posesión de poder y de dinero en las relaciones personales?

La nevada

Toda la mañana estuvo entrando un aire frío por debajo de la puerta. Afuera el viento soplaba° sin pausa, y desde la ventana del primer piso Baltasar González veía a la gente que pasaba sosteniéndose la bufanda, la cara violeta, tiritando.

blew

Era un día inquietante y gris.

El tren salía a la una, y a las doce Baltasar ya estaba en la puerta, la valija en una mano y el paraguas en la otra. Tenía que caminar sólo seis cuadras hasta la estación, y decidió salir temprano para tomar allí un último café antes del viaje.

En la calle echó a andar hacia el viento, agachando un poco la cabeza. Sentía en la frente la presión, el frío; las manos se le empezaron a endurecer°. Caminó dos cuadras muy rígido, mirando hacia adelante sólo lo necesario. El viento le helaba los ojos, se los llenaba de lágrimas; tuvo que mirar hacia el suelo.

to stiffen

La vista hipnotizada por los zapatos, tardó en darse cuenta de que algo le rozaba las orejas. Alzó la mirada: nieve. Se detuvo un instante. Apoyó la valija en el suelo y abrió el paraguas. Siguió caminando, viendo cómo los copos bajaban perezosamente, bailando, y se pegaban al pavimento. El viento había amainado°. A su alrededor la poca gente que veía caminaba un poco más despacio, mirando hacia arriba y alrededor.

died down

Ya le faltaba poco para llegar a la estación. Ahora notaba mucho menos el frío, entretenido° por la tormenta de nieve.

occupied

Los copos empezaron a agrandarse, a caer más despacio. Ante los pies de Baltasar cayeron dos que tendrían por lo menos el diámetro de la palma de su mano. Nunca había visto nada semejante. Apartó un poco el paraguas y miró el cielo.

Primero pensó que era una enorme bandada° de pájaros: miles y miles de figuras negras, cada vez más grandes, que bajaban meciéndose° como hojas secas.

flock

swaying

Copos como hojas de árboles, que empezaron a acumularse en la calle.

Baltasar se detuvo y miró alrededor. Los copos gigantescos caían por todas partes. Delante, a un par de metros, bajó uno oscilando, como un trapo° o un papel; tocó el suelo, se estiró°. Cuando llegó Baltasar e iba a pisarlo, notó algo raro. El copo no era blanco sino más bien amarillo. Un poco sorprendido, se inclinó sobre él y miró mejor. En el copo había un dibujo.

cloth

stretched out

Se agachó y lo examinó. Era más o menos rectangular, y comenzaba a derretirse en los bordes. En la mitad derecha había una figura que le resultó vagamente conocida. Pensó en un rostro, aunque no estuvo muy seguro. La mitad izquierda ya se había derretido demasiado. Mientras se agachaba se le amontonaron cuatro o cinco copos contra el zapato. Todavía no se habían adherido al pavimento, y los movió con la mano. En uno, de color gris, leyó con facilidad el número 100.000. A la derecha del número había un rostro, sin duda.

Baltasar los levantó con la mano, y recogió dos más que acababan de caer, los miró del otro lado. En uno de color sepia, más seco que los anteriores, casi sólido como un papel, con un rostro dibujado a la derecha, leyó sin dificultad: *1.000. Banco Central. Mil pesos. 1.000.*

Se incorporó°, apartó el paraguas y miró hacia arriba. ¿Era eso una broma? ¿Quién estaría tirando dinero entre la nieve?

sat up

Alrededor, las pocas personas que pasaban también se inclinaban a mirar los copos con caras de asombro.

La lluvia de billetes era cerrada ahora. Baltasar atrapó algunos en el aire con la mano, y los miró. Quinientos mil pesos. Cien mil pesos. Mil pesos. Un millón de pesos. Verde, gris, sepia, salmón.

Estoy loco, pensó. ¿O será un sueño? El tren salía a la una. ¿Qué hacía él allí, entre billetes que caían del cielo? Cerró el paraguas.

Allá adelante, a veinte metros, se abrió la puerta de una casa, y una pareja joven salió a la calle corriendo y gritando.

—¡Billetes! ¡Caen billetes!

Vio que en las ventanas también había gente mirando.

Se agachó y recogió más copos. Parecían auténticos billetes. Sacó del bolsillo uno de 500.000, cuatro de 1.000.000 y varios de 100.000 que llevaba y los comparó con los que había levantado. No pudo encontrar ninguna diferencia en los detalles. Los que estaban cayendo eran en todo caso más nuevos. En realidad parecían no haber sido usados. Habrán caído de un avión, pensó Baltasar. Pero en seguida razonó que eso no era muy probable. Serían necesarios muchos aviones para tirar tanto dinero sobre la ciudad. Además no llegaba ningún ruido del cielo.

Los copos empezaron a agrandarse, a caer más despacio. Ante los pies de Baltasar cayeron dos que tendrían por lo menos el diámetro de la palma de su mano.

Se guardó los billetes verdaderos en el bolsillo y se quedó con los de la nevada en la mano, mirándolos desconcertado, sin saber qué hacer. ¿Guardarlos? Miró alrededor, un poco avergonzado. Aunque la ciudad se estaba cubriendo de dinero, de algún modo le parecía inmoral apropiarse° de todo eso que no le pertenecía. Pero, ¿a quién pertenecía entonces? ¿Otras personas no lo recogerían? ¿No sería mejor aprovechar ahora, y juntar una buena cantidad e ir a comprar cualquier cosa antes de que todo el mundo se enterara de la nevada?

to take advantage

La gente de las ventanas atrapaba billetes en el aire, y gritaba nerviosa. En la calle había ahora más personas, y Baltasar vio que todas empezaban a juntar dinero con las manos y guardarlo en los bolsillos. Los recién llegados miraban un instante a su alrededor y luego imitaban a los demás.

La nevada continuaba con intensidad. Los billetes cubrían la calle, a pesar de los esfuerzos de la gente por guardarlos.

Instintivamente, también Baltasar empezó a guardar. Primero cualquier billete, después tratando de elegir los de quinientos mil y un millón. No le cabrían muchos en los bolsillos, después de todo, pensó. ¿Y en la valija? *¡El tren!* Miró de pronto el reloj: la una menos cinco. ¿Qué sería mejor? ¿Recoger todo el dinero posible y tomar luego el tren o quedarse? Quizá lo mejor sería juntar todo lo posible y salir de la ciudad cuanto antes. Ese dinero, aunque caía libremente y estaba al alcance de todo el mundo, era de algún modo ajeno. Alguien podía reclamarlo algún día, pensó. Quizá en algún sitio estaba registrada la numeración°, y en cualquier momento sería declarado sin valor. ¿Y si se apresuraba a tomar el tren llevándose una buena cantidad y se bajaba en la primera ciudad donde no hubiese tormenta y se compraba algo, antes de que perdiese valor? ¿O la tormenta estaría cayendo sobre todo el país, o sobre todo el mundo, pesos, dólares, coronas, francos, cruceiros, pesetas, libras, rublos, yens, etcétera?

¿O la tormenta estaría cayendo sobre todo el país, o sobre todo el mundo, pesos, dólares, coronas, francos, cruceiros, pesetas, libras, rublos, yens, etcétera?

numbers

Echó a andar rápidamente, para hacer de una vez las tres cuadras que le quedaban hasta la estación, recogiendo en el camino todos los billetes grandes que podía, tropezando con la gente que hacía lo mismo.

Entró en la estación corriendo. Los bolsillos le abultaban incómodamente, y fue a la ventanilla a sacar el pasaje. En la ventanilla no había nadie. ¿Habría pasado ya el tren?, pensó. La estación estaba casi desierta. Sólo unas personas atravesaban° en ese momento la sala de espera, corriendo hacia la puerta principal, las caras encendidas, los ojos muy abiertos.

crossed

Fue al andén. El tren estaba allí. Vio a varios guardas que corrían persiguiendo dinero. Los pasajeros habían descendido y corrían también de un lado a otro, riendo a carcajadas, tropezando y chocando entre ellos.

Baltasar volvió a entrar en la estación. En el bar no quedaba nadie.

Tropezó con un guarda que corría sosteniéndose la gorra con un puñado de billetes.

—¿Qué pasa con el tren a la capital? ¿No sale?

—No me pregunte. Mientras siga esto no me pregunte —dijo el guarda, mostrándole los billetes sin detenerse.

Desapareció en la calle.

Baltasar se palpó° los bolsillos. Qué ridículo. Cuánto más dinero podría tener en el futuro si se apresuraba a juntar grandes cantidades y a llevarlas a casa.

touched

¿Qué hacía allí en la estación, como un tonto? ¿A quién se le podía ocurrir que saliese el tren mientras lloviese dinero?

¿Y la valija? ¿Si tiraba la ropa y las otras cosas y la llenaba de dinero camino a casa? No, pensó. Había dinero de sobra°, aunque fuese a casa primero y empezase a juntar después.

plenty

Echó a correr. Tres minutos más tarde subía saltando los escalones hasta el primer piso, abría la puerta nerviosamente, levantaba la tapa de la valija, la volcaba sobre la cama y salía con ella hacia la calle. Si todo el mundo juntaba, había que hacer lo mismo. ¿Y si ese dinero servía de veras?

En la calle abrió la valija, apartando a codazos° a las otras personas, y empezó a echar billetes adentro con ambas manos. Pronto la llenó. La cerró y corrió al departamento. Volcó los billetes en el piso y bajó a repetir la operación.

elbowing

Mientras juntaba, pensó: ¿Y si trato de comprar algo en algún sitio? ¿Pero qué, dónde, a quién? No había tiempo para pensar. A esa hora todo el mundo debía de estar enterado, o enterándose, de la nevada. Siguió juntando, trabajando principalmente junto al cordón de la acera, donde había más dinero amontonado, ganándole de mano° a otras personas que se movían más despacio.

winning by a hair

Dos horas más tarde dejó de nevar y apareció en el cielo un sol pálido y frío. La gente atestaba° las calles. Se oían risotadas°, insultos, ideas para gastar dinero; al caer la tarde, grupos de personas se peleaban de vez en cuando a puñetazos, resolviendo así disputas sobre la propiedad de billetes de un millón, a esa hora ya escasos.

crowded
guffaws

La vieja millonaria del edificio vetusto° del otro lado de la calle era quien iniciaba más escándalos. Con un raído° paraguas negro golpeaba a diestra y siniestra°, defendiendo el impresionante montón de billetes que había acumulado en la calle. Sorprendida quizá por la nevada, se había quedado abajo desde el principio, juntando sin perder tiempo en llevar dinero a su departamento del piso tres.

very old
threadbare
left and right

Cuando se puso el sol, a las seis y media, las calles estaban vacías de billetes. Sólo la vieja cuidaba su ordenado montón, blandiendo° el paraguas como un fusil.

brandishing

La gente había desaparecido dentro de las casas, para contar el dinero o para descansar del esfuerzo.

La vieja miró alrededor varias veces, protegiendo el dinero con la espalda. Luego de comprobar que de veras no quedaba nadie cerca, temerosamente, se tomó con una mano el ruedo° de la falda y con la otra empezó a echar billetes encima, comprimiéndolos° con asombrosa habilidad. Baltasar la miraba desde la ventana, mientras jugueteaba con el dinero. La vieja colmó° por fin la capacidad de la falda. No podía agregar un billete más. Era evidente que hacía un esfuerzo físico extremo, sosteniendo en la falda aquella abultada° y pesada bola de papeles. Volvió a mirar alrededor, rápidamente, considerando quizá qué era más importante: poner a salvo aunque fuese una pequeña cantidad, con el riesgo consiguiente (quién sabe cuántos esperaban a que la vieja subiese al piso tres para robarle el tesoro) o no moverse de allí y defender todo hasta la muerte. Después de titubear un rato optó por lo primero; corrió hasta la puerta, echó una última mirada fulminante y desapareció como un relámpago. Treinta segundos más tarde estaba otra vez en la calle, moviendo alrededor de la pila el cuerpo menudo y delgado, vestido de negro.

hem

compressing

filled

bulging

Por fortuna nadie había ido a robarle los billetes. Todo el mundo se entretenía en su casa con el botín propio.

Ahora que el ejercicio y la excitación de la búsqueda de dinero habían pasado, Baltasar volvió a sentir aquel frío de la mañana. El sol se había puesto, y las luces comenzaban a encenderse afuera. Se apartó de la ventana y encendió también una luz. No se había dado cuenta de que estaba tan oscuro.

Se calentó un rato junto a la estufa, removiendo con las manos la montaña de billetes. Cinco minutos más tarde se acordó de la vieja y se acercó a la ventana. Vio cómo atravesaba la acera y desaparecía por la puerta llevando la última partida° de billetes, una sombra negra sobre dos delgados huesos blancos que saltaban con agilidad.

batch

Esa noche, a las nueve y media, habló el ministro del Interior.

La ciudad ha sido aislada. Hemos cortado las vías de acceso. Nadie puede entrar ni salir. Les pedimos que mantengan la calma. La Policía y el Ejército garantizan el orden. Etcétera.

A las diez habló el ministro de Economía.

Les pedimos calma. Ha ocurrido un fenómeno para el cual no hemos encontrado todavía una explicación satisfactoria; pero nuestro gobierno está investigando. Rogamos a la población que no mezcle esos billetes caídos con el dinero que tenía en su poder. Estamos analizando esos billetes. Les pedimos que los guarden aparte. Las autoridades se encargarán de retirarlos casa por casa. Etcétera.

A las diez y media habló el arzobispo.

Hijos míos. La tentación asume tantas formas que nadie puede anticiparlas ni prevenirlas todas. Por eso los llamo, desde el fondo del corazón, a una reflexión madura y responsable. Etcétera.

A las once habló el presidente.

Compatriotas. Un fenómeno nuevo, un fenómeno extraño, ha ocurrido en la capital de una provincia de nuestro país. Pedimos calma a la población. Todo será investigado y explicado a su debido tiempo. Ésa es la firme determinación de mi gobierno. Nuestros técnicos trabajan arduamente, y en uno o dos días, a lo sumo, todo será aclarado y explicado. Etcétera.

Esa noche no durmió nadie.

Baltasar habló por teléfono con cuatro o cinco amigos que estaban tan perplejos y fascinados como él. Pasó la noche despierto por la excitación y el miedo. Temía quedarse dormido y al día siguiente descubrir, cuando abriese los ojos que todo se había esfumado°.

vanished

Amaneció con un cielo despejado, azul pálido. El sol subió entibiando° despacio la ciudad.

warming

Baltasar supo temprano por la radio que la policía comenzaba a recorrer las casas una por una, y a llevarse el dinero en vehículos blindados°, por las buenas o por las malas°. Se le ocurrió en seguida esconder por lo menos una parte del dinero en algún sitio, y salvarla. Pasó horas ocultando billete tras billete en los sitios más inverosímiles: ranuras° en el piso, huecos° de los muebles, el colchón° de la cama, entre las hojas de los libros, dentro de la propia radio. Por lo menos tendrían que trabajar bastante si querían llevarse todo. Como podía esconder sólo una cantidad limitada, eligió nada más que billetes de un millón. Pensó que en toda la ciudad la gente estaría haciendo lo mismo que él.

armored

come rain or shine

slots

holes/ mattress

Al mediodía una emisora local dijo que la recolección del dinero por la policía no estaba teniendo el éxito esperado. La gente se resistía en las casas a ser despojada° de la fortuna que había acumulado el día anterior. Algunas familias se defendían incluso empleando armas de fuego, y manzanas enteras se habían puesto de acuerdo para rechazar el asedio policial. Se hablaba de civiles muertos al resistirse a la policía y de policías asesinados por civiles. Se hablaba de suicidios de personas al verse de pronto en la pobreza luego de ser multimillonarias.

stripped

En informativos siguientes no se habló más de esas dificultades. Había otro locutor, sólo se describían los avances de las fuerzas policiales a través de la ciudad y la cálida acogida° de los pobladores, que voluntariamente salían a entregar el dinero para colaborar con el gobierno.

warm welcome

El departamento de Baltasar estaba situado en el extremo norte de la ciudad y el operativo policial había empezado por el sur. Eso, desde luego, le daba un poco de tiempo para pensar en cómo defender su fortuna.

Durante un rato estuvo recordando nombres de amigos que vivían en el lado sur de la ciudad, para llamarlos y averiguar qué sucedía realmente.

Un ex compañero de la Universidad que vivía en esa zona le confirmó las sospechas.

—Se oyen tiros, gritos. Están a tres manzanas de distancia, pero avanzan muy despacio. Aquí también estamos todos preparados.

> **Pasó horas ocultando billete tras billete en los sitios más inverosímiles.**

Media hora más tarde quiso averiguar otra vez cómo iban las cosas, y descubrió que el teléfono estaba cortado.

Sólo funcionaban las radios, transmitiendo en cadena boletines tranquilizadores.

Cuando llegó a la conclusión de que no había en la casa más sitios donde esconder dinero, Baltasar fue a la ventana y se puso a mirar la ciudad.

El sol se esforzaba allá arriba por calentar, sin demasiado éxito. Había muy poca gente en la calle: se veía principalmente en las ventanas, conversando acerca de la intervención policial. Todo el mundo sabía algo a través de algún pariente o amigo que había llamado antes de que cortasen los teléfonos. Baltasar descubrió que había nacido un curioso sentimiento de solidaridad entre todos. Una rotunda unanimidad para oponerse a la confiscación del dinero.

Al anochecer muchos hombres y mujeres habían bajado a la calle y discutían los detalles de la defensa con tanta amabilidad que costaba creer que se tratase de las mismas personas que el día anterior se agredían a puñetazos° disputándose un trozo° de papel. Cada uno ofrecía lo que le sobraba y los demás podían necesitar, a causa de los trastornos° de la ciudad: comida, combustible para las estufas, medicamentos. Nadie hablaba de dinero, como si la defensa que consideraban allí fuese la defensa del honor.

engaged in fist-fights

piece

disorder

Tiritando, encendió la estufa y fue a la sala para mirar por la ventana. La pila de billetes sobre el piso tenía una forma rara.

A medianoche, por votación, se decidió dormir hasta las primeras horas del día siguiente, dejando, claro está, una guardia compuesta por voluntarios que despertarían a los habitantes de cada manzana si detectaban la llegada de la policía.

Antes de meterse en la cama, Baltasar hundió las manos en la pila de billetes en el centro de la sala. Notó que eran más flexibles, que habían perdido esa especie de almidón° de todo billete muy nuevo. Esto es de tanto manosearlos, pensó con una sonrisa. Se deslizó° entre las sábanas. El cansancio le pesaba en los párpados°. Despertó a las diez de la mañana.

starch

slipped

eyelids

Se quedó un rato en la cama, inmóvil, escuchando los sonidos que llegaban de la calle.

Afuera había mucha gente conversando. Algo importante sucedía, sin duda. Trató de entender alguna frase, y saber así qué alborotaba° tanto a los vecinos. De aquel murmullo incesante no llegaba nada inteligible. Se movió en la cama, tratando de orientar mejor el oído. En ese momento sintió una incomodidad que no pudo precisar bien pero que le impedía concentrarse en las voces de afuera. Una humedad. Una humedad en el colchón. Palpó con la mano. Sí, allí estaba. Fue pasando la mano de un lado a otro: todo el colchón mojado.

was agitating

Se levantó y sintió que, naturalmente, también él estaba mojado. Tiritando, encendió la estufa y fue a la sala para mirar por la ventana. La pila de billetes sobre el piso tenía una forma rara.

Los billetes estaban desdibujados, húmedos, y se habían pegado unos a otros. Formaban una pila mucho más pequeña que la de la noche anterior. Lo primero que pensó fue que alguien había entrado, se había llevado la mitad y tirado un balde de agua sobre el resto, porque alrededor el piso estaba mojado.

Metió la mano en la pila y levantó unos pocos billetes que se le deshicieron lentamente entre los dedos, derritiéndose al contacto con el calor. Estaban fríos como la nieve, como el día que habían caído. En el suelo el charco crecía, a medida que la estufa calentaba.

La humedad del colchón se debía, entonces, a que el dinero escondido allí se había derretido.

Fue a la ventana y vio gente que salía a la calle iluminada por el sol llevando en la mano algo oscuro que goteaba. Dinero, pensó. El dinero se derretía como la nieve.

Quiso encender la radio para saber algo sobre el cambio de la situación, pero la radio no funcionó. Entonces sintió también allí la humedad. Había guardado billetes adentro.

Se vistió despacio, con una tristeza que por momentos se transformaba en euforia y alegría. El mundo volvía a ser el de siempre.

Un entusiasmo que no sentía desde hacía muchos años le corrió por el cuerpo. Pronto todo sería como antes, cosas conocidas que despertaban reacciones conocidas. En cuanto pudiese tomaría un tren a la capital, como si nada hubiese pasado, y continuaría con sus viejos planes.

Bajó a la calle llevando en un balde los restos descoloridos de lo que había sido un montón de dinero. Lo volcó junto al cordón de la acera.

Se vistió despacio, con una tristeza que por momentos se transformaba en euforia y alegría. El mundo volvía a ser el de siempre.

Vio que muchas otras personas hacían lo mismo, con la misma naturalidad, como si el juego hubiese terminado y quisieran pasar a otra cosa.

De vuelta en el departamento, calentó la radio junto a la estufa hasta que logró hacerla funcionar.

Escuchó boletines con noticias alentadoras°. El dinero caído del cielo se derretía en toda la ciudad. La policía había dejado de intervenir, por considerarlo ya innecesario.

encouraging

Desde las doce hablaron sucesivamente el ministro del Interior, el ministro de Economía, el arzobispo y el presidente.

Como les aseguré en el primer momento... Es con gran alegría... Esta prueba que Él nos ha enviado... Compatriotas...

A las cuatro de la tarde no quedaba un solo billete de la nevada que no se hubiese derretido completamente o que estuviese sano. Algunas personas, al ver que el dinero se deshacía, decidieron guardarlo en el congelador de la heladera°; aunque de esa manera se conservaba, al final tampoco servía para nada, porque estaba rígido como un cristal, y al tocarlo con los dedos se rompía o se derretía sin remedio.

refrigerator

A la noche la gente caminaba ya normalmente por las calles, las tiendas estaban abiertas y nadie hablaba de la nevada.

Dos días después ya no había en las casas olor a humedad. ■

Análisis

1 **Comprensión** Contesta las preguntas.

1. ¿Adónde iba Baltasar esa mañana?
2. ¿Qué ocurrió mientras caminaba?
3. ¿De dónde pensó que podía venir el dinero?
4. ¿Qué hacía la gente de las ventanas?
5. ¿Cómo estaba la estación?
6. ¿Qué estaba haciendo el guarda?
7. ¿Qué decidió hacer Baltasar después de ir a la estación?
8. ¿Quién era la persona que iniciaba más escándalos? ¿Qué hacía?
9. ¿En qué dilema estaba la vieja millonaria?
10. ¿Qué anunció el ministro del Interior?
11. ¿Qué le rogó el ministro de Economía a la población?
12. ¿Qué hizo la policía?
13. ¿Cómo reaccionó la gente?
14. ¿Por qué estaba mojado Baltasar cuando se despertó al día siguiente?
15. ¿Qué estaba ocurriendo con los billetes?
16. ¿Cómo se sintió Baltasar al darse cuenta de que todo volvía a la normalidad?

2 **Interpretar** En parejas, comenten la importancia de estos fragmentos en el contenido del cuento.

1. "La vieja millonaria del edificio vetusto del otro lado de la calle era quien iniciaba más escándalos."
2. "…grupos de personas se peleaban de vez en cuando a puñetazos, resolviendo así disputas sobre la propiedad de billetes de un millón, a esa hora ya escasos."
3. "Baltasar descubrió que había nacido un curioso sentimiento de solidaridad entre todos. Una rotunda unanimidad para oponerse a la confiscación del dinero."
4. "A la noche la gente caminaba ya normalmente por las calles, las tiendas estaban abiertas y nadie hablaba de la nevada."

3 **Ampliar** En parejas, contesten las preguntas.

1. Según su opinión, ¿por qué el gobierno quería recoger el dinero?
2. ¿Por qué creen que Baltasar se sintió alegre al descubrir que el dinero se derretía?
3. ¿Qué piensan que habría pasado si el dinero no se hubiera derretido?
4. ¿Cómo creen que habrían reaccionado ustedes en la misma situación?

4 **El arte de persuadir** Trabajen en grupos de tres. Imaginen que son las autoridades de la ciudad. Tienen que escribir entre los tres un discurso para persuadir a la población de que entregue el dinero que cayó del cielo. Tienen que ser convincentes, así que no duden en utilizar cualquier medio posible para lograr su objetivo. Cuando terminen, lean su discurso a la clase. Cuando todos lo hayan leído, voten por el discurso que consideren mejor.

5 **Causas** Trabajen en parejas para explicar las causas de la extraña lluvia de dinero. ¿De dónde venía el dinero? ¿Por qué se derretían los billetes? Después, compartan sus ideas con la clase.

6 **Personajes** En grupos de tres, imaginen cómo era la vida de estos personajes del cuento y cómo vivieron ellos el día de la nevada de dinero.

Personaje(s)	Vida	Punto de vista
Vieja millonaria		
Guarda		
Pareja de jóvenes		
Presidente del gobierno		
Locutor de noticias		

7 **Situaciones** En parejas, elijan una de las situaciones y escriban un diálogo basado en ella. Usen al menos seis palabras de la lista. Cuando lo terminen, represéntenlo delante de la clase.

PALABRAS

amontonar	**escondido/a**	**ocurrirse**
asombro	**golpear**	**pelearse**
atrapar	**incomodidad**	**tropezar**
botín	**juntar**	**valija**

A

Dos amigos/as están en la calle y se encuentran una maleta llena de dinero. Uno/a quiere llevar la maleta a la policía, el/la otro/a quiere quedársela. No se ponen de acuerdo en qué hacer.

B

Dos amigos/as discuten sobre la importancia de tener mucho dinero. Uno/a defiende que el dinero es básico para ser feliz. El/La otro/a dice que hay cosas más importantes en la vida.

Preparación

Sobre el autor

Ricardo Peláez nació en la Ciudad de México el 28 de septiembre de 1968. Como historietista (*comic writer*), ha ganado varios reconocimientos entre los que destacan una mención honorífica en el Tercer Encuentro Iberoamericano de Historietas en La Habana, Cuba, con la historia *Madre Santa* y el primer lugar en el concurso de la Semana Negra de Gijón, España, con la historieta *El Antojo*. En 1998 publicó *Fuego Lento*, una selección de sus mejores trabajos, la mayoría publicados en la revista *El Gallito Cómics*.

Vocabulario de la tira cómica

el altavoz *loudspeaker*
echar de menos *to miss*
inédito/a *unprecedented*
fulminante *sudden and devastating*
justo *just*
la paradoja *paradox*
el radiolocalizador *beeper*
soleado/a *sunny*
tibio/a *lukewarm*
trinar *to sing (as a bird)*

Vocabulario útil

el aislamiento *isolation*
alienado/a *alienated*
el robot *robot*

1 **¿Te gusta la tecnología?** Contesta las preguntas y, si respondes afirmativamente a las cuatro, te puedes considerar un(a) fan de la tecnología.

1. ¿Tienes en casa muchos aparatos tecnológicos? ¿Son necesarios?
2. ¿Estás siempre informado/a de los últimos avances tecnológicos?
3. Si te dieran a escoger entre comprar un producto en una tienda o en Internet, ¿escogerías hacer la compra en línea? ¿Por qué?
4. ¿Te gustaría tener un robot? ¿Qué te gustaría que hiciera?

Análisis

1 **Concepto** En parejas, contesten las preguntas.

1. ¿Qué es, según ustedes, lo que el autor quiere comunicarnos en esta tira cómica?
2. ¿Creen que el autor está dándonos una visión muy pesimista o muy realista del futuro del mundo? ¿Por qué?
3. ¿De qué manera creen que se puede minimizar el impacto negativo que la tecnología pudiese ocasionar en nuestra vida diaria?

2 **¿Nos ayudan?** En parejas, hagan una lista de las ventajas y desventajas de cada uno de los medios tecnológicos que se mencionan en la tira cómica: Internet, el teléfono celular, el video-teléfono, el organizador personal y el radiolocalizador. Después, compartan sus listas y coméntenlas con la clase.

handful
keys

Escribe una carta al Presidente

Ahora tienes que escribirle una carta al Presidente del país. En ella debes mencionar con qué estás de acuerdo o en desacuerdo y por qué, darle las gracias por su trabajo, pedirle una reforma o darle tu opinión sobre un tema de tu interés. Vas a necesitar el subjuntivo.

Plan de redacción

Planea

1 **Elige el tema** Selecciona un tema que te interese: social, económico, educativo, etc. ¿Crees que se necesita un cambio en esa área? ¿Te gustan las últimas leyes que se han aprobado?

2 **Haz un esquema** Prepara cinco opiniones o sugerencias sobre ese tema.

Escribe

3 **Encabezado** Inicia la carta con el lugar y la fecha desde donde escribes. También debes dirigirte al Presidente con formalidad. Aquí tienes algunos ejemplos.

- Su Excelencia Presidente (escribe el nombre del presidente)
- Presidente de (escribe el nombre del país)

4 **Contenido** Aquí escribes tus opiniones o recomendaciones.

5 **Despedida** Incluye una frase de despedida. Puedes elegir una de las siguientes.

- Saludándole atentamente,
  (escribe tu nombre y tus datos)
- En espera de su oportuna respuesta, me despido de usted atentamente,
  (escribe tu nombre y tus datos)

Comprueba y lee

6 **Revisa** Lee tu carta para mejorarla.

- Elimina las redundancias.
- Comprueba el uso correcto de los tiempos verbales.
- Asegúrate de que usas el subjuntivo adecuadamente.

7 **Lee** Lee la carta a tus compañeros de clase. Ellos tomarán notas y, cuando hayas terminado de leer, tienes que estar preparado/a para contestar sus preguntas.

La globalización: ¿a favor o en contra?

Hoy en día es casi imposible leer el periódico sin encontrar una noticia sobre la globalización. Y ustedes, ¿qué piensan de este fenómeno? ¿Están a favor o en contra?

1. La clase se divide en grupos pequeños. Cada grupo tiene que escribir una definición de lo que es la globalización. Después, contesten las preguntas.
   - ¿Qué aspectos positivos tiene?
   - ¿Qué aspectos negativos tiene?

   Cuando hayan acabado, decidan si están a favor o en contra y por qué.
2. Luego, los grupos leen sus respuestas y sus conclusiones mientras la clase toma nota. En el caso de que no todos los miembros del grupo estén de acuerdo, digan que dentro del grupo hay distintas opiniones y expliquen cuáles son.
3. Cuando todos los grupos terminen sus presentaciones, toda la clase debe participar haciendo preguntas y/o defendiendo sus opiniones.

LECCIÓN 5

El laboratorio de la literatura

Los sentimientos son emociones que experimentamos hacia lo vivido o imaginado. Alegría, miedo, tristeza, amor y esperanza son algunos de ellos. Los compartimos con los amigos, con la familia, con la pareja, e incluso con los desconocidos y, por supuesto, leemos sobre ellos en la literatura. ¿Has pensado alguna vez sobre qué escribiría un escritor si la tristeza y el amor no existieran?

¿Cuál es el último libro que has leído? ¿Te gustó?

¿Te gusta mostrar tus sentimientos?

¿Te enamoras fácilmente?

128

136

153

Preparación

Vocabulario del corto

el/la albañil *mason*
el caos *chaos*
cobrar *to charge; to collect money owed*
concentrarse *to concentrate*
consolar *to console*
desesperante *exasperating*
desperdiciar *to waste*
el/la (empleado/a) doméstico/a *maid*
eficaz *efficient*
esconder *to hide*
la fe *faith*
insoportable *unbearable*
la lágrima *tear*
el llanto *crying*
la misa *mass*
la pelea *argument*
pelear *to argue*
provisorio/a *temporary*
el puñetazo *punch*
el renglón *line*

Vocabulario útil

alcohólico/a *alcoholic*
el armario *closet*
el bloqueo mental *mental block*
la creencia *belief*
el/la creyente *believer*
el chisme *piece of gossip*
desordenado/a *untidy, messy*
el/la difunto/a *deceased*
fisgonear *to nose around*
la inspiración *inspiration*
inspirado/a *inspired*
inspirar *to inspire*
inspirarse *to get inspired*
quejarse *to complain*

EXPRESIONES

A mí me da pena. *I feel sorry.*
No puedo andar eligiendo. *I can't be choosy.*
¡Qué mujer repelente! *What a revolting woman!*
¡Siempre encima mío! *She's always breathing down my neck!*

1 Vocabulario Completa las oraciones con la opción correcta.

1. He venido a ________ lo que me debes.
   a. desperdiciar b. cobrar c. pelear
2. ________ en casas ajenas (*other peoples'*) es de mala educación.
   a. Quejarse b. Inspirarse c. Fisgonear
3. Dice que el olor de las flores no sólo la relaja, sino que la ________.
   a. desperdicia b. inspira c. pelea
4. Te mereces un ________ por el mal rato que me hiciste pasar.
   a. puñetazo b. albañil c. llanto
5. Con tanto ruido aún no he escrito ni un ________.
   a. difunto b. eficaz c. renglón

2 Sinónimos y antónimos Relaciona cada palabra con dos sinónimos y dos antónimos.

1. caos
2. desperdiciar
3. pelea
4. provisorio

confusión	acuerdo
desorden	ahorrar
discusión	comprensión
lucha	concentrarse
malgastar	eterno
provisional	orden
temporal	organización
tirar	permanente

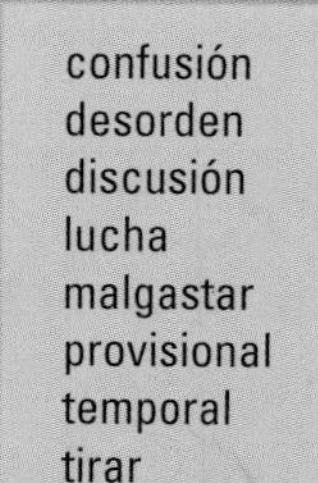

3 **Predecir** En parejas, miren la fotografía e imaginen lo que va a ocurrir en el cortometraje.

4 **La inspiración** Trabajen en grupos de tres para contestar las preguntas. Después, analicen las citas y compartan sus respuestas y opiniones con la clase.

1. ¿Qué es la inspiración y cómo funciona? ¿Quién la busca y para qué?
2. ¿Qué significa para ustedes estar inspirado/a? ¿Qué les inspira?

a. "La inspiración existe, pero tiene que encontrarte trabajando." Pablo Picasso

b. "Nada es más nocivo (*harmful*) para la creatividad que el furor (*enthusiasm*) de la inspiración." Humberto Eco

c. "Inspiración y genio son casi la misma cosa." Victor-Marie Hugo

5 **La literatura** En parejas, háganse las preguntas y compartan sus respuestas con la clase. Después, todos juntos, hagan una lista con algunos de los temas que creen que han inspirado a los escritores a lo largo de la historia.

1. ¿Cuál es la función de la literatura? ¿Y la del escritor?
2. ¿Creen que el escritor nace o se hace?
3. ¿Qué características creen que son indispensables para ser buen escritor?
4. ¿Sería posible la literatura si el ser humano no tuviera sentimientos? ¿Por qué?

6 **El trabajo** En grupos de tres, hagan dos listas. Una con los trabajos y/o profesiones que consideran interesantes y otra con los que consideran poco interesantes. Después, contesten las preguntas y compartan sus respuestas con la clase.

1. ¿Qué tienen en común las profesiones de cada lista?
2. ¿En qué tipo de trabajos y/o profesiones no les gustaría participar? ¿Por qué?
3. ¿Qué harían si tuvieran que trabajar para o con una persona que no les cayera bien (*with whom you didn't get along*)?

7 **¿Somos lo que leemos?** En parejas, jueguen al "Dime qué lees y te diré quién eres". Háganse las preguntas y, después, intenten adivinar la personalidad de su compañero/a a partir de sus gustos y hábitos literarios. ¿Adivinaron?

1. ¿Lees? ¿Por qué y con qué frecuencia?
2. ¿Qué tipo de libros te gusta leer y qué temas te interesan más?
3. ¿Qué buscas en un libro?
4. ¿Escribes? ¿Por qué? Si no escribes, ¿te gustaría hacerlo? ¿Por qué?

UN DÍA CON ÁNGELA

Un día inolvidable.

- "Premio FIPRESCI" Festival de Cine de Mannheim-Heildelberg
- "Selección de la crítica" Festival de Cine de San Sebastián
- "Premio al mejor cortometraje de ficción" Revista de cine *Sin Cortes*

Una producción del **INSTITUTO NACIONAL DE CINEMATOGRAFÍA, ARGENTINA**
Dirección **JULIA SOLOMONOFF** Guión **MARCELO BIRMAJER/JULIA SOLOMONOFF**
Productores **JUAN BUCICH/FABIANA CASTAÑO** Fotografía **DANIEL SOTELO**
Edición **PABLO MARI** Sonido **DAVID MANTECÓN** Dirección de Arte **MARCELA BAZZANO**
Actores **LIDIA CATALANO/DARÍO TANGELSON**

Ficción / 16 mm / Color / Sonido óptico / 2000

FICHA **Personajes** Ángela, escritor **Duración** 29 minutos **País** Argentina

ESCENAS

Ángela No, a mí no me gustaría vivir acá[1]. Mucho ruido. Una cosa desesperante. ...Me vine sola, a los diecisiete. Después conocí a Pedro, que era albañil. Tuvimos tres criaturas[2]. Los domingos hacíamos[3] la casa todos juntos... ¡Qué peleas!

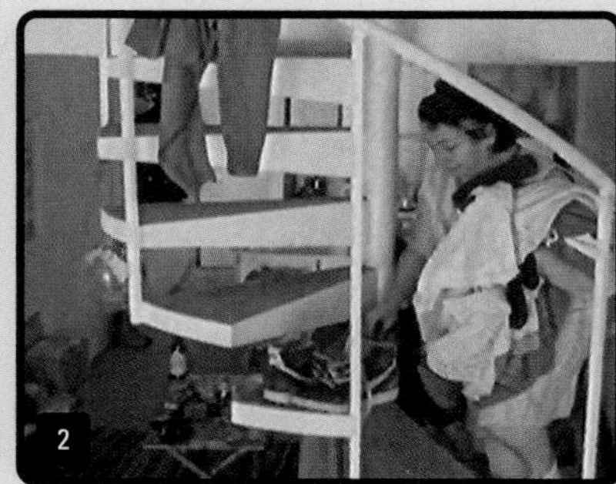

Ángela El señor Moncalvo no está nunca. Hace un año que trabajo para él pero lo vi dos veces. Antes él estaba casado, pero ella lo dejó, porque él tomaba. Le debe plata[4] a medio mundo. Antes lo llamaban todo el tiempo, siempre alguno que quería cobrar.

Ángela ...Yo no me acuerdo de lo malo. Me acuerdo de los momentos de felicidad... Antes que empezara a tomar, antes que pasara lo peor, mi Pedro era un hombre fuerte, sano... ¡Y cómo bailaba! En los bailes, las mujeres lo miraban, pero yo era la que lo abrazaba.

Ángela La señorita Lubman tendrá unos treinta años. Es una chica saludable, tiene amigos, pero no le duran mucho que digamos. Nos hicimos amigas. Un día yo llegué y estaba ella con los ojos llorosos. Y me decía: "quiero dormir, dormir y no despertarme..."

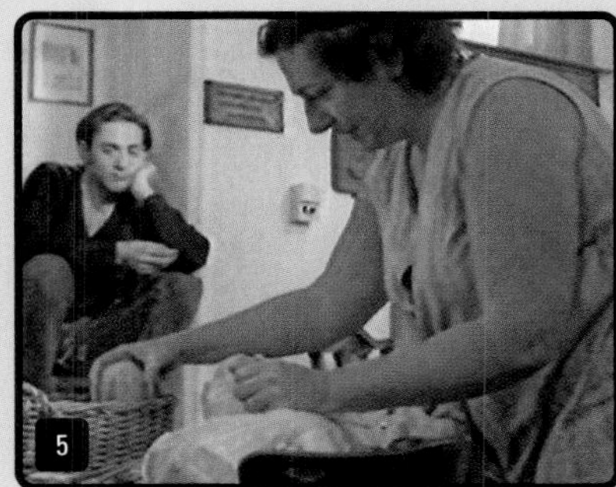

Escritor (*para sí mismo*) ¿Una computadora? Sí, podría escribir más... Y un sillón muy cómodo, ¿para leer? No, me quedaría dormido. ¿Y si me fuera al campo? No, tampoco. ¿Mudarme? Puede ser. Me gusta ver cómo limpia Ángela. Es eficaz, es simétrica...

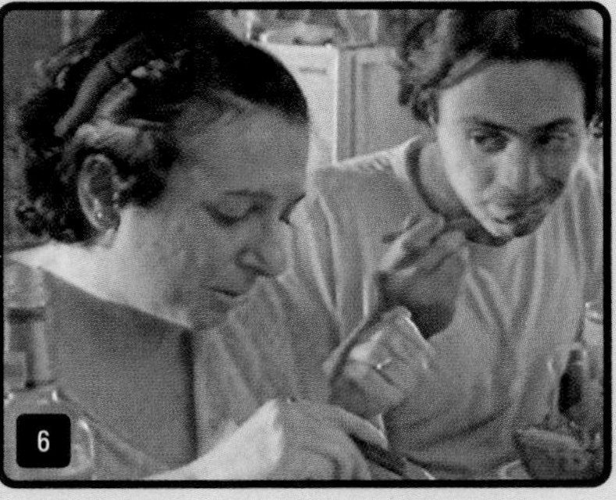

Ángela Usted se parece a la Yoli, tan buenita cuando era chiquita. Una vez, a la Yoli la eligieron para hacer de dama antigua[5]. Estábamos orgullosos. ¡La Yoli parecía una reina! Todo estuvo bien hasta que trajeron las empanadas[6] con el vino. "¡No tomés[7] Pedro, justo hoy!

[1] *here* [2] *babies* [3] *built* [4] *money* [5] *to play a lady from olden times* [6] *pastries* [7] *Don't drink!*

Nota CULTURAL

El llamado *boom* de la literatura hispanoamericana de los años sesenta ayudó a consagrar como maestros a muchos autores hasta entonces desconocidos: García Márquez, Vargas Llosa, Donoso, etc. El enorme reconocimiento internacional de las obras de estos autores, aun siendo un fenómeno positivo, ha provocado una reacción de distancia en las generaciones de autores posteriores. Muchos escritores argentinos contemporáneos, como Tomás Eloy Martínez, Ricardo Piglia o Rodrigo Fresán, se unieron a este deseo de desmarcarse de las obras del *boom* y cultivan la novela psicoanalítica, la postmodernista y la histórica, entre otras.

EN PANTALLA

Emparejar Relaciona los personajes con sus profesiones.

1. Ángela	a. piloto
2. joven	b. doméstica
3. Pedro	c. doctor
4. Sr. Moncalvo	d. *no se dice*
5. Srta. Lubman	e. escritor
6. Sr. Cardoza	f. albañil
7. Sra. Doris	g. redactora
	h. camarero
	i. escritora

Análisis

1 **Comprensión** Contesta las preguntas.

1. ¿Quién es Ángela y a qué se dedica?
2. ¿Qué papel encarna (*embodies*) el personaje masculino?
3. ¿Qué relación une a los dos personajes?
4. ¿Por qué pasan un día juntos?
5. ¿Qué hace Ángela mientras limpia?
6. ¿Qué hace él mientras Ángela limpia?
7. ¿Cómo murió el esposo de Ángela?

2 **Interpretar** En parejas, contesten las preguntas.

1. ¿Le gusta a Ángela su trabajo?
2. ¿Está satisfecha con su vida?
3. ¿Cómo era su relación con su esposo?
4. ¿Por qué dice que le debe el llanto y un puñetazo?
5. ¿De dónde saca fuerzas Ángela?
6. ¿Qué descubre el escritor durante el día que pasa con Ángela?

3 **Profundizar** En grupos de tres, contesten las preguntas.

1. ¿Qué importancia tiene en esta historia la clase social y el trabajo de Ángela?
2. ¿Es importante la vida de Ángela para el escritor? ¿Por qué?

4 **Vidas privadas** En grupos pequeños, den vida a un personaje imaginario. Descríbanlo desde el punto de vista de una empleada doméstica que le limpia la casa dos veces por semana. Usen la información del diagrama que consideren necesaria y compartan después su personaje con la clase.

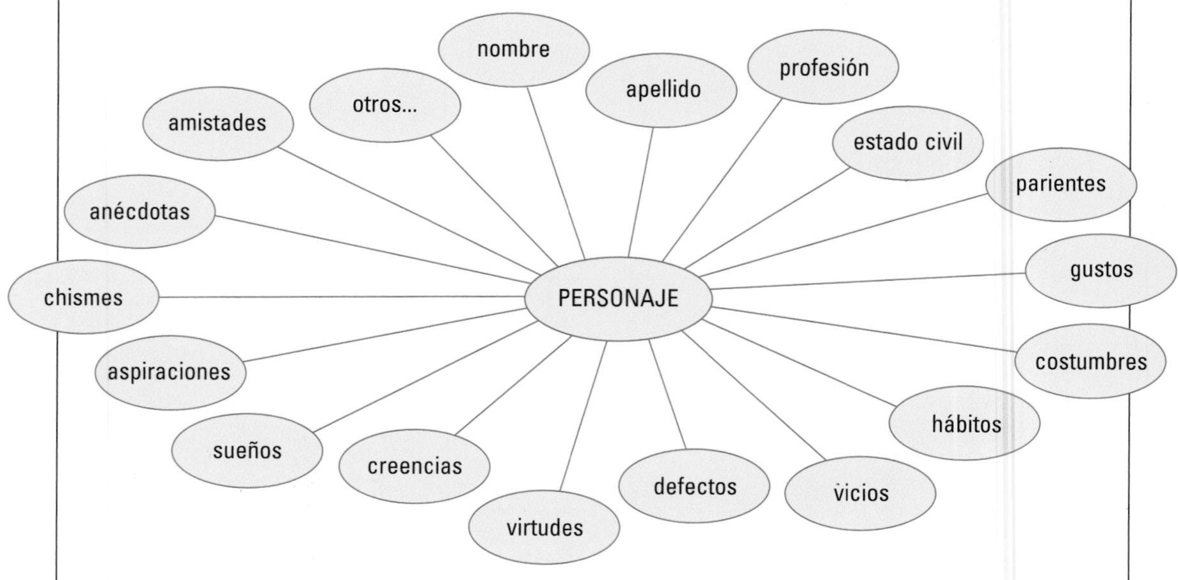

5 **Contextos** En grupos pequeños, digan quién dice cada cita, en qué momento y qué tipo de personas creen que son a partir de lo que dicen. Después, opinen sobre el significado de las afirmaciones y compartan sus opiniones con la clase. Vuelvan a ver el corto si es necesario.

1. "Una se siente muy sola en este trabajo."
2. "Hay que ser positivo. Le da un brillo a la vida."
3. "Las mujeres siempre parecemos más grandes que los hombres."
4. "Yo no dejo solo ni a un perro."
5. "Ángela saca fuerzas de su trabajo. Hace algo por los demás. Se siente útil."
6. "No rece por mí, mi alma ya se ha salvado. Rece por todas esas almas, perdidas en la ciudad."
7. "Ángela vuelve a casa. Todos vuelven a sus casas."

6 **El baile** En grupos pequeños, comenten qué ilustra este momento. ¿Cómo se llega a él? ¿Qué pasa mientras están bailando? ¿Cómo reaccionan ambos personajes después de ese incidente? ¿Por qué?

7 **Situaciones** En parejas, elijan una de las situaciones y escriban un diálogo. Utilicen al menos seis palabras de la lista. Cuando terminen, represéntenlo delante de la clase.

PALABRAS

alcohólico/a	**consolar**	**inspiración**
bloqueo mental	**creencia**	**inspirar**
caos	**desordenado/a**	**inspirarse**
cobrar	**desperdiciar**	**provisorio/a**
concentrarse	**fisgonear**	**quejarse**

A

Dos escritores/as principiantes están trabajando cada uno/a en su primera novela y comparten consejos. No se ponen de acuerdo en cuál es el ambiente ideal para escribir ni en cuál es el mejor tema para conseguir un superventas (*best-seller*).

B

Uno/a de ustedes llega a su casa antes de lo habitual y se encuentra a un(a) vecino/a en su habitación mirando y tocando todas sus cosas. Él/Ella dice que buscaba inspiración para su novela. Tú no te lo crees y discuten.

El subjuntivo II

Recuerda

Las oraciones subordinadas adjetivas cumplen la misma función que los adjetivos: acompañan y modifican un nombre. Las oraciones subordinadas adverbiales cumplen la misma función que los adverbios: modifican la oración principal y expresan circunstancias bajo las que tiene lugar la acción que indica el verbo principal.

El subjuntivo en oraciones subordinadas adjetivas

- Se usa el subjuntivo en las oraciones subordinadas que se refieren a una persona, lugar o cosa que no existe o que no se conoce su existencia. En el caso contrario, es decir, cuando la persona, lugar o cosa se conoce, es necesario el indicativo.

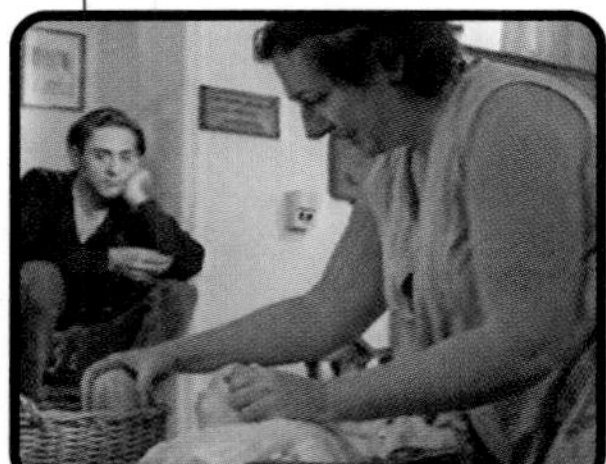

INDICATIVO

*Ángela busca la nota **que le dejó** el señor Moncalvo.*

SUBJUNTIVO

*Él busca temas **que le inspiren**.*

- Cuando el antecedente de una oración adjetiva es un pronombre negativo como **nadie** o **ninguno/a**, el verbo de la oración subordinada tiene que estar en subjuntivo.

*Él no conoce a **ningún** escritor que **viva** en su barrio.*

*El escritor no encuentra a **nadie** que le **inspire**.*

- La **a** personal no se usa cuando el objeto directo es desconocido. Sin embargo, cuando el objeto directo es **nadie, ninguno/a** o **alguien,** la **a** personal es necesaria.

*Necesitaba **una persona** que le limpiara la casa.*

*El escritor no conocía **a nadie** que fuera como ella.*

- El subjuntivo también se utiliza cuando alguien hace preguntas para obtener información sobre algo de lo que no está seguro. Si la persona que contesta conoce la respuesta, usará el indicativo.

*—¿Conoces a alguien que **sea** redactor?*

*—Sí, la señorita Lubman **es** redactora.*

El subjuntivo en oraciones subordinadas adverbiales

- Cuando las conjunciones temporales o las concesivas expresan una idea de futuro, se utiliza el subjuntivo.

*Ángela le dijo que comiera algo **cuando tuviera** hambre.*

*El escritor quería quedarse **hasta que** ella **terminara**.*

- Cuando estas conjunciones van seguidas de una acción que ya ha ocurrido o que ocurre habitualmente, se usa el indicativo.

*Ángela se preocupó **cuando** él **rompió** el jarrón.*

*Ellos estuvieron juntos **hasta que** ella **terminó**.*

- Algunas conjunciones siempre requieren subjuntivo en la oración subordinada.

Conjunciones que siempre requieren subjuntivo	
a menos que *unless*	**en caso de que** *in case*
antes de que *before*	**para que** *so that*
con tal de que *provided that*	**sin que** *without, unless*

*Ángela lo dejó acompañarla **con tal de que** no **interrumpiera** su trabajo.*

*El escritor la sigue **sin que** ella lo **sepa**.*

AYUDA

Conjunciones concesivas

a pesar de que *despite*
aunque *although; even if*

Conjunciones temporales

cuando *when*
después (de) que *after*
en cuanto *as soon as*
hasta que *until*
luego que *as soon as*
mientras que *while*
tan pronto como *as soon as*

Práctica

1 **Una pelea** Dos amigos/as tienen que ir a una fiesta pero, poco antes, empiezan a discutir. En parejas, completen las siguientes oraciones de una forma lógica. Después, tienen que preparar un diálogo usando al menos tres de las oraciones.

1. No iré contigo a menos que...
2. Tú me invitas para que...
3. Te vi cuando...
4. Te llamaré cuando...
5. Aquí estaremos hasta que...
6. Yo le dije que aunque...

2 **Terapia** En grupos de tres, elijan uno de los problemas para realizar una sesión de terapia. Uno/a de ustedes es el/la psicólogo/a y los/las otros/as dos son pacientes. Usen las conjunciones de la lista.

- Siempre se están peleando porque un miembro de la pareja es muy celoso/a.
- Siempre se lleva trabajo a casa y nunca hacen nada divertido.
- Son dos hermanos/as que se llevan muy mal porque son muy diferentes. Sus padres les han obligado a ir a terapia.

PALABRAS

aunque	en cuanto
cuando	para que
después (de) que	sin que

Preparación

Sobre el autor

El periodista y escritor **Juan José Millás** nació en Valencia, España, en 1946. El primer gran éxito lo consiguió con la novela *El desorden de tu nombre*, publicada en 1986. Cuatro años más tarde ganó el Premio Nadal con *La soledad era esto*. Con frecuencia, sus novelas y cuentos, muy bien recibidos por la crítica y por los lectores, se desarrollan en un mundo donde se alternan lo real y lo imaginario. El humor y la reflexión sobre la soledad, la muerte y el amor son una constante en su narrativa.

Vocabulario de la lectura

el colmillo *canine*
dedicar *to dedicate*
la dedicatoria *dedication*
el/la encargado/a *supervisor*
gritar *to shout*
guiñar *to wink*
inquietante *disturbing*
llevar razón *to be right*

Vocabulario útil

insultar *to insult*
mimado/a *spoiled*
prevenir *to prevent*
sospechar *to suspect*

1 **Ensalada de palabras** En parejas, escriban seis oraciones lógicas combinando todas las palabras.

dedicar	accidente
guiñar	calle
insultar	colmillo
llevar razón	compañero de clase
prevenir	escándalo
sospechar	poema de amor

2 **Opiniones** En parejas, contesten las siguientes preguntas.

1. ¿Creen que los niños y niñas están expuestos a imágenes y contenidos violentos? ¿Cómo?
2. ¿Consideran que las imágenes y/o el texto de las películas, libros y videojuegos son responsables de la conducta de los jóvenes?
3. ¿Qué opinan del contenido visual y de las letras (*lyrics*) de los videos musicales? ¿Son adecuados para su audiencia?

3 **En la tele** Trabajen en grupos pequeños e imaginen que son los productores de una cadena de televisión famosa por sus excelentes programas infantiles y juveniles. Planeen un programa piloto teniendo en cuenta, entre otros, los siguientes aspectos. Después, compartan sus "experimentos" con la clase y digan cuál creen que tendrá más éxito y por qué.

- La audiencia
- El contenido
- Los personajes
- La competencia
- El horario
- El formato
- El mensaje
- El objetivo

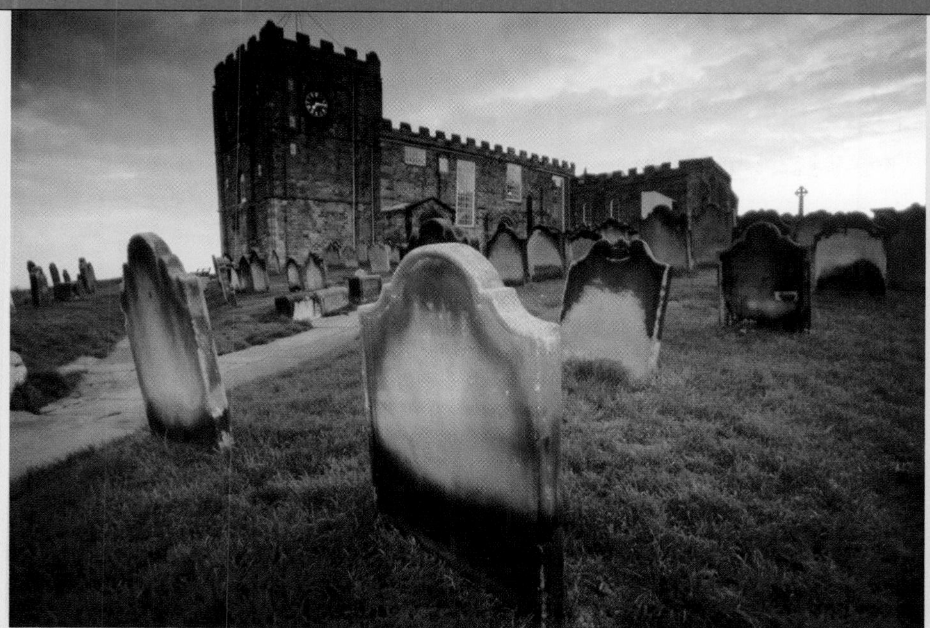

Drácula y los niños

Estaba firmando ejemplares° de mi última novela en unos grandes almacenes, cuando llegó una señora con un niño en la mano derecha y mi libro en la izquierda. Me pidió que se lo dedicara mientras el niño lloraba a voz en grito.

copies

—¿Qué le pasa? —pregunté.

—Nada, que quería que le comprara un libro de Drácula y le he dicho que es pequeño para leer esas cosas.

El niño cesó° de llorar unos segundos para gritar al universo que no era pequeño y que le gustaba Drácula. Tendría 6 o 7 años, calculo yo, y al abrir la boca dejaba ver unos colmillos inquietantes, aunque todavía eran los de leche. Yo estaba un poco confuso. Pensé que a un niño que defendía su derecho a leer con tal ímpetu° no se le podía negar un libro, aunque fuera de Drácula. De modo que insinué tímidamente a la madre que se lo comprara.

to stop

energy

—Su hijo tiene una vocación lectora impresionante. Conviene cultivarla.

—Mi hijo lo que tiene es un ramalazo° psicópata que, como no se lo quitemos a tiempo, puede ser un desastre.

a fit

Me irritó que confundiera a Drácula con un psicópata y me dije que hasta ahí habíamos llegado.

—Pues si usted no le compra el libro de Drácula al niño, yo no le firmo mi novela —afirmé.

—¿Cómo que no me firma su novela? Ahora mismo voy a buscar al encargado.

Al poco volvió la señora con el encargado que me rogó que firmara el libro, pues para eso estaba allí, para firmar libros, dijo. El niño había dejado de llorar y nos miraba a su madre y a mí sin saber por quién tomar partido°. La gente, al oler la sangre, se había arremolinado° junto a la mesa. No quería escándalos, de modo que cogí la novela y puse: "A la idiota de Asunción (así se llamaba), con el afecto de Drácula". La mujer leyó la dedicatoria, arrancó la página, la tiró al suelo y se fue. Cuando salían, el pequeño volvió la cabeza y me guiñó un ojo de un modo extremadamente raro. Llevo varios días soñando con él. Quizá llevaba razón su madre. ■

to take sides

milled around

Análisis

1 Comprensión Contesta las preguntas.

1. ¿Qué hacía el autor en los grandes almacenes?
2. ¿Qué le pidió la señora al escritor?
3. ¿Por qué lloraba el niño?
4. ¿Qué vio el escritor cuando el niño abrió la boca?
5. ¿Por qué la madre se negó a comprarle el libro al niño?
6. ¿Por qué opinaba el autor que no se le podía negar un libro al niño?
7. ¿Qué le irritó al escritor y qué hizo?
8. ¿Qué le rogó el encargado que hiciera?
9. ¿Qué hizo la mujer después de leer la dedicatoria?

2 Interpretar En parejas, contesten las preguntas.

1. ¿Cuál es, según su opinión, el tema principal de este artículo? Pongan ejemplos del texto.
2. El texto está escrito con mucho sentido del humor. ¿Cuáles son algunos ejemplos?
3. ¿Por qué le irrita al escritor que la madre no le quiera comprar el libro al niño?
4. ¿Están de acuerdo con el escritor o con la madre?
5. ¿Por qué creen que el autor afirma al final que quizás tenía razón la madre?

3 Años después En parejas, imaginen cómo va a ser la vida del niño en el futuro. Consideren los siguientes aspectos. Luego, compartan sus historias con la clase.

Casa	
Profesión	
Aficiones	
Vida sentimental	
¿?	

4 Recuerdos En parejas, háganse las siguientes preguntas.

¿Cómo eras cuando eras niño/a?
¿Cómo era tu escuela?
¿Estás en contacto con alguno/a de los/las compañeros/as de tu clase?
¿Tuviste problemas con tus profesores?
¿Cuál era tu cuento infantil favorito?
¿Qué te gustaba hacer?
¿De qué tenías miedo?
¿Cuáles son los mejores recuerdos de tu infancia?
¿A qué profesión querías dedicarte de mayor?

5 **¡Estos niños!** La madre del relato está muy preocupada por el comportamiento de su hijo. ¿Qué le aconsejan ustedes para que el niño crezca sano y sea un adulto responsable? En parejas, denle consejos a la madre para que eduque bien a su hijo. Usen el subjuntivo.

6 **Drácula** En parejas, invéntense una breve conversación entre el Conde Drácula y otro personaje de ficción conocido. Son amigos y hablan de sus vidas, de sus problemas y de sus ilusiones. Están un poco deprimidos y se dan consejos mutuamente. Usen el subjuntivo.

7 **Situaciones** En parejas, elijan una de las situaciones y escriban un diálogo. Utilicen al menos seis palabras de la lista. Cuando lo terminen, represéntenlo delante de la clase.

PALABRAS

chisme	guiñar	llevar razón
dedicatoria	hasta que	mimado/a
desordenado/a	inquietante	prevenir
fisgonear	inspiración	quejarse
gritar	insultar	sospechar

A
Un(a) escritor(a) está firmando libros en un centro comercial. Un(a) admirador(a) un poco loco/a quiere que le firme un libro y, después, tomarse un café con él/ella para darle su opinión sobre su última novela. El/La autor(a) no quiere ir y discuten.

B
Un padre o una madre se pelea con su hijo/a adolescente porque no quiere que vea MTV, pues opina que los videos musicales son una mala influencia para él/ella.

Preparación

Vocabulario de la lectura

amor de pareja *romantic love*
a voluntad *at will*
el/la amado/a *sweetheart*
la amargura *bitterness, pain*
el desamor *lack of affection*
desconocer *not to know*
desdeñado/a *rejected*
el desengaño amoroso *heartbreak*
el enamoramiento *infatuation*
estimular *stimulate*
las penas *woes*
recóndito/a *remote*
el resultado *result*
la sencillez *simplicity*
ser capaz de *to be able to*
suicidarse *to commit suicide*
superarse *to better oneself*
suprimir *suppress*
la voluntad *wish, will*

Vocabulario útil

el amor no correspondido *unrequited love*
anticuado/a *old-fashioned*
la cura *cure*
los efectos secundarios *side effects*
idealizar *to idealize*
el remedio *remedy, cure*
sin pareja *single*
superar *to overcome, to get over*

1 **Vocabulario** Completa el anuncio con las palabras del vocabulario que has aprendido y haz los cambios que sean necesarios.

¡¡ATENCIÓN!!

Corazones rotos, solitarios y abandonados

¡No deshojen más margaritas (*pull the petals off any more daisies*)! Ya está aquí *Amoril*, el _____ contra las _____ del amor. ¿_____ por amor? No sean _____. Eso ya es HISTORIA. No desperdicien más su tiempo intentando _____ ese _____ amoroso que les consume, ese amor no _____ que les enloquece, ese _____ que no les deja vivir. Da lo mismo si han sido _____ por su pareja o si están sin _____. *Amoril* _____ el dolor y _____ las ganas de vivir. Ámense a sí mismos y VIVAN. Es una simple cuestión de sentido común. Sigan con su vida y dejen que la MEDICINA se encargue de lo demás.

Se _____ los efectos _____. El _____ es simplemente espectacular.

2 **Experiencias** En parejas, contesten las preguntas y expliquen sus experiencias.

1. ¿Han estado enamorados alguna vez? ¿Cómo sabían que era amor? ¿Cómo se sentían?
2. ¿Han tenido alguna vez un desengaño amoroso? ¿Qué emociones sintieron? ¿Cambió su forma de ser?

Las penas del amor se curarán

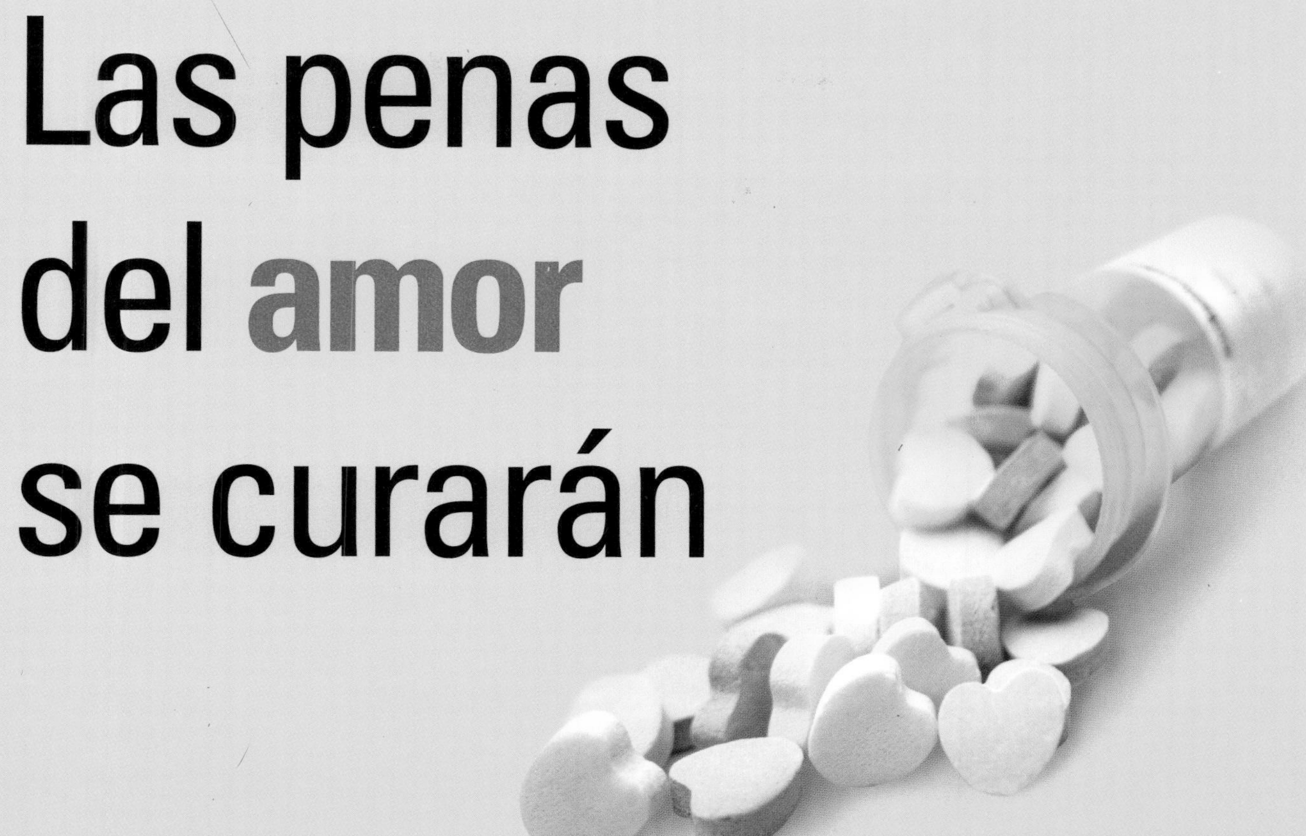

El especialista asegura que en el plazo° de veinte o treinta años habrá fármacos° capaces de amortiguar° el dolor psíquico que produce un desengaño amoroso.

plazo°: term; fármacos°: drugs/ amortiguar°: to deaden

"A la vuelta de unos años, estaremos en condiciones de° controlar y suprimir a voluntad algunas de nuestras emociones, incluso las que parecen más recónditas. Llegará el día, no muy lejano, en que el joven enamorado desdeñado por su amada cortará radicalmente todo su dolor y su amargura con un comprimido° o con una inyección. Y eso se logrará con la misma facilidad con la que hoy se elimina la lactancia en una mujer fértil."

estaremos en condiciones de°: we will be able to; comprimido°: pill

Las predicciones pertenecen al neurocirujano José María Izquierdo Rojo, autor del ensayo *Neurobiología del amor*. El especialista del hospital cántabro° de Valdecilla explica la atracción amorosa como el resultado de una secreción de hormonas capaces no sólo de remover° los sentimientos, sino de condicionar también la voluntad de las personas. "Si no existiera el amor —argumenta— quizá la historia habría sido otra. Inglaterra seguiría siendo católica, Troya no habría sido asediada°..."

cántabro°: from the Spanish region of Cantabria; remover°: to stir up; asediada°: besieged

—¿Diría que el amor es sólo cuestión de hormonas?

—Lo que yo creo es que al enamorarse se activan algunos procesos cerebrales y se segregan sustancias que hacen cambiar al individuo. De hecho, cuando uno se enamora cambia hasta su forma de ser.

—¿Es la "química" del amor?

—El amor es sólo química y electricidad. Las neuronas funcionan por descargas° eléctricas. Probablemente, cuando surge el amor se desatan° corrientes eléctricas que van por circuitos que aún no

descargas°: discharges; se desatan°: are unleashed

conocemos bien. Cuestión de impulsos.

—¿En qué se basa esa teoría?

—Las ideas incitan al organismo a producir ciertas secreciones. Ante la vergüenza, por ejemplo, el cuerpo produce unas sustancias que hacen que se te suban los colores°. Eso, que no es más que el resultado de la química y la electricidad, es el rubor facial°.

make you blush
blushing

—¿Por qué nos enamoramos?

—Eso yo no lo sé. Supongo que intervienen estímulos externos que llegan a través de la vista, el oído y el olfato. La retina es sólo una estación fotoeléctrica que traduce impulsos lumínicos en impulsos eléctricos que van al cerebro. Allí, la electricidad se modifica y surge el enamoramiento.

—¿Es posible enamorarse con sólo proponérselo?

—No lo creo. Los impulsos han de tener unas determinadas° características de intensidad y voltaje que con sólo proponértelo no se logran.

certain

—Y, claro, todavía desconocemos cómo funcionan esos circuitos...

—Exacto. Si conociéramos bien los circuitos, el amperaje, el voltaje y la sustancia que se libera°, podríamos estimularnos de una manera determinada y, automáticamente, enamorarnos. Pero eso no es fácil. Lo que sí podremos conseguir es algo que, para mí, es mucho más interesante.

is released

Usted dirá...

—Podríamos suprimir a voluntad el enamoramiento.

—¿Es posible?

—No será difícil obtener sustancias que neutralicen a las que producen el amor.

—Lo pone usted muy fácil...

—El alcohol es una molécula muy sencilla. En realidad son sólo dos átomos de carbono, seis de hidrógeno y uno de oxígeno, adecuadamente combinados. Pese a° su sencillez, es capaz de producir optimismo, eliminar inhibiciones e infundir° valor en nuestro espíritu. Veamos, pues, qué sustancias químicas elementales° son capaces de producir efectos tan extraordinarios en nuestro sistema nervioso.

Despite
instill
basic

—¿Qué ventajas tendría el control médico del amor?

—Una muy clara es que suprimiría mucho dolor inútil. Piense en cuánta gente joven se ha suicidado por desamor, por la falta de correspondencia en ese amor de enamoramiento, que es como una corriente impetuosa. Todo eso se podría suprimir, aunque seguramente se perderá en romanticismo... Así es la medicina...

—También se perderá arte...

—Es posible. El amor de pareja proporciona una mayor sensibilidad artística, un deseo de trabajar, de superarse. Pero que se conozca cómo funciona no quiere decir que haya que quitarlo. Los antiguos adoraban el sol como a un dios, porque nacía y moría y volvía a nacer. Hoy sabemos por qué amanece°; y, con todo, el amanecer nos sigue pareciendo precioso°. Algún día conoceremos mejor el amor y lo dominaremos; y el que quiera seguir sintiendo esa 'aguda espina° dorada' que decía Machado, que lo haga.

the day dawns/
beautiful
sharp thorn

—¿Podrán controlarse del mismo modo otras emociones?

—La emoción artística ante la belleza, ¿para qué se va a controlar? El amor es distinto. Es probablemente el sentimiento que más dolor psíquico produce cuando no es correspondido.

—Así que uno podrá decir: "Oiga doctor, que no tengo pareja° y sufro mucho. Póngame una inyección".

I am single

—Exacto.

—¿También nos enamoraremos con una inyección?

—Eso lo veo poco probable.

—Y todo esto, ¿cuándo será?

—Depende de lo que se investigue, pero éste es un campo que despierta cada vez más interés. Supongo que en 20 o 30 años. ■

Análisis

1 **Comprensión** Contesta las preguntas.

1. ¿Quién es José María Izquierdo Rojo y dónde trabaja?
2. ¿Qué dice que va a pasar en treinta años?
3. ¿Cree que será fácil conseguirlo con esta medicina?
4. ¿Cómo explica la atracción amorosa?
5. ¿Qué es lo que aún no conocen bien los científicos?
6. ¿Cómo funciona el rubor facial?
7. ¿Cómo surge el enamoramiento?
8. ¿Cómo será posible suprimir a voluntad el enamoramiento?

2 **Interpretar** En parejas, contesten las preguntas.

1. ¿Por qué cambia la forma de ser de una persona cuando está enamorada?
2. ¿Para qué menciona el doctor el rubor facial?
3. ¿A qué se refiere con "amor de enamoramiento"?
4. ¿Por qué pone como ejemplo el amanecer?
5. ¿Por qué dice que ve poco probable que nos enamoremos con una inyección?

3 **Reaccionar** En grupos pequeños, lean las siguientes citas del texto y analícenlas. ¿Están de acuerdo? Razonen sus respuestas y compártanlas con la clase.

"Si no existiera el amor, quizá la historia habría sido otra."

"No es posible enamorarse con sólo proponérselo."

"El amor es sólo química y electricidad."

"El amor es el sentimiento que más dolor psíquico produce cuando no es correspondido."

"Algún día conoceremos mejor el amor y lo dominaremos."

4 **Opinar** En grupos pequeños, digan qué ventajas y qué desventajas le ven ustedes al control médico del amor. Después, compartan sus opiniones con la clase.

5 **Metáforas** Para el doctor Izquierdo el amor es "sólo química y electricidad"; para el poeta Antonio Machado, es una "aguda espina dorada". En grupos pequeños, inventen metáforas para describir el amor. Después, compártanlas con la clase y escojan la(s) que más les guste(n), explicando su elección (*choice*).

6 **¿Vida sin dolor?** En grupos pequeños, cuéntense algún episodio de su vida en el que experimentaron algún tipo de dolor psíquico. Después, compartan sus historias con la clase. Consideren las siguientes cuestiones.

- ¿Cuál fue la causa del dolor?
- ¿Cuántos años tenían?
- ¿Cómo se sintieron?
- ¿Se lo contaron a alguien?
- ¿Cómo lo superaron?
- ¿Cuánto tiempo tardaron en superarlo?
- ¿Recibieron ayuda?
- ¿Qué efecto tuvo y/o tiene en su vida?

7 **Romeo y Julieta** Romeo y Julieta se suicidaron por amor. En grupos pequeños, imaginen otro final para su historia si ambos hubieran tenido acceso a la pastilla mencionada en el artículo. Compartan sus finales con los/las compañeros/as.

8 **Hablemos** Toda la clase participa en esta actividad. Por turnos, uno/a de ustedes se sienta frente a la clase y hace el papel de psicólogo/a de un programa de radio. Los demás, también por turnos, llaman al programa con sus problemas amorosos. El/La psicólogo/a escucha sus historias, las analiza, les hace preguntas y, finalmente, les aconseja. Improvisen preguntas y respuestas, pero no lloren. ¡Diviértanse!

9 **Abierto a interpretaciones** En grupos pequeños, miren la fotografía de la página 141 y digan si creen que está abierta a otras interpretaciones. ¿Comparten alguna de las siguientes? ¿Cuál o cuáles? ¿Están todos de acuerdo? Defiendan sus puntos de vista ante la clase.

1. Medicina para curar el desengaño amoroso.
2. Las medicinas son buenas; no hay que tenerles miedo.
3. Las medicinas no son un dulce; hay que tomárselas en serio.
4. Las medicinas deben guardarse fuera del alcance de los niños.
5. La mejor medicina es el amor.

10 **Situaciones** En parejas, elijan una de las situaciones y escriban un diálogo. Utilicen al menos seis palabras de la lista. Cuando lo terminen, represéntenlo delante de la clase.

PALABRAS

a voluntad	desengaño amoroso	sin pareja
amargura	efectos secundarios	superar
desconocer	remedio	superarse
desdeñado/a	ser capaz de	suprimir

A

Un amor no correspondido es la causa de tu dolor. Un(a) amigo/a que cree que el dolor psíquico es inútil te aconseja que tomes una pastilla para que te olvides del amor. Tú no crees en las pastillas y opinas que sufrir es básico para el desarrollo personal. Discuten.

B

Unos recién casados están de viaje de luna de miel. Uno de ellos se toma por equivocación una pastilla para dejar de estar enamorado/a. El/La otro/a nota enseguida un cambio radical en el comportamiento de su pareja. Intentan solucionar el problema.

Preparación

Sobre el autor

Augusto Monterroso, uno de los escritores latinoamericanos más queridos, nació en Honduras en 1921. Escribió ensayos, cuentos y fábulas, siempre con un humor inteligente que se convirtió en su marca de estilo. Entre sus obras publicadas se encuentran *La oveja negra y demás fábulas* (1969), la novela *Lo demás es silencio* (1978) y la obra de textos misceláneos *La letra e* (1987). Recibió el Premio Príncipe de Asturias en 2000. Desde 1956 residió en México, país donde murió en 2003.

Sobre la fábula

"El mono que quiso ser escritor satírico" es una fábula, breve composición literaria cuyos personajes son animales. A través de la personalidad de estos seres se intenta dar una enseñanza. La inteligencia e ironía de Monterroso convierte sus fábulas en el mejor medio para presentar su visión de la naturaleza humana y de la vida contemporánea.

Vocabulario de la lectura

la abeja *bee*
adulatorio/a *flattering*
agasajar *to receive (a guest)*
aludir *to allude*
el cargo *position*
la cigarra *cicada*
comprensivo/a *understanding*
la debilidad *weakness*
distraído/a *absent-minded*
la gallina *chicken*
el gallo *cock*
inquieto/a *restless*
laborioso/a *hard-working*
mejorar *to improve*
el/la mono *monkey*
renunciar *to give up*
la selva *jungle*
la urraca *magpie*

Vocabulario útil

alocado/a *reckless*
arrogante *arrogant*
astuto/a *cunning*
hablador(a) *talkative*
moraleja *moral*
presumido/a *conceited*
ruidoso/a *noisy*
vanidoso/a *vain*

1 **Vocabulario** Escribe dos cualidades que atribuyas a estos animales. Después, comprueba si coinciden con las de los personajes de la fábula.

Animales	Cualidades	
gallina		
mono		
abeja		
serpiente		

2 **Adivina** En parejas, uno/a de ustedes piensa en una película donde los personajes principales sean animales. Se turnan para contar la historia y describir a uno de los personajes. El/La compañero/a tiene que adivinar de qué película se trata.

El mono que quiso ser escritor satírico

En la Selva vivía una vez un Mono que quiso ser escritor satírico. Estudió mucho, pero pronto se dio cuenta de que para ser escritor satírico le faltaba conocer a la gente y se aplicó a visitar a todos y a ir a los cócteles y a observarlos por el rabo del ojo° mientras estaban distraídos con la copa en la mano.

corner of the eye

Como era de veras° gracioso y sus ágiles piruetas entretenían a los otros animales, en cualquier parte era bien recibido y él perfeccionó el arte de ser mejor recibido aún.

really

No había quien no se encantara con su conversación y cuando llegaba era agasajado con júbilo tanto por las Monas como por los esposos de las Monas y por los demás habitantes de la Selva, ante los cuales, por contrarios que fueran a él en política internacional, nacional o doméstica, se mostraba invariablemente comprensivo; siempre, claro, con el ánimo de° investigar a fondo° la naturaleza humana y poder retratarla° en sus sátiras.

with the intention of/ in depth/ to portray it

Así llegó el momento en que entre los animales era el más experto conocedor de la naturaleza humana, sin que se le escapara nada.

Entonces, un día dijo voy a escribir en contra de los ladrones, y se fijó en la Urraca, y principió° a hacerlo con entusiasmo y gozaba y se reía y se encaramaba° de placer a los árboles por las cosas que se le ocurrían acerca de la Urraca; pero de repente reflexionó que entre los animales de sociedad que lo agasajaban había muchas Urracas y especialmente una, y que se iban a ver retratadas en su sátira, por suave que la escribiera, y desistió° de hacerlo.

began
climbed
gave up

Después quiso escribir sobre los oportunistas, y puso el ojo en la Serpiente, quien por diferentes medios —auxiliares en realidad de su arte adulatorio— lograba siempre conservar, o sustituir, mejorándolos, sus cargos; pero varias Serpientes amigas suyas, y especialmente una, se sentirían aludidas, y desistió de hacerlo.

Después deseó satirizar a los laboriosos compulsivos y se detuvo en la Abeja, que trabajaba estúpidamente sin saber para qué ni para quién; pero por miedo de que sus amigos de este género, y especialmente uno, se ofendieran, terminó comparándola favorablemente con la Cigarra, que egoísta no hacía más que cantar y cantar dándoselas° de poeta, y desistió de hacerlo.

making out

Después se le ocurrió escribir contra la promiscuidad sexual y enfiló° su sátira contra las Gallinas adúlteras que andaban todo el día inquietas en busca de Gallitos; pero tantas de éstas lo habían recibido que temió lastimarlas, y desistió de hacerlo.

directed

Finalmente elaboró una lista completa de las debilidades y los defectos humanos y no encontró contra quién dirigir sus baterías, pues todos estaban en los amigos que compartían su mesa y en él mismo.

En ese momento renunció a ser escritor satírico y le empezó a dar por la Mística y el Amor y esas cosas; pero a raíz de° eso, ya se sabe cómo es la gente, todos dijeron que se había vuelto loco y ya no lo recibieron tan bien ni con tanto gusto. ■

as a result of

Análisis

1 **Comprensión** Contesta las preguntas.

1. ¿Qué quería ser el Mono?
2. ¿Qué necesitaba hacer para ser escritor?
3. ¿Por qué era bien recibido en cualquier parte?
4. ¿Con qué intención se mostraba el Mono invariablemente comprensivo?
5. ¿Por qué decidió no escribir en contra de los ladrones?
6. ¿Qué lograba siempre la Serpiente?
7. ¿Por qué considera el Mono que la Abeja trabaja compulsivamente?
8. ¿Por qué renunció a ser escritor satírico?
9. ¿Qué ocurrió con su vida social una vez que decidió no ser escritor?

2 **Ampliar** En parejas, contesten las preguntas.

1. ¿Qué costumbres y actos quiere criticar el Mono escritor?
2. ¿Por qué el autor escribió los nombres de los animales con mayúsculas (*capital letters*)?
3. ¿Con qué grupos profesionales relacionan ustedes las costumbres que quiere criticar el escritor? ¿Por qué?
4. Si fueran escritores, sobre qué temas escribirían y por qué.

3 **Amigos** Describe cuatro de las mejores cualidades de tu mejor amigo/a y cuatro de sus peores defectos. Después, contesta las preguntas y comparte tus respuestas con la clase.

Cualidades	
Positivas	**Negativas**

1. ¿Les dices a tus amigos abiertamente lo que piensas de ellos? ¿Por qué?
2. ¿Los felicitas por sus cualidades? ¿Por qué?
3. ¿Les mencionas sus defectos o lo que te molesta de ellos? ¿Por qué?
4. ¿Qué harías si fueras periodista y descubrieras que tu mejor amigo/a ha cometido un crimen? ¿Publicarías la historia? ¿Por qué? Y si fueras policía, ¿lo denunciarías?

4 **Fábulas** En parejas, escriban una fábula con tres de estos animales. Recuerden que tiene que tener una moraleja. Usen el subjuntivo tres veces como mínimo. Cuando terminen, compartan su fábula con la clase.

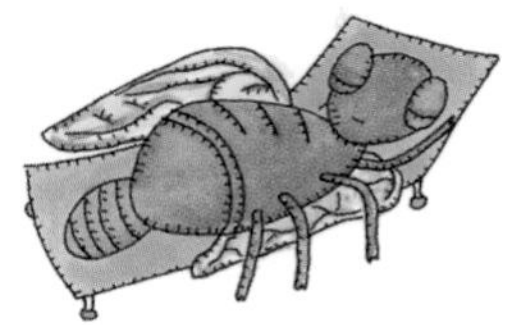

5 **Animales** Si fueran un animal, ¿qué animal serían? En parejas, escriban dos cualidades para cada animal de la lista, una positiva y otra negativa. Después, elijan el animal con el que más se identifican y expliquen por qué. Pueden escoger un animal que no esté en la lista. Compartan el resultado con la clase.

caballo	gato	pantera
canguro	león	perro
delfín	mono	serpiente
elefante	pájaro	tigre

6 **Situaciones** En parejas, elijan una de las situaciones y escriban un diálogo basado en ella. Usen al menos seis palabras de la lista. Cuando lo terminen, represéntenlo delante de la clase.

PALABRAS		
aludir	**debilidad**	**presumido/a**
arrogante	**distraído/a**	**renunciar**
astuto/a	**inquieto/a**	**serpiente**
cargo	**mejorar**	**urraca**
comprensivo/a	**mono**	**vanidoso/a**

A

Uno/a de ustedes es un(a) escritor(a) que tiene un(a) amigo/a famoso/a por sus crímenes, sus mentiras, por corrupción, etc. El/La escritor(a) ha publicado un artículo criticando a su amigo/a. Se pelean.

B

Dos animales de la selva se pelean porque los dos quieren ser el jefe de todos los animales. Ustedes eligen los animales que deseen. Cada uno/a tiene que dar razones para explicar por qué es el/la mejor líder.

Preparación

Sobre el autor

Carlos Loiseau, conocido como Caloi, nació en Salta, Argentina, en 1948. Su obra, premiada en multitud de ocasiones, ha aparecido en publicaciones tan reconocidas como *Atlántida, Cronopios, Tía Vicenta, Satiricón, Siete días* y *Clarín*. Clemente es su personaje de mayor proyección y desde 1973 aparece todos los días en la tira cómica del mismo nombre.

Vocabulario útil

la alarma *alarm*
la altura *height*
la autovía *highway*
besar *to kiss*
la carretera *road*
la escalera *stairway*
el/la guardia de seguridad *security guard*
la pareja *couple*
el rascacielos *skyscraper*
la salida de emergencia *emergency exit*

1 **La ciudad** En parejas, miren las primeras seis viñetas de la tira cómica y describan cómo es la ciudad que ven. ¿Qué ambiente quiere transmitir el autor?

2 **A todos los empleados:** En grupos pequeños, imaginen que forman parte de la dirección (*management*) de una empresa y preparen una lista de normas de comportamiento para los empleados, usando el subjuntivo. Compartan después sus listas con los demás grupos. Gana el grupo con la lista más larga.

Análisis

1 **Narrar** En parejas, describan viñeta a viñeta lo que ocurre en la tira cómica.

2 **Imaginar** En parejas, contesten las preguntas. Sean imaginativos.

1. ¿Qué tipo de relación tiene la pareja?
2. ¿Cuándo se conocieron?
3. ¿En qué tipo de empresa trabajan?
4. ¿Por qué se tienen que esconder?
5. ¿Por qué se asustan todos cuando se dispara (*goes off*) la alarma?

3 **¿Qué hacemos?** En parejas, imaginen un diálogo entre los dos amantes. Ellos se quieren escapar y están planeando su futuro. Utilicen el subjuntivo.

4 **La vida en color** En grupos pequeños, analicen los colores que ilustran esta tira cómica y contesten las preguntas. Finalicen la actividad compartiendo sus observaciones y comentarios con la clase.

1. ¿Qué color predomina en esta tira cómica? ¿Tiene algún significado?
2. ¿Qué representan el color rojo y el amarillo?
3. ¿Por qué estos dos colores sólo aparecen al final?

¡Alerta roja! de **Caloi**

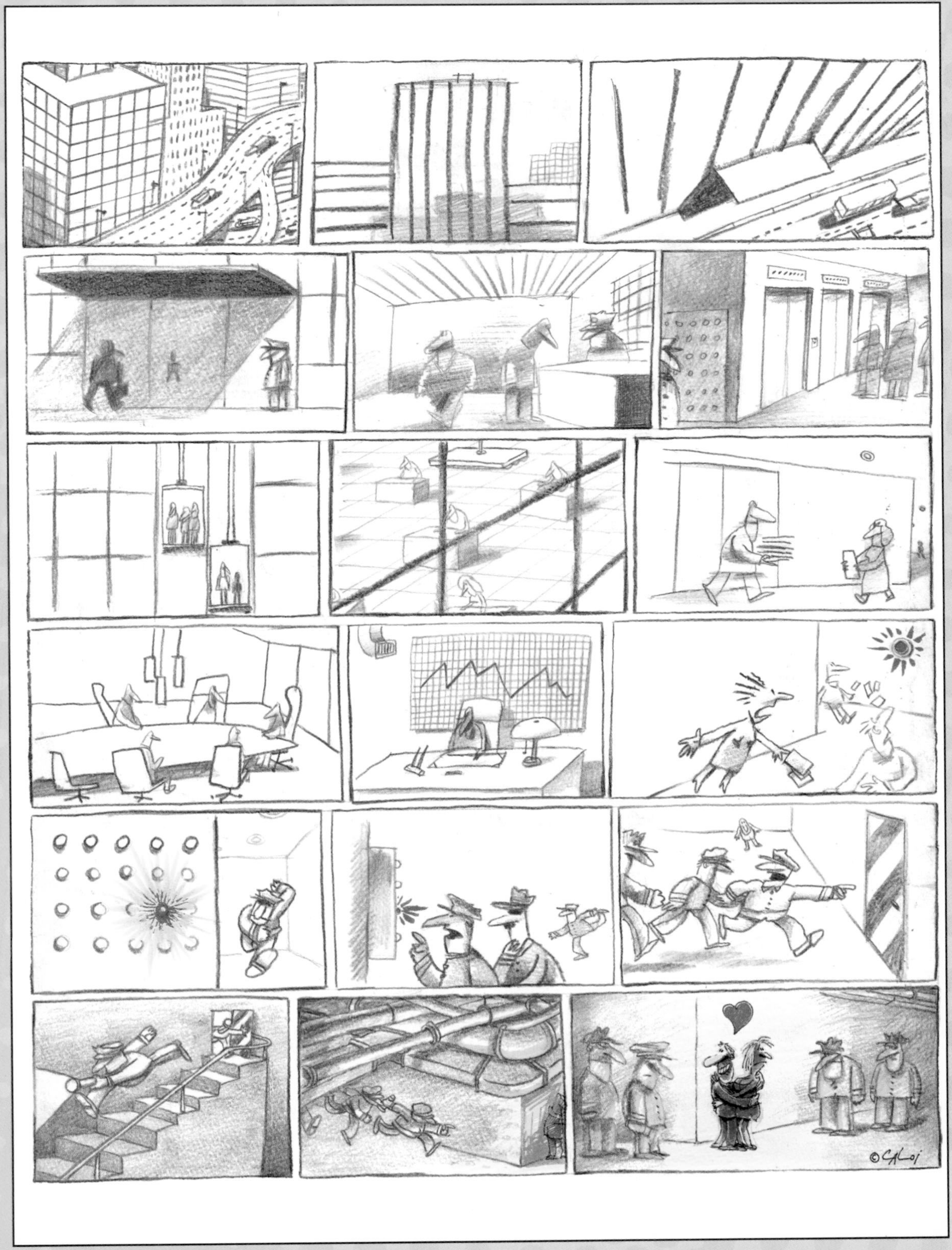

Narra una experiencia personal

Todos, antes o después, vivimos situaciones que nos enseñan a ver la vida de forma diferente. Ahora tienes la oportunidad de narrar algo que haya cambiado tu vida o que te haya enseñado una lección valiosa.

Plan de redacción

Planea

1 **Elige el suceso** La historia puede ser humorística, dramática o romántica. Lo importante es que expliques lo que aprendiste de ella. Selecciona una historia que creas que puede enseñar algo a tus compañeros. Si no recuerdas ninguna en especial, invéntate una.

Escribe

2 **Introducción** Escribe una breve introducción explicando por qué es importante para ti esta historia.

3 **Experiencia** Aquí narras lo que ocurrió.

1. ¿Cuántos años tenías?
2. ¿Con quién estabas?
3. ¿Qué pasó?
4. ¿Qué aprendiste?

4 **Conclusión** Termina la historia con un consejo para tus compañeros.

Comprueba y lee

5 **Revisa** Lee tu historia para mejorarla.

- Comprueba el uso correcto de los tiempos verbales.
- Asegúrate de que usas el subjuntivo adecuadamente.

6 **Lee** Lee tu historia a tus compañeros. Ellos tomarán notas y, cuando hayas terminado de leer, tienes que estar preparado/a para contestar sus preguntas.

Los misterios del amor

Nos hacemos tantas preguntas sobre el amor que no tienen respuesta... ¿O sí la tienen? ¿Qué es el amor? ¿Por qué nos enamoramos? ¿Cómo se pasa del enamoramiento al amor? En esta tertulia van a intentar resolver los misterios del amor. ¿Se atreven?

1. La clase se divide en grupos pequeños. Tienen que contestar las preguntas.
   - ¿Qué importancia tiene la atracción física en el enamoramiento?
   - ¿Qué factores intervienen en la experiencia amorosa?
   - ¿Es posible enamorarse por Internet?
   - ¿Es posible encontrar el amor en un programa de televisión? ¿Por qué han tenido tanto éxito esos programas?
   - El amor a primera vista, ¿es un mito?
   - ¿Creen que existe una media naranja (*better half*) para cada uno/a de nosotros?
2. En el caso de que no todos los miembros del grupo estén de acuerdo, pueden mencionar que dentro del grupo hay distintas opiniones y explicar cuáles son.
3. Los diferentes grupos presentan sus ideas a la clase, mientras todos toman nota.
4. Cuando todos los grupos terminen sus presentaciones, toda la clase debe participar haciendo preguntas y/o defendiendo sus opiniones.

Modos de vivir

Mientras unos añoramos (*long for*) la vida sencilla, otros, para ser felices, necesitamos sentirnos rodeados de las últimas novedades. Unos queremos tener una rutina diaria, otros, en cambio, nos sentimos atrapados en la monotonía. ¿Cómo debemos vivir?

¿Y a ti? ¿Te gusta tu estilo de vida?

¿Qué cambiarías si pudieras?

156

164

178

Preparación

Vocabulario del corto

a solas *alone*
la acuarela *watercolor*
agradecer *to be grateful*
ajeno/a *foreign*
los bienes *possessions*
el capricho *whim*
la caza *hunting*
el/la criado/a *maid*
desvanecerse *to vanish, to disappear*
disecado/a *taxidermied*
en metálico *cash*
enterrar *to bury*
el fajo (de billetes) *wad (of bills)*
la inversión *investment*
legar *to bequeath, to leave (in a will)*
la manía *obsession, peculiar habit*
mezquino/a *mean*
el mobiliario *furniture*
registrar *to search*
rentable *profitable*
el reproche *reproach*
retorcido/a *twisted, devious*
soportar *to put up with*
el testamento *will*
la yaya *grandmother (in some parts of Spain)*

Vocabulario útil

alabar *to praise*
asombrado/a *astonished*
el ataúd *coffin*
avaricioso/a *greedy*
el cadáver *corpse*
criarse *to bring up, to be raised by*
el entierro *burial, funeral*
fallecer *to die, to expire*
fingir *to pretend*
el recuerdo *memory*
repartir *to distribute, to hand out*
susurrar *to whisper*
tacaño/a *miserly, stingy*
el velatorio *chapel of vigil*

EXPRESIONES

Aposta. (Spain) *On purpose.*
Era un bicho. *She was a mean character.*
Ésa es nuestra mejor baza. *That's our trump card.*
Lo lamento. *I'm sorry.*
Murió tremendamente rica. *She died awfully rich.*
No es hora de andarse con remilgos. *This is not the time to be so fussy.*
¡Que se largue, Padre! *Clear off, Father!*
¿Qué te ronda por la cabeza? *What's going on in your head?*
Tiempo de sobra. *Plenty of time.*

1 **Vocabulario** Trabajen en grupos de tres. Por turnos, elijan una palabra de la lista y con pistas o definiciones deben conseguir que sus compañeros/as la adivinen. Quien la adivine, elige otra palabra y hace lo mismo. Sigan así hasta que las adivinen todas.

PALABRAS

asombrado/a	mezquino/a
ataúd	registrar
avaricioso/a	reproche
bienes	soportar
cadáver	tacaño/a
entierro	testamento

Modelo Un negocio que da mucho dinero es... **rentable**.
Hablar en voz muy baja es... **susurrar**.

2 **Érase una vez (*Once upon a time*)** En grupos de tres también, escojan cuatro palabras de la actividad anterior y escriban un pequeño relato que las contenga. Empiecen su relato con *Érase una vez*.

3 **Predecir** En parejas, miren la fotografía e imaginen lo que va a ocurrir en el cortometraje.

4 **Lazos familiares** En parejas, hablen un poco de su infancia y de sus años de adolescencia. Háganse las preguntas y después, compartan alguna anécdota que recuerden de esa época.

1. ¿Dónde naciste y con quién te criaste?
2. ¿Tienes hermanos o hermanas? ¿Te llevas bien con ellos/as?
3. ¿A quién quieres, admiras y/o respetas más de tu familia? ¿Por qué?
4. ¿Guardas fotografías y/o películas de cuando eras niño/a? ¿Te gusta mirarlas? ¿Por qué?
5. ¿Cuál es el recuerdo más entrañable (*fondest*) de esos años?
6. ¿Qué rasgos (*traits*) de tu personalidad has heredado de tu familia?
7. ¿Estás orgulloso/a de ti mismo? ¿Qué te gustaría cambiar? ¿Por qué?
8. ¿Qué importancia tiene tu familia en tu vida?

5 **¿Dar para recibir?** En grupos de tres, compartan cualquier experiencia y/u opinión que les sugiera la siguiente afirmación. Razonen sus comentarios y compártanlos después con la clase.

La mayoría de personas actúa de manera interesada (*in their own interests*).

6 **La yaya yeyé (*trendy*)** En grupos de tres, inventen una abuela moderna. Incluyan en su descripción la siguiente información y añadan otros aspectos que crean necesarios. Compartan después su original personaje con la clase.

- ¿Dónde y con quién vive? ¿Cuántos años tiene?
- ¿Tiene nietos/as? ¿Qué relación tiene con ellos/as?
- ¿Qué hace los fines de semana?
- ¿Qué hace en invierno? ¿Y en verano?
- ¿Cómo viste? ¿Cómo lleva el pelo?

- ¿Qué come y dónde? ¿Tiene celular?
- ¿Hace ejercicio? ¿Toma medicinas?
- ¿Quiénes son sus amigos/as?
- ¿Cómo es su vida social? ¿Es rica?
- ¿Cuáles son sus virtudes? ¿Y sus defectos?

Una familia, una historia
[La YAYA]
Una producción de CARLOS MEDINA P.C.
Guión JUANA MACÍAS/CARLOS MEDINA/NIEVES HERRANZ Dirección JUANA MACÍAS
Director de Fotografía JOSÉ MANUEL DÍAZ Montaje MARIELA CÁDIZ Música CARLOS SAINZ/PALOMA ROMÁN
Sonido MARTÍN RIAL Dirrección de Arte GABRIEL LISTE Actores SILVIA CASANOVA/LUIS GARCÍA/SUSANA HERNÁNDEZ/
BORJA ELGEA/MARIO MARTÍN/LOLA CASAMAYOR

FICHA **Personajes** La yaya (Doña Pilar), Jorge, María, Roberto, cura, abogada **Duración** 13 minutos **País** España

ESCENAS

Voz de María Estoy segura de que mis padres nos hubieran llevado a conocer un montón de sitios. Ellos viajaban mucho. Pienso en mis hermanos a menudo. Habíamos sido lo que se podía llamar un modelo de familia... hasta que la yaya murió. Después ya no volvimos a vernos.

Voz de María De ella no guardo fotos. Sin embargo, su imagen aparece una y otra vez en mi cabeza sonriente, triunfante. Las historias de las que no hablamos pretendemos que no han existido, y aun así, las llevamos con nosotros. Tal vez lo único que nos libera es volver a ellas.

Jorge ¿Sabéis en total cuánto le quedó? ...Pues otros 160 millones.
María Es como para volverse locos, más de 300 millones que han desaparecido.
Jorge María, por favor, el dinero no se desvanece en el aire, y menos esa cantidad.

Voz de la yaya ...por eso, y a excepción de la casa familiar y todo el mobiliario que contiene, que sabéis fue siempre el deseo de vuestro abuelo y mío legar al Municipio[1], os dejo a vosotros, mi única y adorada familia, todos mis bienes.

Roberto ¿Y eso es todo?
Abogada Así parece...
Roberto ¿Qué pasa con el dinero?
Jorge ¡Pero esto es absurdo! Si estaba forrada[2], nos consta que el abuelo la dejó en muy buena situación y que había hecho inversiones rentables.

Jorge Mire, Padre, la verdad es que nos gustaría quedarnos un rato a solas con la yaya antes de...
Cura Claro, claro, me hago cargo[3]. Ay, Jorge, María, Robertito... qué tres magníficos nietos. Estoy seguro que doña Pilar dejó feliz este mundo...

[1] *Town Hall* [2] *loaded* [3] *I understand*

Nota CULTURAL

Tomar el aperitivo es una de las costumbres más arraigadas (*deeply-rooted*) de los españoles. Esta costumbre, que casi podría calificarse de ritual, es especialmente común en fines de semana y festivos. Es una práctica de encuentro social que se comparte con los amigos, la familia y la pareja. La cerveza, las aceitunas (*olives*) y la tortilla de patatas conforman el aperitivo preferido que se toma en casa o en un bar antes de la comida.

EN PANTALLA

La herencia Relaciona los objetos con quien los hereda.

1. Roberto
2. Jorge
3. María
4. Municipio

___ a. acuarelas
___ b. casa familiar
___ c. colección de discos
___ d. carro del abuelo
___ e. biblioteca
___ f. máquina de coser
___ g. tocadiscos
___ h. traje de boda
___ i. trofeos de caza

Análisis

1 **Comprensión** Contesta las preguntas.

1. ¿Quién es la yaya y cuántos años tenía cuando murió?
2. ¿Quiénes son Roberto, Jorge y María? ¿Cuál es el mayor? ¿Y el menor?
3. ¿Por qué regresan al pueblo de su infancia?
4. ¿Qué esperaban obtener y qué obtuvieron?
5. ¿Cuántos millones de pesetas calculan los nietos que tenía la yaya?
6. ¿Qué hacen cuando descubren que su abuela no les ha dejado su fortuna?
7. ¿Por qué quieren quedarse a solas con ella antes de que la entierren?
8. ¿Quién narra la historia de este cortometraje?
9. ¿Qué reflexión hace María al final del cortometraje?
10. Según ella, ¿se van con las manos vacías?

2 **Ampliar** En parejas, contesten las preguntas.

1. ¿Cómo saben los nietos que la yaya murió "tremendamente rica"?
2. ¿Por qué están convencidos de que escondió el dinero?
3. ¿Por qué están resentidos (*resentful*) con ella?
4. Después de morirse la abuela, ¿por qué no volvieron nunca más al pueblo ni a la casa familiar?
5. ¿Por qué no volvieron nunca más a verse?

3 **Imaginar** En grupos de tres, contesten las preguntas con ayuda de la imaginación. Después, compartan sus sugerencias con la clase.

1. ¿Por qué los tres nietos se criaron con la yaya?
2. ¿Dónde estaban sus padres?
3. ¿Qué estilo de vida hubieran llevado Jorge, María y Roberto si se hubieran criado con sus padres?
4. ¿Por qué la abuela no les dejó dinero a sus nietos?
5. ¿Qué pudo haber hecho ella con su supuesta fortuna?

4 **Narrar** En parejas, imaginen que son dos reporteros/as e improvisen la transmisión en directo (*live broadcast*) de los hechos que suceden antes, durante y después de las siguientes imágenes. Túrnense para hacer las observaciones que crean oportunas. Describan las acciones y las reacciones de los personajes. Recuerden que miles de personas les están oyendo, ¡intenten que no cambien de canal!

5 **¡Qué absurdo!** En grupos pequeños, compartan alguna situación absurda que hayan presenciado o en la que hayan participado. Incluyan los siguientes datos. Después de oírlas todas, digan cuál les parece más absurda y compártanla con la clase.

- Dónde y qué ocurrió
- Quiénes eran los protagonistas
- Cuál fue la causa
- Qué hiciste tú
- Cómo terminó todo
- Qué conclusión sacaron

6 **En familia** En grupos de tres, escriban un diálogo entre Jorge, Roberto y María en el que hablan de su vida con la yaya. También la critican e intercambian algunos reproches. Después, ensáyenlo y represéntenlo delante de la clase.

7 **Falsas expectativas** Sabemos que los tres hermanos nunca más volvieron a verse después del entierro de su abuela. En grupos pequeños, imaginen cómo va a afectar a sus vidas el no haber recibido un dinero con el que contaban desde hace tanto tiempo. Después, contesten las preguntas para cada uno de ellos y razonen sus respuestas. Cuando terminen, participen en una discusión abierta con toda la clase.

1. ¿Cambiará su estilo de vida? ¿Y su relación con sus amistades?
2. ¿Cómo educarán a sus hijos?
3. ¿Les servirá esta experiencia para educarlos mejor?
4. ¿Se la contarán a sus hijos o se la ocultarán?

8 **Yayas** Trabajen con el mismo grupo que formaron para la actividad 6 de **Preparación** de la página 157 y comparen a la abuela que inventaron con la abuela de esta historia. ¿En qué se parecen? ¿En qué se diferencian? ¿A cuál de las dos prefieren y por qué?

9 **Situaciones** En parejas, elijan una de las situaciones y escriban un diálogo. Utilicen al menos seis palabras de la lista. Cuando terminen, represéntenlo delante de la clase.

PALABRAS

agradecer	fingir	registrar
bienes	inversión	soportar
capricho	legar	tacaño/a
entierro	mobiliario	testamento

A

Un vecino multimillonario fallece y en vez de dejarle su fortuna a su único/a hijo/a, te la deja a ti. El/La hijo/a del vecino quiere que tú renuncies a la herencia. Tú te niegas y se pelean.

B

Un padre y una madre con dos hijos y una hija están preparando el testamento. No se ponen de acuerdo en qué dejar a quién y una tarea, en principio sencilla, se complica. Acaban discutiendo.

Oraciones condicionales con si

Recuerda

Las oraciones condicionales indican una condición para que la acción de la oración principal se realice. Se pueden formar con **si** seguido por indicativo o por subjuntivo, y el orden de las oraciones es reversible.

Si con indicativo

Cuando si va seguido de indicativo, existe la posibilidad de que los hechos que se proponen se cumplan en el futuro.

- **Si + presente de indicativo, futuro**
  Si encuentran *el dinero, lo* ***repartirán****.*
- **Si + presente de indicativo, ir a + infinitivo**
  Si *no* ***encuentran*** *el dinero,* ***van a enojarse****.*
- **Si + presente de indicativo, mandato**
  Si encuentras *el dinero,* ***dámelo****.*
- **Si + presente de indicativo, presente de indicativo**
  Si encuentran *el dinero, lo* ***reparten****.*

Si *no* ***encuentran*** *el dinero, no* ***volverán*** *nunca más al pueblo.*

Cuando se habla de hechos que eran posibles en el pasado, se usa el imperfecto de indicativo.

- **Si + imperfecto de indicativo, imperfecto de indicativo**
  Si querían *encontrar el dinero,* ***tenían*** *que buscarlo.*

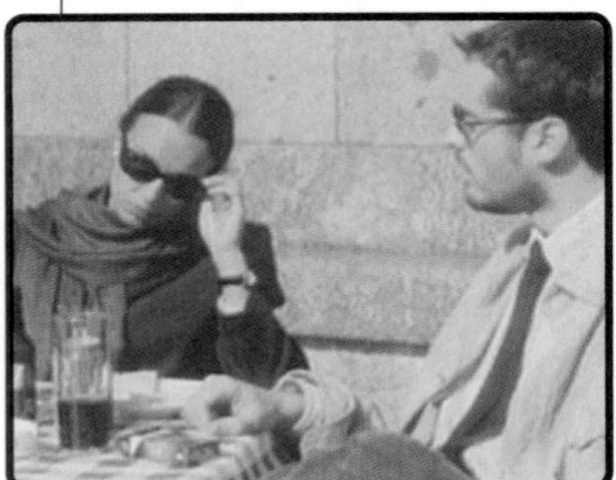

Si querían *ser felices,* ***tenían*** *que olvidar el pasado.*

Si con subjuntivo

Cuando **si** va seguido del imperfecto de subjuntivo, propone una situación que es más difícil que se haga realidad o que no es posible en el presente.

- **Si + imperfecto de subjuntivo, condicional**

  Si quisieran *a su abuela, no* ***hablarían*** *así de ella.*

Cuando **si** va seguido del pluscuamperfecto de subjuntivo, presenta una situación que era poco probable que se cumpliera o que no pudo hacerse realidad en el pasado.

- **Si + pluscuamperfecto de subjuntivo, condicional perfecto**

  Si hubieran sido *más generosos, no* ***se habrían sentido*** *culpables.*

Si *María lo* ***hubiera sabido, se habría ido*** *del pueblo hace años.*

Como si (*as if*) propone situaciones que son hipotéticas y sólo puede ir seguido de imperfecto o de pluscuamperfecto de subjuntivo.

Intentan vivir ***como si*** *nada* ***hubiera pasado.***

El cura los mira ***como si*** *no* ***creyera*** *lo que está viendo.*

Práctica

1 **Si fueras...** En parejas, háganse preguntas utilizando los elementos de la lista. Sigan el modelo. Después, compartan sus respuestas con la clase.

Modelo —Si fueras un mueble, ¿qué mueble serías?
—Si yo fuera un mueble, sería una cama porque lo que más me gusta es dormir.

1. un animal
2. una comida
3. un estilo musical
4. un aparato eléctrico
5. un personaje de ficción
6. un personaje famoso de la vida real
7. un programa de televisión
8. un libro

2 **Problemas** En parejas, preparen un diálogo. Son una pareja o un par de amigos/as. Últimamente, han tenido muchos problemas y están discutiendo. Utilicen el **si** condicional con el pluscuamperfecto de subjuntivo. Sigan el modelo.

Modelo —Si hubieras sido más sincero, no habríamos tenido tantos problemas.
—Si tú me hubieras escuchado alguna vez, te habrías dado cuenta de que no era feliz.

Preparación

Sobre la autora

La escritora mexicana **Guadalupe Loaeza** ha destacado por las obras en las que, con un tono de crítica y con mucho humor, retrata la clase social privilegiada de su país, con sus excesos y sus particularidades. Actualmente colabora con una columna de opinión en varios periódicos entre los cuales están *Reforma* y *El Norte*. Además, participa en el programa de televisión *Hoy* y dirige el programa de radio *Detrás del espejo*. Algunos títulos de sus obras son *Las niñas bien, Primero las damas* y *Compro, luego existo*.

Vocabulario de la lectura

el aguinaldo *extra month's salary paid at Christmas*
el compromiso *obligation*
colgar (el teléfono) *to put down (the phone)*
desembolsar *to pay out*
enfriar *to chill*
el/la masajista *masseuse*
¡Qué barbaridad! *This is incredible!*
el/la vigilante *security guard*

Vocabulario útil

esnob *snobby*
la hipocresía *hypocrisy*
el lujo *luxury*
superficial *shallow*

1 **Vocabulario** Busca las palabras que corresponden con las definiciones.

M	Z	D	E	F	T	G	E	R
M	A	S	A	J	I	S	T	A
J	F	F	E	A	N	F	F	I
W	F	C	V	O	C	F	R	R
S	D	O	B	B	R	F	F	F
F	J	L	I	K	I	C	G	N
V	I	G	I	L	A	N	T	E
S	C	A	Y	S	D	A	U	K
H	V	R	M	S	Z	C	N	O

1. Vas a que te atienda cuando tienes algún problema muscular.
2. Imita las opiniones y acciones de quienes considera importantes.
3. Lo haces al terminar de hablar por teléfono.
4. Cuida de tu casa.
5. Para eso lo pones en el refrigerador.

2 **Opiniones** En parejas, háganse estas preguntas y comenten sus respuestas.

1. ¿Te gusta regalar? ¿Y que te regalen?
2. ¿Cuál fue el último regalo que hiciste o te hicieron? ¿Era un día especial o fue un regalo improvisado?

3 **Celebraciones** En parejas, cuéntense una anécdota que les haya ocurrido en una fiesta familiar, como el Día de Acción de Gracias o Navidad.

NAVIDAD DE UNA "rica y famosa"

Si algo les gusta celebrar a "las ricas y famosas", es la Navidad. Además de darles mucha ilusión, es un pretexto perfecto para "recibir" y ser "recibidas". Es decir, para organizar y asistir a todo tipo de reuniones. Lo importante es lucir° su casa, su nacimiento° y su árbol de Navidad, pero sobre todo, reunirse con los amigos también "ricos y famosos".

De ahí que muchas de estas señoras se encuentren, en estos días des-bor-da-das°, des-bo-ca-das°, des-ve-la-das°, des-or-ga-ni-za-das, des-tem-pla-das° y des-es-pe-ra-das porque no les alcanza el tiempo para nada. Imaginemos la víspera° de Navidad de cualquiera de estas mujeres. Imaginemos sus pensamientos mientras conducen su BMW plata por el Paseo de la Reforma para dirigirse a la avenida Presidente Masaryk en la Ciudad de México. Y por último imaginemos las últimas compras que aún le faltan por hacer.

to show off / tivity scene / erwhelmed / unbridled/ / cking sleep/ / out-of-sorts / eve

"No es posible este tráfico. No me va a dar tiempo de hacer nada. ¡Qué horror! Es tardísimo y todavía tengo que pasar a Banamex a recoger los travelers°. Primero pasaré a Hermés para comprar el regalo de Paty. Ay, ¿pero una secretaria apreciará lo que es una mascada° de seda de Hermés? I doubt it. Creo que es mejor comprarle algo como una agua de colonia Estée Lauder o un suéter en Zara. ¡Híjole°, qué tonta, se me olvidó cancelar a la masajista! Bueno, ni modo... ¡Que me espere! Al fin que ya le pagué por adelantado la tanda° de 12 masajes. ¿También se le pagará aguinaldo a las masajistas? La verdad es que se me

traveler's checks / scarf / Jeez / batch

haría too much... Mejor le regalo la nochebuena° que me mandó mi vecina. Ay, que no se me olvide pasar a Frattina, para comprarme un body negro con mangas largas. Ay, también tengo que ir a Tane a recoger la gargantilla° que aparté para mi cuñada. Espero que no se le olvide al chofer pasar por el mantel° a la tintorería°. Es tan pendejo° que de seguro se le va a olvidar. Mejor le llamo por teléfono".

poinsettia
necklace
tablecloth/dry cleaner's
dumb

Una vez que la señora cuelga su telefonito y lo guarda de nuevo en su bolsa, retoma el hilo° de sus pensamientos. El tráfico todavía se encuentra muy congestionado. Gracias a Dios ya les compré su regalo a "las maids". Todavía no estoy muy segura si darles de aguinaldo una semana o 15 días de su salario. La verdad es que son bien huevonas°. Nada más de tres criadas, una cocinera, dos choferes, el jardinero y el vigilante, tengo que desembolsar como 30 mil pesos... Híjole, la verdad es que me duele el codo°. Debí haber despedido a dos de ellas justo antes de Navidad. Así me hubiera ahorrado el aguinaldo, pero ahora ya es too late. ¡Qué barbaridad, todavía me falta comprar el regalo de Lety y de Nancy! No puedo llegar al salón sin sus regalos de Navidad. Ay, ¿y qué le voy a llevar a Ken, él que es tan lindo conmigo, que me corta el pelo tan bonito, que luego luego me recibe y me hace tanta conversación? ¿Y si le compro una pluma Cartier? ¿Cuánto podría costar? ¿Cuatro mil... 5 mil pesos? Vale la pena. Gracias a él, siempre estoy súper bien peinada... La verdad es que tengo un corte de pelo di-viiiiii-no. Que no se me olvide comprar el disquete de la camarita de video. Ay, otro alto°... ¡Qué horror! ¿Por qué no avanza ese coche? Tengo que hablar a la casa...".

picks up the thread
dumb
I am very stingy
stop

Para esas horas de la mañana, esta "rica y famosa" empieza a transpirar°, debido a su gruesísimo suéter de cachemira, su falda de gamuza° y sus botas de piel Prada, que se puso desde muy tempranito. Su pelo rubio, acentuado con centenas de "luces" doradas, se ve un poquito grasoso y despeinado. El "botox" que se inyectó, hace unas semanas, en la cara, más que rejuvenecerla, le da un aspecto de rigidez a sus facciones°: "¿Quién ha hablado?", pregunta de pronto a su empleada doméstica, que hace las veces de° su secretaria, desde su celular. "¿Hablaron de American Express? Pero si acabo de pagar más de 200 mil pesos. ¿Qué te dijeron exactamente? ¿Nada más que me comunicara con ellos? Están como operados del cerebro°... Mira, si vuelven a llamar, diles que ya pagué lo de moneda nacional y lo de dólares. Que estoy clean... No, mira, mejor, dales mi número del celular. Bueno, ¿quién más llamó? Okey. Okey. Okey. Oye, ¿no me llamaron de Vamos México? ¡Qué raro, porque me deben mandar el recibo para la deducción de impuestos del donativo que les acabamos de enviar por la Navidad! Oye, cuando lleguen los niños del colegio, les das de comer y después que los lleve el chofer a sus clases de tenis. Que a Patito no se le vayan a olvidar sus brackets°. ¿Ya pusieron las botellas de champagne a enfriar en el refrigerador? Okey. Bueno, yo no me tardo mucho. Cuando termine de mi shopping, me voy al salón. Si me hablan, que me hablen a mi celular, ¿Okey? Bueno... Adiós."

to sweat
chamois leather
facial features
sometimes i
dumb
braces (dental)

Respecto a nuestra amiga de la globalización, todos los años es lo mismo. Las mismas carreras°, los mismos gastos, los mismos compromisos y el mismo estrés. Todos los años, en esta época del año, esta "rica y famosa" se hace las mismas reflexiones en relación con el aguinaldo de sus empleados, de sus vacaciones y de sus regalos navideños. Todos los años la invade el mismo espíritu de una Navidad consumista y superficial. Todos los años organiza la cena familiar en su casa y todos los años, después de la fiesta, se duerme con la conciencia tranquila. ■

hurrying around

Análisis

1 **Comprensión** Contesta las preguntas.

1. Según Loaeza, ¿para qué es un pretexto la Navidad para las "ricas y famosas"?
2. ¿Por qué muchas de ellas se encuentran desesperadas esos días?
3. ¿Qué hace la mujer cada vez que para el carro por el tráfico?
4. ¿Por qué debía haber despedido a dos de las *maids*?
5. ¿Para qué tenían que llamarle los de "Vamos México"?

2 **Interpretar** En parejas, contesten las preguntas.

1. ¿Cómo es la protagonista de la historia? Pongan ejemplos del texto.
2. ¿Qué importancia tienen todas las marcas en el artículo? Razonen su respuesta.
3. ¿Por qué utiliza tantos términos en inglés?
4. ¿Por qué hace referencia la autora a la conciencia tranquila de la mujer?
5. "Todos los años le invade el mismo espíritu de una Navidad consumista y superficial." Comenten la importancia de esta oración en el artículo.

3 **Estilos de vida** En parejas, escojan tres personajes de la lista e inventen un día en la vida de cada uno de ellos. Compartan después los tres días con la clase. ¿Hay coincidencias?

a. Una estrella del rock
b. Un(a) peluquero/a esnob
c. Un(a) estudiante de ecología
d. Un(a) filósofo/a millonario/a
e. Un(a) fotógrafo/a profesional
f. Un(a) locutor(a) de radio famoso/a

4 **Así vivimos** En grupos pequeños, háganse las preguntas. Después, conozcan cómo viven sus compañeros participando en una discusión con toda la clase.

1. ¿Estás contento/a con tu vida?
2. ¿Qué haces para ser feliz?
3. ¿Cómo es tu estilo de vida?
4. ¿Cuáles son tus expectativas en esta vida?
5. ¿Qué es lo más importante en tu vida?
6. Si pudieras definir tu existencia con un verbo, ¿qué verbo elegirías?

5 **Situaciones** En parejas, elijan una de las situaciones y escriban un diálogo. Utilicen al menos seis palabras de la lista. Cuando lo terminen, represéntenlo delante de la clase.

PALABRAS		
aguinaldo	**desembolsar**	**recuerdo**
avaricioso/a	**esnob**	**rentable**
capricho	**masajista**	**soportar**
compromiso	**mobiliario**	**superficial**

A

Dos amigos hablan de las fiestas (Día de San Valentín, Navidad,...). Uno/a dice que son muy comerciales; el/la otro/a dice que son buenas para reflexionar sobre nuestras vidas.

B

Dos amigos/as muy diferentes entre sí están discutiendo sobre las ventajas e inconvenientes de la vida sencilla en un área rural y la vida moderna en una zona urbana.

Preparación

Sobre el autor

En 1928, **Gabriel García Márquez** nació en Aracataca, Colombia. Desde muy joven se dedicó al periodismo y a la literatura, sus dos grandes pasiones. Participó como periodista en varias revistas y diarios hasta que en 1955 publicó su novela *La hojarasca*. Desde entonces, sus obras han sido un éxito editorial y él se ha convertido en uno de los autores más importantes del panorama literario mundial. Su obra, que destaca por la variedad de estilos literarios que cultiva, se hizo internacionalmente famosa tras la publicación de *Cien años de soledad*. Ésta popularizó el género llamado "realismo mágico", en el que la realidad se confunde con la fantasía. En 1982, se le reconoció con el máximo galardón de las letras, el Premio Nobel de Literatura.

Vocabulario de la lectura

el comodín *joker*
condenado/a *doomed*
embarazarse *to get pregnant*
la incapacidad *incompetence*
insalvable *insurmountable*
la inversión *reversal*
invertir *to invert, to reverse*
malbaratar *to squander*
el manejo *management*
menospreciado/a *underestimated*
prevalecer *to prevail*
revelar *to reveal*
sobreponerse *to overcome*

Vocabulario útil

controvertido/a *controversial*
la natalidad *birthrate*
reciclar *to recycle*

1 **Sílabas** Combina las sílabas del cuadro para formar cuatro palabras de **Vocabulario**. Después, escribe cinco oraciones usando esas palabras y el **si** condicional.

ble	dad	in	ne
ca	de	jo	pa
ci	do	ma	sal
con	in	na	va

2 **Experiencias** En parejas, contesten las siguientes preguntas y expliquen sus experiencias.

1. ¿Creen que existe la igualdad entre hombres y mujeres? Pongan ejemplos.
2. ¿Creen que debe cambiar el papel que tienen los hombres y las mujeres en la sociedad? ¿Por qué?
3. ¿Creen que el mundo actual sería diferente si hubiera más mujeres en el poder?

¿Cuáles son las prioridades de la humanidad para las próximas décadas?

Lo único nuevo que podría intentarse para salvar la humanidad en el siglo XXI es que las mujeres asuman° el manejo del mundo. No creo que un sexo sea superior o inferior al otro. Creo que son distintos, con distancias biológicas insalvables, pero la hegemonía masculina ha malbaratado una oportunidad de diez mil años.

take on

Alguien dijo: "Si los hombres pudieran embarazarse, el aborto sería casi un sacramento". Ese aforismo genial revela toda una moral, y es esa moral lo que tenemos que invertir. Sería, por primera vez en la historia, una mutación esencial del género humano, que haga prevalecer el sentido común —que los hombres hemos menospreciado y ridiculizado con el nombre de intuición femenina— sobre la razón —que es el comodín con que los hombres hemos legitimado nuestras ideologías, casi todas absurdas o abominables.

La humanidad está condenada a desaparecer en el siglo XXI por la degradación del medio ambiente. El poder masculino ha demostrado que no podrá impedirlo, por su incapacidad de sobreponerse a sus intereses. Para la mujer, en cambio, la preservación del medio ambiente es una vocación genética. Es apenas un ejemplo. Pero aunque sólo fuera por eso, la inversión de poderes es de vida o muerte. ■

Análisis

1 **Comprensión** Contesta las preguntas.

1. ¿Qué es, según el escritor, lo único que podría hacerse para salvar la humanidad?
2. ¿Qué opinión tiene sobre las diferencias entre los sexos?
3. ¿Con qué identifica García Márquez el sentido común?
4. ¿Por qué dice que va a desaparecer la humanidad en el siglo XXI?
5. ¿Por qué los hombres no han podido solucionar el problema del medio ambiente?
6. Según él, ¿qué es para la mujer la preservación del medio ambiente?

2 **Ampliar** En parejas, contesten las preguntas.

1. El autor habla de la hegemonía masculina. ¿A qué creen que se refiere? Pongan ejemplos.
2. ¿Creen ustedes en la intuición femenina?
3. García Márquez afirma que la intuición femenina es el sentido común. ¿Están de acuerdo? ¿Ven diferencias entre estos dos conceptos? ¿Cuáles?
4. ¿Cuáles son, según su opinión, las "ideologías absurdas" a las que se refiere el autor colombiano?
5. ¿Están de acuerdo en que el tema del medio ambiente es un asunto (*issue*) de vida o muerte? Expliquen sus respuestas.

3 **Medio ambiente** García Márquez está especialmente preocupado por la degradación del medio ambiente. ¿Y ustedes? Trabajen en grupos de tres para intentar solucionar estos problemas medioambientales. Digan en qué consisten y propongan soluciones.

1. **El excesivo consumo de energía**
   Problema:
   Solución:
2. **La falta de agua**
   Problema:
   Solución:
3. **La contaminación del aire**
   Problema:
   Solución:
4. **El cambio climático**
   Problema:
   Solución:
5. **La deforestación de los bosques**
   Problema:
   Solución:
6. **Las especies en peligro de extinción**
   Problema:
   Solución:
7. **La contaminación del mar**
   Problema:
   Solución:

4 **Embarazados** En grupos pequeños, contesten las preguntas. Después, compartan sus respuestas con la clase.

1. ¿Les gustaría que los hombres pudieran quedarse embarazados?
2. ¿Qué creen que pasaría si fueran los hombres los que tuvieran niños? ¿Qué cambiaría? ¿Qué sería igual?
3. ¿Creen que se va a conseguir el embarazo masculino en el futuro? ¿Están de acuerdo con este tipo de investigaciones científicas? ¿Por qué?

5 **Hombres vs. Mujeres** En grupos pequeños, hagan una lista de las ventajas y otra de las desventajas que tiene ser mujer o ser hombre. Cuando terminen, compartan sus listas con la clase. ¿Coinciden?

Mujer		**Hombre**	
ventajas	**desventajas**	**ventajas**	**desventajas**

6 **Situaciones** En parejas, elijan una de las situaciones y escriban un diálogo. Utilicen al menos seis palabras de la lista. Cuando lo terminen, represéntenlo delante de la clase.

PALABRAS

capricho	**incapacidad**	**menospreciado/a**
compromiso	**insalvable**	**natalidad**
condenado/a	**invertir**	**prevalecer**
controvertido/a	**malbaratar**	**reciclar**
embarazarse	**manejo**	**sobreponerse**

A

Dos amigos/as, que nunca están de acuerdo, discuten y discuten sin llegar tampoco esta vez a un acuerdo. Su pregunta es: ¿Qué cambiaría si una mujer fuera la presidenta del país?

B

Dos amigos/as discuten sobre el medio ambiente. Uno/a defiende que vale la pena ahorrar energía. El/La otro/a dice que no quiere cambiar su estilo de vida, y que quiere comprarse un SUV.

Preparación

Sobre los autores

El escritor venezolano **Luis Britto García** nació en Caracas en 1940. Ha trabajado como catedrático de historia del pensamiento político en la Universidad Central de Venezuela y actualmente colabora en el periódico *El Nacional* con una columna de opinión. Britto ha publicado una vasta obra ensayística y literaria sobre los problemas sociales y políticos de su país y de toda Latinoamérica. En 1970 recibió el Premio Casa de las Américas por su colección de cuentos *Rajatabla* y, en 1979, por su novela *Abrapalabra*. En 2002 le entregaron el Premio Nacional de Literatura por su trayectoria periodística, literaria y de investigación.

El autor **Poli Délano**, destacado narrador chileno, nació en 1936. En 1973, se le otorgó el Premio Casa de las Américas por su cuento "Cambio de máscaras". De 1974 a 1984 se exilió a México donde publicó varias obras, entre las cuales se encuentra una de sus novelas más conocidas, *En este lugar sagrado*. Un año después de haber llegado a ese país, Délano recibió el Premio Nacional de Cuento. Algunos de sus títulos son *Sin morir del todo, El dedo en la llaga, Cero a la izquierda* y *Solo de saxo*.

Wilfredo Machado nació en Barquisimeto, Venezuela, en 1956. Ha publicado ensayos, cuentos y novelas y, además, ha trabajado en la administración de empresas editoriales. Varios de sus cuentos han sido premiados, entre ellos "Contracuerpo", que en 1986 ganó el Concurso de Cuentos del diario *El Nacional*. En 1995 obtuvo el Premio Municipal de Narrativa con la obra *Libro de Animales* (1994). Ha publicado también *Fábula y muerte del Ángel* (1991) y *Manuscrito* (1994).

Andrés Neuman nació en Buenos Aires en 1977 y se dio a conocer a principios de los años noventa. Neuman se licenció en Filología Hispánica en la Universidad de Granada en donde dirigió la revista *Letra Clara*. Este joven escritor ha ganado hasta el momento tres concursos literarios: Los Nuevos de Alfaguara en 1995, el Premio de Poesía Joven Antonio Carvajal en 1998 y el Federico García Lorca de Poesía en 1999. Neuman ha colaborado además en varias revistas como *Clarín* y *Prima Litera*.

Al autor dominicano **Marcio Veloz Maggiolo** se le considera uno de los más importantes cronistas de Santo Domingo, ciudad en donde nació en 1936. Se licenció en Filosofía y Letras en la Universidad Autónoma de Santo Domingo, recibió el doctorado en Historia de América en la Universidad de Madrid y cursó estudios de periodismo en Quito. Ha sido también embajador en México, Italia y Perú. Veloz Maggiolo ha publicado poesía, ensayo, novela, cuento y crítica literaria. Algunos de los galardones que ha recibido son el Premio Nacional de Poesía en 1961, el Premio Nacional de Novela en 1962, el Premio Nacional de Cuento en 1981 y el Premio Nacional de Literatura en 1996.

Sobre el microcuento

El microcuento es un texto breve que busca atrapar al lector. Suele tener un final abierto, dando la impresión muchas veces de no estar terminado. El lector debe primero recrear y después completar el mundo sugerido por el autor, lo que permite que el final de cada relato sea la creación personal de los diferentes lectores. El microcuento más corto y el mejor ejemplo de este género viene de la mano del microcuentista guatemalteco Augusto Monterroso, titulado "El dinosaurio", cuyo texto íntegro dice así: "Cuando despertó, el dinosaurio todavía estaba allí."

Vocabulario de la lectura

acechar *to lurk*
advertir *to notice*
afilado/a *sharp*
agravarse *to worsen*
amargamente *bitterly*
blando/a *soft, delicate*
la ceguera *blindness*
colocado/a *placed*
compadecer *to feel sorry for*
el consuelo *comfort*
(hacer algo) a su espalda *(to do something) behind somebody's back*
oscilar *to swing*
perseguir *to chase*
saltar *to jump*
el vestuario *wardrobe*

Vocabulario útil

desistir *to give up*
la monotonía *monotony*
el sufrimiento *suffering*

1 **Vocabulario** Completa las oraciones con la palabra correspondiente. Después, en parejas, elijan una de las oraciones y escriban una breve historia inspirándose en ella. Cuando terminen, compartan su historia con la clase.

1. Le dijo __________ que no quería seguir viviendo así.
2. El cuchillo se cayó al suelo. En ese momento vio que no estaba __________.
3. Le pidió que no se preocupara, que la situación no iba a __________.
4. Él lloraba sin parar, pero ella no podía darle __________.

PALABRAS

afilado	consuelo
agravarse	oscilar
amargamente	perseguir

2 **Microcuentos** En grupos de tres, elijan un elemento de cada lista para escribir un microcuento. Debe tener unas cinco líneas más o menos. Después, compártanlo con la clase.

Personaje	Situación
un(a) soldado	es invisible
una madre desesperada	va a la guerra
un animal	quiere cambiar su vida
un vigilante	va al psiquiatra

A primera vista

Poli Délano
Chile

Verse y amarse locamente fue una sola cosa. Ella tenía los colmillos largos y afilados. Él tenía la piel blanda y suave: estaban hechos el uno para el otro.

La cita de su vida

Andrés Neuman
Argentina

El lunes sueña con la cita. El martes se entusiasma pensando que se acerca. El miércoles comienza el nerviosismo. El jueves es todo preparativos, revisa su vestuario, va a la peluquería. El viernes lo soporta como puede, sin salir de su casa. El sábado, por fin, se echa a la calle con el corazón rebosante°. Durante toda la mañana del domingo llora sin consuelo. Cuando nota que vuelve a soñar, ya es lunes y hay trabajo.

Fábula de un animal invisible

Wilfredo Machado
Venezuela

El hecho —particular y sin importancia— de que no lo veas, no significa que no exista o que no está aquí, acechándote desde algún lugar de la página en blanco, preparado y ansioso de saltar sobre tu ceguera.

El animal invisible.

El soldado

Marcio Veloz Maggiolo
República Dominicana

Había perdido en la guerra brazos y piernas. Y allí estaba, colocado dentro de una bolsa con sólo la cabeza fuera. Los del hospital para veteranos se compadecían° mientras él, en su bolsa, pendía° del techo y oscilaba como un péndulo medidor° de tragedias. Pidió que lo declarasen muerto y su familia recibió, un mal día, el telegrama del Army: Sargento James Tracy, Vietnam, murió en combate.

La madre lloró amargamente y pensó para sí: "hubiera yo preferido parirlo° sin brazos ni piernas; así jamás habría tenido que morir en un campo de batalla".

LA NAPARANOIA

Luis Britto García
Venezuela

Los pacientes atacados de naparanoia sienten la extraña sensación de que nadie los persigue, ni está tratando de hacerles daño. Esta situación se agrava a medida que creen percibir que nadie habla de ellos a sus espaldas, ni tiene intenciones ocultas. El paciente de naparanoia finalmente advierte que nadie se ocupa de él en lo más mínimo, momento en el cual no se vuelve a saber más nunca del paciente, porque ni siquiera puede lograr que su psiquiatra le preste atención.

Análisis

1 **Interpretar** Contesta las preguntas y explica tus respuestas.

1. a. ¿Quiénes crees que son y qué representan los dos personajes de "A primera vista"?
   b. ¿Por qué crees que "estaban hechos el uno para el otro"?
2. a. ¿Qué tipo de cita crees que tenía el sábado el personaje de "La cita de su vida"?
   b. ¿Por qué crees que llora sin consuelo después? ¿Cómo piensas que es la vida de este personaje?
3. a. En "Fábula de un animal invisible", se lee: "El hecho (...) de que no lo veas no significa que no exista." ¿Estás de acuerdo con esta afirmación o sólo crees en lo que ves?
   b. ¿A qué crees que se refiere el autor cuando habla de un animal invisible?
4. a. ¿Por qué pidió el personaje de "El soldado" que lo declarasen muerto?
   b. Él perdió los brazos y las piernas en el campo de batalla. Relaciona este hecho con las palabras de su madre.
5. a. ¿Qué sensación sienten los pacientes del microcuento "La naparanoia"?
   b. ¿Por qué no se vuelve a saber nada de los pacientes "atacados de naparanoia"?

2 **Inventar** En parejas, lean otra vez los microcuentos y expliquen brevemente qué tema(s) creen que trata su autor en cada uno de ellos. Después, hagan una lista de todos los personajes que aparecen en los cinco microcuentos. Inventen un nombre para cada uno de ellos e imaginen qué estilo de vida lleva. Para finalizar la actividad, comparen sus listas con las listas de las otras parejas para ver en qué aspectos coinciden y en cuáles se diferencian.

Microcuento	Tema(s)	Personaje(s)
"A primera vista"		
"La cita de su vida"		
"Fábula de un animal invisible"		
"El soldado"		
"La naparanoia"		

3 **¿Cómo sigue?** En parejas, elijan uno de los microcuentos y desarrollen un final nuevo. Compartan su historia con la clase.

4 **Naparanoia** En parejas, preparen un diálogo entre dos de los siguientes personajes. Ellos no están felices con sus vidas, quieren cambiarlas y se dan consejos mutuamente. No olviden usar algunas oraciones con **si** condicional. Cuando terminen, tienen que representar el diálogo delante de la clase.

- una persona invisible
- un(a) fanático/a del trabajo
- una persona rica y famosa
- un(a) enfermo/a de paranoia
- un hombre o una mujer vampiro
- una persona muy tímida e hiperactiva
- un(a) enamorado/a que no es correspondido/a
- un(a) hipocondríaco/a

5 **Ampliar** Trabajen en grupos pequeños para realizar esta actividad.

A Hablen de los siguientes temas. ¿Creen que son problemas de la sociedad contemporánea o son realidades de la condición humana que siempre han existido y siempre existirán? Expliquen, según su opinión, cuáles son sus causas.

- La soledad en las ciudades
- La necesidad de las guerras
- La necesidad de ir al psiquiatra

B Después, intenten dar una solución a cada problema. Usen oraciones condicionales con **si** y el modo subjuntivo. Cuando hayan terminado, compartan sus ideas con la clase.

6 **Un animal imaginario** En parejas, tienen que inventarse un animal imaginario. Tienen que contestar las preguntas y deben estar preparados para dibujarlo en el pizarrón de clase.

1. ¿Dónde viven estos animales?
2. ¿Qué comen?
3. ¿Cómo se mueven?
4. ¿Cómo se comunican entre ellos?
5. ¿Qué habilidades especiales tienen?
6. ¿Varía su rutina en distintas épocas del año?
7. ¿Qué hacen durante el día? ¿Y durante la noche?

7 **Situaciones** En parejas, elijan una de las situaciones y escriban un diálogo basado en ella. Usen al menos seis palabras de la lista. Cuando lo terminen, represéntenlo delante de la clase.

PALABRAS

acechar	**consuelo**	**retorcido/a**
advertir	**desvanecerse**	**saltar**
agravarse	**monotonía**	**sufrimiento**
amargamente	**oscilar**	**tacaño/a**
compadecer	**perseguir**	**vestuario**

A

Un(a) psiquiatra y un(a) paciente están en la consulta. El/La paciente tiene una enfermedad que el/la psiquiatra dice que es imaginaria. Discuten.

B

Una persona solitaria quiere conocer a su pareja ideal. Pone un anuncio en Internet y contesta un(a) desconocido/a totalmente distinto/a a lo que la persona solitaria buscaba. Acuden a una cita y cuando se conocen se llevan muy mal, al menos al principio.

Preparación

Sobre la autora

Maitena Burundarena nació en Buenos Aires, Argentina, en 1962. Artista autodidacta (*self-taught*), empezó trabajando como ilustradora gráfica de diarios, revistas y textos escolares. Con el tiempo, se inclinó hacia la historieta. Sus personajes aparecieron en *Tiempo Argentino* y *El Cronista Comercial*, entre otros medios gráficos. Desde 1993 tiene una página semanal de humor en la revista *Para Ti*, cuyos trabajos han sido recopilados en los volúmenes *Mujeres alteradas 1, 2, 3, 4* y *5*. Es una de las historietistas más talentosas de la actualidad y sus viñetas se publican en revistas y periódicos de muchos países.

Vocabulario de la tira cómica

alcanzar *to get, to bring*
apagado/a *switched off*
el brote *outbreak*
la cobertura *coverage*
la señal *signal*
el síndrome de abstinencia *withdrawal symptoms*
sonar *to ring*
tender a *to tend to*
el tercero *third party*

Vocabulario útil

dar rabia *to be annoying*
estar localizable *to be available*
innecesario/a *unnecessary, needless*
inoportuno/a *untimely, inopportune*
irritante *irritating*
permitirse el lujo *to afford*
prescindir *to do without*
prolongado/a *long, lengthy*
el/la usuario/a *user*

1 **Encuesta** En parejas, háganse las preguntas.

1. ¿Tienes teléfono celular? ¿Por qué?
2. ¿Lo consideras un lujo o una necesidad?
3. a. Si tienes uno, ¿podrías prescindir de él? ¿Por qué?
   b. Si no tienes uno, ¿hay algo que te moleste de los usuarios de celular?
4. ¿Crees que hoy día es posible ir por la vida sin teléfono celular?

Análisis

1 **En serio** En grupos pequeños, contesten las preguntas y compartan sus experiencias.

1. ¿Les resultan familiares las situaciones de la tira cómica? ¿Qué reflejan? ¿Creen que son exageradas?
2. ¿Se sienten identificados/as con algún personaje de las viñetas o conocen a alguien que les recuerde a alguno de ellos?

2 **Incomunicación** En parejas, improvisen un "diálogo" entre las dos personas de la última viñeta, una vez que él termine su llamada, por supuesto. ¿Quién hablará primero? ¿Qué dirá? ¿Se cortará de nuevo la comunicación?

3 **Otra viñeta** En parejas, inventen otra situación que capte (*captures*) con humor la dependencia del celular y su influencia en las relaciones personales. Después, compártanla con la clase y, por votación, decidan cuál es la mejor.

Teléfono, Una Enfermedad Celular
PROVOCA ADICCIÓN.
¡Sí, soy yo! ¡Ya sé que estoy en el baño...
¿me podrías alcanzar un rollo de papel?
TIENDE A LLEVAR A LA ESQUIZOFRENIA.
Sí, te escucho...
¡no te escucho!
escúchame
GENERA BROTES PARANOICOS A TERCEROS.
¿Por qué lo tenías "APAGADO" de seis a seis y veinte?
¿Qué quiere decir "FUERA DEL AREA DE COBERTURA"?
¡¿Dónde estabas?!!
DELÍRIUM TREMENS PROPIOS.
¡Shh! ¿Y sonó? ¿está sonando? ¿es el mío?
...es en la tele...
CREA UN FUERTE SÍNDROME DE ABSTINENCIA.
¡UAU! ¡QUÉ LINDO!
¡...sí, muy lindo, pero nos tenemos que volver porque hace 2KM. que me quedé sin señal...!
INCOMUNICA.
maitena 97
maitena

Escribe un artículo de opinión

La ciencia lo sabe, y más de un puñado (*handful*) de casos aislados lo ratifica: "el ser humano tiene la capacidad de vivir ciento veinte años". ¿Qué te parece la idea de cumplir esa edad? Piénsatelo bien y luego escribe un artículo de opinión sobre la posibilidad que tienen los jóvenes de ahora de vivir ciento veinte años.

Plan de redacción

Planea

1 **Busca información** Busca información en la biblioteca o en Internet para ampliar tus conocimientos sobre el tema.

2 **Elige un punto de vista** Debes centrar tu atención en el aspecto o aspectos del tema que más te interesen. Por ejemplo, ¿estás de acuerdo o no?, ¿cómo vas a respaldar (*support*) tu posición?, ¿vas a presentar experiencias personales y/u opiniones de otras personas?, ¿vas a mencionar los descubrimientos científicos realizados hasta el momento?, ¿quieres tú llegar a los ciento veinte años?, etc.

Escribe

3 **Título** Inventa un título interesante para tu artículo.

4 **Introducción** Escribe una breve introducción explicando qué te ha motivado a escribir sobre ese aspecto. Trata de comenzar de manera creativa y original. Debes intentar captar el interés del lector.

5 **Ideas** Aquí debes presentar lo que anticipaste en la introducción y desarrollar el punto de vista que elegiste. Escribe un párrafo para cada idea.

6 **Conclusión** Tienes que resumir brevemente tu opinión. ¿Qué cambios podría potenciar en el comportamiento y/o estilo de vida de los jóvenes? ¿Cómo podría afectar a las relaciones entre viejos y jóvenes? Termina con una frase que despierte la curiosidad del lector por el tema y provoque en él una reacción.

Comprueba y lee

7 **Revisa** Lee tu artículo para mejorarlo.

- Comprueba el uso de los tiempos y modos verbales.
- Evita las oraciones demasiado largas. Usa un estilo claro y sencillo.
- Evita las repeticiones.
- Asegúrate de que mencionas las fuentes (*sources*) de donde sacaste la información.

8 **Lee** Lee tu artículo a tus compañeros de clase. Ellos tomarán notas y, cuando hayas terminado de leer, tienes que estar preparado/a para contestar sus preguntas.

¿Cómo será la vida dentro de cincuenta años?

Muchas veces intentamos predecir cómo será el futuro. Pero, ¿podemos tener la absoluta certeza de que nuestras predicciones se cumplirán? ¿Cómo ven ustedes el futuro? ¿Son optimistas o pesimistas? ¿Creen que anticipar el futuro nos puede ayudar a mejorar el presente? Aprovechen esta oportunidad para descubrir qué piensan.

1. La clase se divide en grupos pequeños. Tienen que imaginar cómo será la vida dentro de cincuenta años. Completen la tabla con sus predicciones y luego razónenlas.

¿Cómo serán...?	
los alimentos	
las relaciones personales	
los medios de transporte	
los medios de comunicación	
los sistemas de gobierno	
otros asuntos que se les ocurran	

2. En el caso de que no todos los miembros del grupo estén de acuerdo, pueden mencionar que dentro del grupo hay distintas opiniones y explicar cuáles son.
3. Los diferentes grupos presentan sus ideas a la clase, mientras todos toman nota.
4. Cuando todos los grupos terminen sus presentaciones, toda la clase debe participar haciendo preguntas y/o defendiendo sus opiniones.

Cortometraje: *Encrucijada*

Director: Rigo Mora
País: México

DIABLO ¡Cómo que te vas si apenas voy llegando! Yo sólo vine porque tú me llamaste... Porque tú me llamaste, ¿no es cierto? Necesitas dinero, ¿no?
JUAN Sí, creo que sí.
DIABLO Súbete. Voy a llevarte a un lugar donde hay mucho, pero mucho dinero.

DIABLO Ya llegamos.
JUAN ¿Aquí?
DIABLO ¿Dónde más? ¡Vamos!
DIABLO Toma, ponte esto. Toma.
JUAN ¿Qué vamos a hacer?
DIABLO ¿No quieres dinero?
JUAN ¿Tú no te cubres?
DIABLO ¿Por quién me tomas? Sígueme.

DIABLO Ten, misión cumplida. El acuse de recibo.

COMENTARISTA DE TV En lo que respecta al robo bancario más cuantioso del año, gracias a las cámaras y a una llamada anónima, ha sido posible conocer la identidad de uno de los asaltantes. Se espera que pronto sea aprehendido por la policía. Aquí tenemos las imágenes.
La pregunta del día de hoy en este noticiero: ¿Deben pagar los bancos por su propia seguridad? Hasta el momento, ochenta y siete por ciento de sus amables llamadas dice que sí, trece por ciento cree que no.
Si opina que sí, llame por favor al 01 800 000 80. Si opina que no, llame al 01 800 000 90.

Cortometraje: *La milpa*

Directora: Patricia Riggen
País: México

ROCÍO Sí te quiero. Muchísimo. Pero no puedo, de veras no puedo. Hasta allá... es lejos. Mis papás no me lo... ¿Bueno? No me cuelgues, por... por fa... ¿Memo? Memo, por favor no me cuelgues. Dame chance, sólo unos días. ¡Es una decisión gruesísima! Mis papás no están de ac... ¿Memo?
¡La carretera es para coches!

ROCÍO Ángela... ¿No estás? Ángela, ¿qué haces dormida a estas horas?
ÁNGELA No estoy dormida, estoy pensando.
ROCÍO Pensando... En la cama.
ÁNGELA Pues esta chingada reuma no me deja mover.
ROCÍO Pero si son las cuatro. ¿No comiste? ¿Y el timbre? ¿Para qué te lo puso mi mamá? ¿Lo ves?
ÁNGELA ¿Y qué? ¿Suena para afuera?
ROCÍO ¿Cómo para afuera? Suena en la panadería. Si te pones mala lo timbras y Espiridión corriendo te viene a poner el oxígeno.
ÁNGELA Espiri, ni oye.
ROCÍO Aquí te manda mi mamá, está de viaje. ¿Y a quién crees que le tocó venir a traértelo?
ÁNGELA Cuando me vaya me voy a ir calladita, sin molestar a nadie.
ROCÍO Pues estás de suerte. Mira, del que te gusta.
ÁNGELA Ah, ¡qué tu madre! Desde que, desde que la conocí, ansina (así) de chiquitita era ella buena buena. Me decía, Nanita, ¿te ayudo a limpiar?
ROCÍO Bueno, me voy.
ÁNGELA Ahí tengo unos elotitos ya bien maduros para que te lleves. A ti que te encantan.
ROCÍO A mi mamá, Ángela, yo no como maíz. Me engorda.
ÁNGELA ¿Y ahora por qué tan de malas, mija? Ya, ¿se te fue el güerito ése con que andas? Todos son iguales. Nomás (Nada más) ahora sin pistola ni caballo, pero igual de machos.
ROCÍO No, Memo no es así. Nunca me voy a encontrar a nadie como él.
ÁNGELA ¡Ah, qué caray! A ti que no te gusta el maíz y a mí que una milpita me devuelve la vida. ¿Que nunca te conté?
ROCÍO No, pero ya me voy.

ÁNGELA ¡Qué tiempos tú, niña! Aquél sí era amor del mero bueno, no chingaderas. Porque eso sí, ratera y mentirosa nunca he sido, pero todo lo demás lo he hecho. Ven, siéntate aquí tantito. De Jacinto, ni a tu madre le conté. Ya ves, cómo es de mocha.
¡Canija sequía! Nomás me acuerdo... El pobre de mi hermano, ¡quesque cuidando la milpa! Y, ¿para qué? ¡Si hasta el agua nos quitaban los de la hacienda! Pero esa parcela era lo único que nos quedaba. Y no había llovido. Los hombres del pueblo vieron que no había de otra más que sacar a la Virgen a darle una vueltecita por la milpa, a ver si les hacía el milagro. El señor cura no quería. El delegado del gobierno trataba de venderles un quesque fertilizante.
CAMPESINO ¿Para qué queremos abonos, si lo que ocupamos es el agua?
ÁNGELA Si los campesinos somos tercos como una mula, ¿vieras? Entonces tenía yo, ahora verás, veintitrés años. Para esos tiempos tú, ya estaba medio pasadita de edad. Como era huérfana, pobre, y de pilón tenía que ver por el Pepito, que ya estaba grande, pero retrasadito, pues nadie quería cargar conmigo. Mi tío Crisanto me decía que, cuando llegaran los Villistas, o los Huertistas o Carrancistas, que para el caso eran lo mismo de canijos, me saliera corriendo de la iglesia, porque ahí mismito iban a buscar a las muchachas. Decía que me escondiera en el establo de su casa, ahí nomás (nada más) a la vueltecita.
Jacinto, ¡cuánto tiempo!

ROCÍO Y, ¿qué pasó en el establo?
ÁNGELA Ay, no creas, a mí el tequila ni me gusta, pero me cae requetebien (muy bien). ¿Quieres un traguito?
ROCÍO ¿Y entonces?
ÁNGELA Pos (Pues) fíjate, que ni salían los villistas de San Martín... Y ni habían terminado éstos sus rezos, cuando...

CAMPESINOS ¡Oh, Virgen Santa!, Madre de Dios, soy la esperanza del pecador...
CAMPESINOS ¡Vámonos! ¡Vámonos!

ÁNGELA ¿Qué?
ROCÍO Nada.

ÁNGELA ¡Ya, estate sosiego Pepe! Pareces chiquito con ese balero. ¡Ni siquiera le atinas! Ay, ¿qué voy a hacer contigo?...
CARMELA ¡Ay, mijita! Tu primo Jacinto, se fue con los villistas y ni adiós dijo.
CRISANTO ¡Qué villistas, ni que madres! Tu hijo se fue de bandido, Carmela.

ROCÍO ¿Te dejó, Ángela?
ÁNGELA Pos (Pues) sí, igualito que la milpa, ya me andaba quebrando. Los del pueblo estaban que trinaban. Fueron a buscar al señor cura otra vez, para que les prestara al Niño Jesús, para darle una vueltecita por la milpa, nomás para que viera las pendejadas que había hecho su madre.

CURA No, no, no. El Santo Niño no sale de aquí.
JOVITO ¡Ni que fuera su hijo! Con perdón de usted padrecito, el Niño, ¡es de todos!
DELEGADO No sean tercos, con el abono se compone, ¿se lo cambio por mezcal, eh?
CURA Ya, ya, ya, ya. ¡Vámonos fuera todos! A trabajar que no es domingo. ¡Vámonos!
¿Cómo les hago entender a estos pobres que los fenómenos de la naturaleza no tienen nada que ver con las imágenes religiosas?
DELEGADO No le digo, ¡indios tarugos!...
ÁNGELA Y mientras, llueve y llueve. Ya íbamos para mes así, la milpa caída, el lodazal.

ÁNGELA Yo no puedo sola con esto, padre. Ni comida tengo para Pepito.
DELEGADO ¡Qué jija (hija) de la chingada me saliste! ¡Y conmigo haciéndote la santita!
ÁNGELA ¡Señor Delegado!
DELEGADO ¡Ah, qué Jacinto! Así que te dejó como las escopetas, cargada y detrás de la puerta. Si te vienes conmigo, yo me encargo del escuincle cuando nazca.
CURA ¿Qué pasa aquí? ¡Ángela! ¡Hija mía, espera! ¡Déjame ayudarte!
DELEGADO ¡Ah, qué viejas tan pendejas!
CANCIÓN Apasionada está la joven que yo amaba. Tiene razón si ya hace días que no nos vemos. Tiene razón para que tenga un sentimiento. Ahora ya vine, voy a ver si la contento. ¡No estés triste mi alma! Ni andes suspirando...
CRISANTO Mire sobrina, usted se va con el señor delegado, que nos va hacer favor de hacerse cargo de usted. Y el crío, nos lo quedamos nosotros.
ÁNGELA No tío, así no.
DELEGADO ¡Pues si no te queda de otra, pendeja!
CARMELA ¿Y qué vas a hacer tú sola, eh? ¿Matarlo de hambre?

CANCIÓN De que te veo el corazón se me parte. De ver tus lágrimas regadas por el suelo.

CHAMÁN La revolución es lo único que nos queda a los pobres, Angelita. No, no se enoje con el mentado Jacinto, hizo bien en largarse, hay que luchar. Yo mismo me quiero ir con los hombres al monte, agarrar un fusil y quebrarme al catrín ese que nos chingó las tierras. Nunca es tarde, Angelita. Que la fe, que el amor, que la naturaleza te ayude a lograr tu cometido. Se lo toma pronto, y adiós al encarguito. Ni siquiera volverá a acordarse de él.

ÁNGELA No sé si quiero.

CHAMÁN Pídale al Santo Niño que la ilumine, pídaselo, ilumíname Santo Niño, que la paz, la virtud, toda la naturaleza...

ÁNGELA Tienen razón. Mejor ahorita que matarte de hambre después. ¡Nos tocó la de perder!

ÁNGELA Otro día continuamos, Rocío. Estoy muy cansada.

ROCÍO Ángela, no te duermas, espérate. Antes tengo que decirte algo. No me atreví a irme con Memo. Y sí quiero, pero tengo miedo. ¿Ángela?...

ESPIRIDIÓN ¡Qué milagro! Dichosos los ojos que te ven Roci.

ROCÍO Vengo por los birotes.

ESPIRIDIÓN Aquí tengo los birotes que me encargó tu mamá. ¿Qué dices?

ROCÍO Nada.

ESPIRIDIÓN ¿Ya vas de salida?

ROCÍO Sí, Ángela se quedó dormida.

ESPIRIDIÓN ¿Seguro estaba dormida?

ROCÍO ¿Cómo? ¿Por qué?

ESPIRIDIÓN A los noventa y tantos en cualquier chico rato se petatea y uno ni en cuenta.

ROCÍO Bueno, ya me voy.

ESPIRIDIÓN ¡Que te vaya bien, Roci!

ÁNGELA Nomás quería ver si servía. Luego se confía uno.

ESPIRIDIÓN ¡Ay, mamá! ¡Mire cómo hizo correr a la Roci! A ver.

ROCÍO ¿Te sientes mejor?

ÁNGELA ¿Y qué? ¿No me vas a preguntar si me empiné el frasco?

CANCIÓN A la roro niño, a la rororo, que viniste al mundo, sólo por mi amor. Que viniste al mundo, sólo por mi amor...

CAMPESINO ¿Para cuándo tendrá que parar esta méndiga lluvia? ¡Ya no la aguanto!

CAMPESINO ¿Para qué trajiste a ese Niño, Jovito?

JOVITO Para que se componga la milpa, ¿cómo para qué?

CAMPESINO Jovito, ¡vámonos para el pueblo!

CAMPESINO La milpa ya no se compone.

CAMPESINO La milpa ya no se compone. Ya todo se perdió...

CANCIÓN A la roro niño a la rororo, que viniste al mundo, sólo por mi amor.

ÁNGELA ¡Vénganse! ¡Vénganse! ¡Vénganse! ¡Vamos! Tenemos que seguir, no hay que desanimarse, ¡vamos! ¿Ya qué falta para que amaine? ¡Va a amanecer rebonito (muy bonito)!

CAMPESINO Ya dejó de llover.

CAMPESINO A buena hora, si ya toda la milpa está caída.

CAMPESINO Ya todo se perdió.

CAMPESINO Ya vámonos, vámonos ya...

CAMPESINO ¿Y el Niño?

CAMPESINO ¿Para qué te lo robas, Jovito?

JOVITO Yo no me lo robé, lo pedí en prestado.

CAMPESINO Lo vas a entregar tú, yo porque...

ÁNGELA ¡Jovito!

ÁNGELA Por ésta, Rocío, que así mismito fue. ¿Qué? ¿Nunca te he contado cómo me fui del pueblo y acabé de soldadera en la Revolución? Porque nunca es tarde, niña.

ROCÍO ¿Te fuiste a buscar a Jacinto?

ÁNGELA Los hombres buenos no se dan en maceta. Hay que buscarlos. De que los hay los hay, el trabajo es dar con ellos.

ESPIRIDIÓN Mamá, cuéntele de cómo nací en un tren. En el techo de un tren.

ROCÍO Nana, ya me voy. Nunca es tarde, ¿verdad?

ÁNGELA ¡Para luego es tarde! Ahora sí, mijo, ¡saca el tequila! Esto hay que celebrarlo, ¡mi niña se va a la guerra!

Cortometraje: *Nada que perder*

Director: Rafa Russo
País: España

NINA Hola.
PEDRO Hola.
NINA Vamos a la calle Pintor Rosales.
PEDRO ¿Por dónde quieres que vayamos, por la Gran Vía o por los Bulevares?
NINA Me da igual. Voy con tiempo.
NINA ...tan imperturbable. Imperturbable...
PEDRO ¿Qué, exámenes?
NINA ¿Eh?
PEDRO Que si estás de exámenes.
NINA No, bueno. Esto es un guión de cine. Es que voy a una prueba de *cásting*.
PEDRO Ah, ¿eres actriz?...
NINA Bueno, sí, no sé... La verdad es que nunca se me había ocurrido, pero el otro día alguien que controla esto me dijo que, que yo daría muy bien en cámara y, no sé, pues me he lanzado y ahora no hay quien me baje del burro...
PEDRO ¿Y has hecho ya algo?
NINA Bueno, sí. He hecho un par de videoclips y un corto para un amiguete, pero así, peli-peli todavía no he hecho ninguna.
PEDRO Ya, ¿y eso es para una... peli-peli?
NINA Sí.
PEDRO Pues qué bien, ¿no?
NINA Mm... Yo no sé ni para qué voy porque no me lo van a dar.
PEDRO Pero hombre, mujer, no digas eso. ¡Hay que ser más positivos en la vida!
NINA Es que me he levantado un poquito espesa. Me lo noto... Es que se me han caído hoy la magdalenas en el café. Y el día que se me caen las magdalenas en el café, más vale que me quede en la cama.
PEDRO Ah...
NINA Y luego al guionista este, que se ha sacado unas palabrejas de la manga que ni te cuento... Porque vamos a ver, ¿tú crees que alguien en la vida real dice "imperturbable"? Vamos, yo no lo he dicho nunca... Y digo yo, con lo bonitos que son esos personajes que no dicen nada, que lo dicen todo con la mirada...
PEDRO Oye, pues por mí, si quieres ensayar en alto, no te cortes. A mí me encanta el cine... Así te vas soltando un poco antes de llegar...
NINA ¿De verdad que no te importa?
PEDRO Que no mujer. Tú imagínate que soy el director que te hace la prueba... Hasta el momento han pasado tres tías que no lo han hecho nada mal, pero yo no estoy del todo convencido. A ver, ¿cómo te llamas?
NINA Nina Salvador.
PEDRO ¡Siguiente: Nina Salvador!
NINA Bueno, ¿te sitúo? Vale, estamos al final de la Guerra Civil española, yo soy la hija de un intelectual republicano que ha sido capturado por los nacionales. Y en esta escena yo voy a pedir la ayuda a un joven militar fascista para que le perdonen la vida a mi padre.
PEDRO ¿Dónde estamos?
NINA Estamos en un bar de un pueblo.
"Rodrigo, ¿cómo puedes estar aquí bebiéndote tu vermú tan im-per-tur-ba-ble, como si nada ocurriera? Mi padre siempre te trató como a un hijo... ¿Acaso no te acuerdas de aquel fin de semana que viniste con nosotros a Sigüenza y él nos enseñó a reconocer las estrellas?... La osa mayor, la osa menor..." ¡Mierda, se me ha olvidado! A ver... ¿Qué tal?
PEDRO No ibas mal, pero creo que todavía le puedes dar un poquito más de... emoción a la cosa. Piensa que si no convences a ese facha, se cepillan a tu padre...
NINA Tienes razón...
PEDRO Y no lo digas tan de carrerilla que parece que estás recitando la alineación del Atleti.
NINA Es que se me hace muy difícil hacerlo sin que alguien me dé la réplica...
PEDRO Oye, pues si quieres te la doy yo...
NINA ¿De verdad que no te importa?
PEDRO ¡Que no mujer! Si a mí me encanta esto del cine. Además, aquí tenemos para rato.
NINA Vale, pues haces de militar facha... Tú siempre estuviste coladito por mí, pero yo te di calabazas.
Y en esta escena te encuentras totalmente debatido entre tus principios fachas y tus sentimientos hacia mí.
PEDRO Muy bien... Espera.

PEDRO ¡Cámaras, luces y acción!
"Rodrigo, ¿no sé cómo puedes estar aquí bebiéndote tu vermú tan im-per-tur-ba-ble, como si nada ocurriera? Mi padre siempre te trató como a un hijo. ¿Acaso no te acuerdas de aquel fin de semana que viniste con nosotros a Sigüenza y él nos enseñó a distinguir las estrellas?... La Osa Mayor, la Osa Menor..."
PEDRO "Me acuerdo perfectamente. Como también me acuerdo de cómo te reíste, cuando después de bañarnos en el río, te dije lo que sentía por ti..."
NINA "Sólo era una niña y pensaba en príncipes azules... Pero ahora seré toda tuya si lo deseas..."
PEDRO "Si impido que maten a tu padre... Menudas vueltas da el destino, ¿no te parece? Y vosotros los ateos no pensáis que Dios tenga nada que ver con ello, que tú has acabado volviendo hacia mí por tu propia iniciativa."
NINA "No sé si es Dios o el Diablo. Sólo sé que la religión...
Tú no eres como ellos, ¿verdad? No debes dormir pensando que entre esos que fusiláis al amanecer, hay nombres que conoces y rostros que has visto."
PEDRO "También he visto iglesias ardiendo y el país rompiéndose en mil pedazos."
NINA "Y es así como pensáis solucionarlo todo: matando a todo aquél que no comparta vuestras ideas."
PEDRO "Por si no te has enterado, esto es una guerra... Y en una guerra, todo es lícito..."
NINA "¿Como en el amor?"
PEDRO "No hay tiempo para hablar de amor ahora."
NINA No, hombre, no. ¡No! Tú no me puedes decir eso así tan frío, tan... tan tan imperturbable porque recuerda que tú, en el fondo, en el fondo, sigues enamorado de mí.
PEDRO Tienes razón. No hay tiempo para hablar de amor ahora.
NINA Pues muchas gracias.
PEDRO Ha sido un placer. Y ahora, a por todas, ¡sin miedo! No tienes nada que perder.
NINA ¿Qué tal voy?
PEDRO ¡Estupenda!
NINA ¡Ah...! ¿Qué te parece? Es que... como hago de la hija de un intelectual, pues he pensado que así doy más la pinta.
PEDRO ¡Que te vean bien esos ojazos que tienes!...
NINA Que luego dicen que todos los taxistas de Madrid sois unos fachas...
NINA ¿Qué te debo?
PEDRO Lo que marca.
NINA Y quédate con el cambio.
PEDRO Gracias. Adiós. ¡Espera! Para la buena suerte. A mí nunca me ha fallado. ¡Que sí mujer! Yo ya he tenido suficiente suerte pillando este curre...
NINA Gracias.
CLIENTE ¿Está libre?
PEDRO Sí.

TEXTO Muchos *cástings* y kilómetros después...
PEDRO (en portugués) Junho (junio)... Setembro (septiembre). Outubro (octubre). Novembro (noviembre). Dezembro (diciembre). Segunda semana, palabras nuevas. Repita en voz alta y rápidamente. Desculpe-me (disculpe). Por favor (por favor). Infelizmente (desafortunadamente). Trabalho (trabajo). O que você está fazendo? (¿Qué estás haciendo?). Sinto muito (lo siento mucho). Sinto muito (lo siento mucho). Está frio (está frío). Bonito (bonito). Sinto muito (lo siento mucho). Tercera semana, los...

PEDRO Hola.
NINA Hola. A la calle Hermosilla. ¿Tú qué miras tanto?
PEDRO No no no, no puedes decirme eso tan fríamente, tan imperturbable. Si en el fondo, en el fondo sigues enamorada de mí.
NINA Toma, ¡toma! Ya ves la suerte que me ha dado. Y a ti...
PEDRO ¿Qué pasaría si no fueras a donde vas y nos fuéramos a tomar algo?
NINA Tendrías que madrugar, cariño, porque el cliente me quiere para toda la noche.
PEDRO (en portugués) Eu que pensava em me fazer conductor de limusinas para ter a oportunidade de te conduzir mais uma vez... (Yo que pensaba en ser conductor de limosinas para tener la oportunidad de conducirte una vez más.) ¿Has estado en Lisboa alguna vez?
NINA No.
PEDRO ¿No? Pues es una maravilla, lo tiene todo: el mar, los tranvías, la luz. Conozco un restaurante alucinante en el estuario que tiene unas vistas sobre la bahía que te pasas... sobre todo por la noche cuando ves todas las luces de la ciudad... En cinco horas nos plantamos ahí si tú quieres... Cogemos la carretera y a tirar millas. Cinco horas. ¿Qué dices? Tienen un grupo de música caribeña que levanta hasta a un muerto. ¿No te gusta bailar? Y hay también un grupo de percusionistas que hacen malabarismos con fuego que son, ¡son mágicos! como de otro mundo. ¿Qué dices? Venga, ¡vamos!
NINA ¿Pero qué haces?

PEDRO Ya verás lo bonito que es.
NINA A ver, ¡espera un momento!
PEDRO Tengo unos amigos que tienen una casa al lado del mar en la que nos podemos quedar todo el tiempo que queramos.
NINA ¡Que te he dicho que te esperes!
PEDRO Si no te gusta o te aburres, te juro que mañana te traigo de vuelta.
NINA ¡Que pares!
PEDRO Si no te gusta Lisboa, vamos a otro sitio. Donde tú quieras. Yo te llevo. ¿No hay ningún sitio en especial al que siempre hayas querido ir?
NINA Los sitios especiales no están hechos para mí.
PEDRO ¿Y por qué has seguido llevando la cola de conejo todo este tiempo?
NINA ¿Sí? No, es que... hay mucho tráfico...
PEDRO No vayas.
NINA No, no, no, no la llames. Ya llego yo...
CASSETE (en portugués) Colores, repita en voz alta y rápidamente. Branco (Blanco). Preto (Negro). Vermelho (Rojo). Azul (Azul). Verde (Verde). Laranja (Naranja). Amarelo (Amarillo). Castanho (Café). Cinzento (Gris). Y ahora, recordemos unos cuantos saludos. Boa-tarde (Buenas tardes). Boa-noite (Buenas noches). Até logo (Hasta luego). Tchau (Adiós).

Cortometraje: *El ojo en la nuca*

Director: Rodrigo Plá
País: Uruguay-México

GENERAL DÍAZ ¡Dale! ¡Dale cachazo! ¡Dale! Vamos muchachos despacito, eso mismo, ahí está, ¡ahora!
TEXTO En Uruguay, la ley de caducidad que otorgaba amnistía a los militares acusados de cometer violaciones a los derechos humanos durante la dictadura militar (1973-1984), fue sometida a referéndum el 16 de abril de 1989. Por un escaso margen de votos, los militares conservaron la impunidad.

TEXTO CIUDAD DE MÉXICO, Una semana después del referéndum.
LAURA Los desaparecidos están muertos, no vuelven...
PABLO Ya, bonita, por favor. Esto es algo que tengo que hacer.
PABLO ¡Ándale! Ábreme... Déjame que te dé un beso...
LAURA Si te vas, ya no regreses...

TEXTO MONTEVIDEO, URUGUAY, 24 de abril de 1989.
PABLO ¡Estate quieto!
DIEGO Es que no es la manera primo, ¿a qué vas? Tenés (Tienes) que darte cuenta de que esto tampoco es justicia... ¡Por más bronca que tengas! ¡Pará (Para) Pablo! Yo también quería mucho a tu viejo.
PABLO Ese hijo de puta es un asesino y merece la muerte.

DIRECTOR DE LANCE General Díaz. Sr. Pablo Urrutia. ¿Sr. Urrutia? ¡Fuego! ¡uno...! ¡dos...! A su posición por favor General. ¡Fuego! ¡Uno...!
POLICÍAS ¡Alto, policía! ¡Soltá (Suéltala) pibe! ¡Soltá (Suelta) el arma!
GENERAL DÍAZ No, no, no me toquen...
POLICÍA Dejá (Déjalo), no te equivoques.
PABLO ¡Diego!, diles que me falta mi tiro, Diego. ¡Me falta mi tiro, carajo! ¡Diego!
POLICÍA ¡Soltá (Suelta) el arma!
JUEZA ¿Se da cuenta? En plena democracia dos hombres haciéndose justicia por su propia mano. ¡Es una locura!
PABLO Tiene que dejarme acabar el duelo. Estoy en mi derecho...
JUEZA La ley de duelo existe, sí, pero es anacrónica. Está ahí porque con el tiempo fue olvidada por los legisladores.
POLICÍA ¿Quería algo, Sra. Jueza?
JUEZA Sí, requíselas hasta nuevo aviso y mande de una vez al General. ¿Me entiende? Lo espero mañana a las nueve para darles una respuesta.
REPORTERA Por favor, me podría decir, ¿qué pasó ahí adentro? ¿Qué pasó ahí adentro?
Treinta años después de efectuado el último duelo a muerte en el Uruguay, dos hombres le dan vigencia a la ley de duelo con un nuevo enfrentamiento llevado a cabo esta mañana.

DUEÑO ALMACÉN ¡Se fueron!
PABLO ¿Cómo?

DUEÑO ALMACÉN La familia que vivía en esta casa... hace más de diez años que se fueron... se iban para México.
PABLO Gracias.
DIEGO ¡Pablo! Subí (Sube). Dale, subí (sube).

CONDUCTORA DE TV Nos encontramos frente al Ministerio de Defensa Nacional... aguardando las declaraciones del General Díaz, quien fuera señalado como uno de los responsables de delitos y abusos cometidos durante el gobierno de facto.
REPORTERA TV General Díaz, ¿qué va a pasar a partir del duelo, que habrá nuevos actos de violencia?
GENERAL DÍAZ TV No hay que seguir viviendo con un ojo en la nuca, hay que mirar hacia adelante y olvidar rencores.
PABLO ¿A qué viniste?
LAURA Tu padre ya está muerto Pablo, tienes que dejarlo ir. Ni siquiera estás seguro de que fue Díaz.
PABLO ¡Cállate! De esto tú nunca entendiste nada.
Consígueme un tiro para mañana, primo. El que me deben. No vaya a ser la de malas.

LAURA ¿Pablo?
PABLO Sólo sé que odio, que tengo que odiar. ¡Ésa es mi pinche herencia!
¡Vámonos a México!
DIEGO ¿Dónde andabas? Estamos atrasados. Vení (Ven) acá. Lo que me pediste, está adentro. ¿Qué haces?
LAURA ¿Qué pasa?
PABLO Nada.

JUEZA Acta 1531... Por la autoridad que el estado y la constitución me confieren y ante los hechos acaecidos el pasado 24 de abril de 1989, declaro la ley de duelo suspendida hasta una próxima revisión y por lo tanto la continuación del enfrentamiento entre el General Gustavo Díaz y el Sr. Pablo Urrutia, queda terminantemente prohibida.
GENERAL DÍAZ ¿Así que vos sos (tú eres) de los que aguantan, eh?... Ya vas a saber lo que es bueno.
¡Llévenselo!
¡Llévenselo!
TEXTO Los militares todavía no han sido juzgados por sus crímenes. En 1991, la ley de duelo fue derogada.

Cortometraje: *Un día con Ángela*

Directora: Julia Solomonoff
País: Argentina

ÁNGELA No, a mí no me gustaría vivir acá. ¡Mucho ruido! Una cosa desesperante. Imagínese todo esto.
La tranquilidad, yo no puedo vivir así. Además, está sucio. Mire estas veredas, ¡todo emparchado! No sé...
A veces, una se siente muy sola en este trabajo, ¿sabe?
Me vine sola, a los diecisiete. Después conocí a Pedro, que era albañil. Tuvimos tres criaturas. Los domingos, hacíamos la casa todos juntos... ¡Qué peleas! Conseguí más trabajo cuando me quedé sola...
ESCRITOR ¿Y qué pasó con Pedro?
¡Puta! ¡Cómo pesa este bolso! ¿Qué lleva acá?
ÁNGELA ¡No diga malas palabras! Debe ser la plancha. Algunos no tienen ni tabla de planchar, ni escobillón, nada. Traigo yo las cosas. Mire que les dejo notas: compre detergente, compre una rejilla, compre lavandina. Se olvidan. ¡Usted también se olvida! A ver, permiso. El señor Moncalvo no está nunca. Hace un año que trabajo para él, pero lo vi dos veces. Antes él estaba casado, pero ella lo dejó, porque él tomaba. Le debe plata a medio mundo. Antes lo llamaban todo el tiempo, siempre alguno que quería cobrar. ¡Me gritaban a mí! Después se lo cortaron... el teléfono. A mí me da pena. ¡Pobre hombre! ¿Qué mujer se rebajaría a meterse en una cama como ésta? A Pedro, cuando se murió, no le lloré. ¡Ni una lágrima! Le debo el llanto. Y también un puñetazo. Esta camiseta percudida... debe hacer un mes que no la lavo. La ropa sucia me la esconde. ¿Y esto?
¿Por qué no lo tira? ¡Este hombre no puede tirar nada! ¡Qué manera de juntar porquerías!
ESCRITOR ¿Por qué toma tantas de estas chiquitas?
ÁNGELA A lo mejor no puede comprar más grandes. No sé, ¿vio? Tiene un buen trabajo... Ah, ¡que Dios se lo conserve!
ESCRITOR ¿Qué hace?
ÁNGELA Trabaja en los aviones.
ESCRITOR ¡Ah! En los aviones las regalan.
ÁNGELA ¿Cómo, si no es mozo? Es piloto.
ESCRITOR ¿Piloto?

ÁNGELA ¿Hola?
SEÑORA MONCALVO ¿Con quién hablo?
ÁNGELA Con la doméstica del señor Moncalvo.
SEÑORA MONCALVO Así que ahora tiene mucama. Algo que yo no tengo. ¿Puede la mucama del señor Moncalvo decirle que su mujer quiere hablar con él?
ÁNGELA Sí, sí, pero él no está.
SEÑORA MONCALVO No me mienta. ¡Dígale que atienda, por favor!
ÁNGELA Bueno, está volando.
SEÑORA MONCALVO ¿Volando? ¿Todavía lo dejan volar? Siempre está volando, querida, siempre.
ÁNGELA No, quiero decir que... que está trabajando.
SEÑORA MONCALVO Dígale que me llame apenas llegue.
ÁNGELA Muy bien, se lo diré. Buenos días.
ÁNGELA ¡Qué mujer repelente! No me extraña que él esté como esté.

ESCRITOR Ángela limpia mi departamento. Cobra por horas, viene los jueves a la mañana. Yo escribo, cobro por páginas y esta mañana tenía que entregar una nota, pero no podía concentrarme. En dos horas, Ángela había convertido mi caos en una casa. Yo no había superado mi primer renglón. Se me ocurrió acompañarla. Verla limpiar casas ajenas. Ella aceptó.

ÁNGELA ¿Quiere un poco?
ESCRITOR No.
ÁNGELA Yo no me paso nunca. ¿Sabe qué? Me saca la pesadez, la pesadez de acá. ¡Me da ánimo! Borra lo malo. Pobre Pedro... usted sabe que ya, yo no me acuerdo lo que hacía de malo. Me acuerdo de los momentos de felicidad, eso no se puede olvidar. ¿Usted es positivo? ¡Ay! ¡Pero hay que ser positivo! Le da... un brillo a la vida. ¿Sabe qué? Tengo fe. Venga a ver, tome un poquitito. Eso, ¡ahí está!
Mire, un hombre limpio es otra cosa. Usted sabe que antes que empezara a tomar, antes de que pasara lo peor, mi Pedro era un hombre fuerte y sano... ¡Sabe cómo bailaba! En los bailes, las mujeres lo miraban pero yo era la que lo abrazaba. Bueno, vamos. ¿Sabe una cosa? Voy a dejar todo abierto. No es bueno que un hombre entre en la oscuridad.
ESCRITOR Y yo, yo podría vivir en cualquier casa que usted limpie.
ÁNGELA Usted podría vivir en cualquier parte, ¡bah! Venga, cruce aquí.

ESCRITOR ¿Y cómo es la señorita Lubman?
ÁNGELA Tendrá unos treinta años. Y usted, ¿cuántos tiene?
ESCRITOR Veinticinco.
ÁNGELA ¡Mire! Es más grande ella que usted. ¡Qué va! ¿Vio? Las mujeres siempre parecemos más grandes que los hombres. Bueno, le cuento. Es una chica saludable. Tiene amigos... no le duran mucho que digamos.
ESCRITOR Y los amigos son... ¿como yo?
ÁNGELA Qué, no me va a decir que anda buscando novia, ¡che!
ESCRITOR ¡Ugh! ¡Dietética!
ÁNGELA Deja los libros tirados en todas partes, ¡como usted!
ESCRITOR Me dijo que es escritora, ¿no?
ÁNGELA No, es redactora. Hace propagandas. Conoce usted esa que sale ahora... "La leche, la leche, la leche Guerlera, no es una leche, una leche cualquiera. Es una leche verdadera, ¡Guer-le-ra!" ¡Ella se ríe igualito que usted!
Nos hicimos amigas, claro que nos hicimos amigas. Porque un día yo llegué y estaba ella con todos los ojos llorosos. Me dijo que quería dormir. Que si llamaba alguien dijera que estaba de viaje. Al ratito nomás se levantó, no podía dormir. Bajó, se fue al baño y se cayó. Ahí, delante de la puerta del baño. Mire, fue terrible. Entonces yo fui abajo, le ayudé a levantarse, le preparé un tecito y le dije: quédese quietita en la cama. Y me empezó a decir "gracias, gracias, gracias" de una manera que me asusté. Yo le pregunté qué le dolía, y ella me decía, no me duele nada, se tocaba el vientre y me decía, no siento el cuerpo, estoy como vaciada. ¡Pobrecita mía! ¡Quería dormir y no podía! Y me decía quiero dormir, quiero dormir y no despertarme, pero no para morirme, sino para olvidarme. Y ahí fue nomás, justito cuando yo le empecé a hablar de Dios, claro. Que por qué no venía un día al templo. Pero ella me dijo que no, que no podrían consolarla porque no tenía fe. Después se durmió, como un angelito. Yo tenía que irme a trabajar a otra casa, pero no me animaba dejarla así. Yo no dejo solo ni a un perro. Con Pedro fue otra cosa... Ella se despertó como a las dos horas y me pidió que bajara a comprarle leche y tarta de manzana. Cuando volví me preguntó cuántos hijos tenía, a qué edad los había tenido. Yo le conté de los tres. Le conté de que con Marito, el tercero, casi no salgo viva, pero que recé, recé mucho porque quería vivir, vivir para cuidar a los otros dos.
¡No toque eso! ¡Venga conmigo abajo! ¡Voy a hacer las compras!
AMIGA DE SEÑORITA LUBMAN Hola negra, ¿cómo estás? Habla Pau. Che, mañana después del seminario vamos a comer con Guido y un amigo que te quiere conocer, ¿dale? Ponéte (Ponte) el vestido azul y vení (ven). Si no llegas a ir al curso, te esperamos en Viamonte y Junín a las 11 horas. Un besito. ¡Chaucha!

ESCRITOR ¿Una computadora? Sí, podría escribir más... O un sillón muy cómodo para leer. No, me quedaría dormido. ¿Y si me fuera al campo? No, tampoco... ¿Mudarme? Me gusta cómo limpia Ángela. Es eficaz, es simétrica, pero no es obsesiva. Sabe que su orden es provisorio y que lo va a tener que volver a hacer la semana siguiente.

ÁNGELA ¡Ah, mire! Mire en esta revista, fíjese, aquí salió... Aquí está. El Doctor Ricardo Cardoza. Fíjese, es éste. Es una fiesta importante, ¿no?

ESCRITOR Ricardo Cardoza, ¿vive acá?
ÁNGELA Bueno, vivir, como vivir, no sé. Una vez me dijo que me fuera por dos meses. A veces, esto parece una oficina. Un día, llegó a las tres de la tarde, yo recién llegaba. Me dijo que me podía ir. ¿Pero cómo?, ¡si no le pude hacer la cama! Llegó con... con tres tipos. ¡Unas caras! Una no ve esas caras en el templo. No es que sean caras lindas, son caras honestas. Éstas... daban miedo.
Un día que hacía mucho calor, yo me vine para aquí antes, porque acá está fresquito, prendo el aire acondicionado... me los crucé en la entrada. Él y Graciela Furó. Ella tenía lentes oscuros, pero seguro que era. ¿La conoce a Graciela Furó?
ESCRITOR No.
ÁNGELA ¿Cómo no? Es la de *La Dama de Negro*. ¡La malvada! Después tuvo un accidente y pierde la memoria. Yo le dije al doctor, él me dijo que no, que no era ella. ¿Sabe cuál digo?
ESCRITOR No, no...
ÁNGELA La que no quiere reconocer que tiene un hijo con Antonio Gromau, un hombre indecente... Sí, que después se casa con su primo. Pero si es una artista muy conocida. Bueno, de todas formas, capaz que me equivoqué, yo mucho no la pude mirar. Una cruzadita en el ascensor nomás.
Y... él es un hombre importante, con muchas relaciones... ¡Agh!... Este departamento siempre tiene ese olor agrio, no sé de dónde viene... yo paso Pinolux, paso y paso pero no se va. Hay casas que ya vienen así ¿vio? Con un olor fuerte, ¡como de gato!
Espera... Es el portero. ¿No?... Sí... ¿Yo? La doméstica. Bueno...
ESCRITOR ¿No quiere que me vaya, la espero abajo mejor?
ÁNGELA No, vamos. Sí, ¡a mí tampoco me gusta este lugar! Téngame, que yo me cambio rapidito.
No me voy a andar fijando, ¿vio? Toda la gente tiene derecho a que le limpie. Es mi trabajo. Vamos.

ESCRITOR Ángela saca fuerzas de su trabajo. Hace algo por los demás. Se siente útil. Yo...

ÁNGELA La señora Doris, cuando está, ¡se pone de pesada! ¡Esa manía de darme órdenes! "No use demasiado jabón, Ángela. No desperdicie" ¡Siempre encima mío!
Los chicos, ¡tan sucios! Pegan chicles por debajo de la mesa. Los hijos del Rafael, gritones y malcriados... tienen un perrito que orina las alfombras, ¡insoportable! ¿Tiene ganas de comer algo? Abra la heladera y sírvase. ¿Y? A ver, ¡qué rico! A ver, ¡está riquísimo! ¿Por qué no se fija si hay algo dulce? Sabe que debe haber helado... Usted se parece a la Yoli, tan buenita cuando era chiquitita. A ver, un momentito... un toque de esto...
¿Qué tal? Ahí está. Bueno, una vez, a la Yoli la habían elegido para hacer de dama antigua. La casa de Los Sorondo me habían dado una pollerita, y yo, yo le había hecho unos voladitos con papel crepé. Y el Marito, que en ese entonces era tan unido a ella, agarró una peineta, le puso unas piedritas y unas bolitas... Estábamos orgullosos, la Yoli... ¡parecía una reina! Todo estuvo bien, hasta que trajeron las empanadas con el vino.
¡No tomes, justo hoy, Pedro! La Yoli estaba asustada. No quería que unos compañeritos supieran que él bebía. Y yo, que nunca, nunca me había peleado con él, le dije: Ándate, Pedro, ¡ándate!, ¡que estás tomando frente de los chicos! A los dos días volvió, con una cajita de música con una dama antigua que daba vueltas...
CANCIÓN ...Y así le decían, mami el negro está rabioso, quiere bailar conmigo, decírselo a mi papá, mami, yo me acuesto tranquila, me acuesto de cabeza y el negro me destapa. Mami, ¿qué será lo que quiere el negro? Mami, ¿qué será lo que quiere el negro? Mami, ¿qué será lo que quiere el negro? Mami, ¿qué será lo que quiere el negro? Mami, ¿qué será lo que quiere el negro?

ÁNGELA ¡Deje eso! A ver, toma.
¿Sabe? Una vez, Pedro y yo peleamos muy fuerte. Yo no lo podía dejar volver, por los chicos, él tomaba mucho. Lo encontraron una mañana muerto de frío, en un banco de plaza. Pedro era tan... ¿Sabe? Cuando transpiraba parecía que se le limpiaba el cuerpo, le brillaba. Dios guarde su alma. ¡Eh! ¿Qué está hablando?
ESCRITOR Estoy rezando.
ÁNGELA ¿Usted? Soy yo la que va a misa. ¡Usted ni siquiera cree en Dios!
ESCRITOR Estoy rezando por usted, Ángela.
ÁNGELA No rece por mí, mi alma ya se ha salvado. Rece por esas almas perdidas en la ciudad.

ESCRITOR Ángela vuelve a su casa. Todos vuelven a sus casas. ¿Caminar? ¿Irme a un bar? No, mejor vuelvo a casa. Tengo ganas de escribir.

Cortometraje: *La Yaya*

Directora: Juana Macías Alba
País: España

MARÍA En mi familia, como en todas, hay historias que se cuentan una y otra vez. Hay historias que se cuentan de tarde en tarde y están esas otras de las que no se habla nunca. Mi hermano Jorge, fascinado con su primer coche. Viejas excursiones familiares. Roberto, el menor de los tres. Su última postal era de Caracas, Venezuela. Supongo que seguirá allí. Estoy segura de que mis padres nos hubieran llevado a conocer un montón de sitios. Ellos viajaban mucho. Pienso en mis hermanos muy a menudo. Habíamos sido lo que se podía llamar un modelo de familia... hasta que la yaya murió. Después ya no volvimos a vernos, no volvimos al pueblo, ni a la casa familiar, que dejó de serlo. De ella no guardo fotos. Sin embargo, su imagen aparece una y otra vez en mi cabeza.

ENCARGADO DE FUNERARIA Lamento interrumpirles, pero tenemos que enterrar a su abuela. Si son tan amables...
MARÍA Las historias de las que no hablamos pretendemos que no han existido, y aun así, las llevamos con nosotros. Tal vez, lo único que nos libera es volver a ellas. Vuelvo a ver nuestras viejas películas. Pero no se parecen a la infancia que yo recuerdo. El tiempo siempre añade matices nuevos y esos niños felices me resultan tan ajenos como cualquier desconocido. Vuelvo a ver mis películas pero no me ayudan a recordar, sino que inventan un pasado hecho de fragmentos. No éramos una familia como ella quería.
MUJER 1 Desde luego, tienen que estar destrozados.
MUJER 2 Es que la querían muchísimo...
MARÍA La yaya murió en noviembre, a los 90 años, tremendamente rica.
ROBERTO Se acabó. Nada que hacer. Tres mil kilómetros para nada, para volver con las manos vacías. ¿Qué ha sido esto, yaya? ¿Uno de tus castigos ejemplares? ¿Una venganza? ¿O simplemente el capricho de una vieja egoísta?
MARÍA ¡Qué tonta he sido! Toda la vida cuidándote, toda la vida sirviéndote de criada, soportando tus manías y tus quejas. Primero con la excusa de hacerme una mujercita, después porque estabas vieja y necesitabas que alguien se ocupara de ti... ¡Y todo para nada!
JORGE ¡Vieja zorra! ¿No te he obedecido siempre?... ¿No he vivido como querías?... Siempre imponiendo tu voluntad. Tanto predicar a favor de la familia, ¿es que yo no llevo tu sangre? ¿Es que lo tuyo no es también mío?

JORGE Al parecer ha estado interesada en conservar el dinero en metálico. ¿Sabéis en total cuánto le quedó?... Pues otros 160 millones.
MARÍA Es como para volverse locos, más de 300 millones que han desaparecido.
JORGE María, por favor, el dinero no se desvanece en el aire, y menos esa cantidad.
JORGE Lo que pasa es que no está... "a la vista", por así decirlo.
ROBERTO ¿Nos vas a explicar de una vez lo que te ronda por la cabeza o vas a seguir jugando a ser el más listo?
JORGE Pues es muy simple: cuando algo no se ve, es porque está escondido.
MARÍA ¿Escondido? ¿Quieres decir, aposta?
JORGE Que yo sepa el dinero no se esconde solo...
ROBERTO La verdad es que la yaya era bastante retorcida...
MARÍA ¡Era un bicho! Y esconder su fortuna sólo por no darnos el gusto de disfrutarla es algo muy de su estilo.
ROBERTO Igual no nos la merecemos.
MARÍA ¡A lo mejor tú no!
ROBERTO ¡Nadie te obligó a quedarte!
MARÍA Ay, ¿y qué querías que hiciera? Es muy fácil marcharse...
JORGE Bueno, yo lo único que os digo es que no quiero que vuelva a salirse con la suya.
MARÍA No te molestes, siempre acaba imponiendo su voluntad...
JORGE Sí, pero ahora está muerta, y nosotros estamos vivos.
ROBERTO Y ésa es nuestra mejor baza.
JORGE ¿La yaya ha escondido el dinero? Pues muy bien, nosotros iremos a buscarlo; y esta vez ella no podrá impedirlo. Simplemente quiero lo que es mío.
MARÍA Estoy contigo. ¿Roberto?
ROBERTO Hay que darse prisa, tenemos dos horas antes de que lleguen los del Ayuntamiento.
JORGE Tiempo de sobra.
MARÍA Pero ¿qué buscamos exactamente?
JORGE Dinero, María, fajos de billetes, montones de fajos de billetes.
MARÍA Yo busco en su cuarto...

MARÍA Las imágenes de la casa que recuerdo se desvanecen fácilmente. Los sonidos, en cambio, son mucho más difíciles de olvidar. ¡Qué placer fue profanar los lugares de la infancia! ¡Qué placer destruir lo intocable, buscar en lo prohibido!
LA YAYA ...por eso, y a excepción de la casa familiar y todo el mobiliario que contiene, que sabéis siempre fue deseo de vuestro abuelo y mío legar al Municipio, os dejo a vosotros, mi única y adorada familia, todos mis bienes. Roberto, el pequeño y el más aventurero, son para ti toda la biblioteca y las aves disecadas. También es tuyo el Hispano Suiza de tu abuelo, seguro que si le das una pintada, quedará como nuevo. Jorge, siendo el mayor, te dejo a ti la colección de discos y el viejo tocadiscos de manivela que tanto te gustaba, las acuarelas que fueron de la bisabuela y los trofeos de caza del abuelo. María, mi niña, quién mejor que tú para cuidar de mi traje de boda bordado de perlas rosas. ¡Ah! ten cuidado con el velo de encaje flamenco. Sabes que es muy delicado. Y aunque seguro que se cae en mil pedazos, es para ti la vieja máquina de coser. Espero que le saques el mayor partido posible... Y esto, mis queridos nietos, es mi legado. Disfrutad de él y sed felices como yo lo he sido, disfrutad de la vida, por dura que a veces resulte. Y no olvidéis que sois una familia. Os quiere...
ABOGADA Os quiere vuestra abuela. Firmado: Pilar García Santos.
ROBERTO ¿Y eso es todo?
ABOGADA Así parece...
ROBERTO ¿Qué pasa con el dinero?
JORGE ¡Pero esto es absurdo! Si estaba forrada, nos consta que el abuelo la dejó en muy buena situación y que había hecho inversiones rentables.
ABOGADA Lamento no poder ayudarles, yo sólo he autentificado el testamento de doña Pilar. No sé que ha podido hacer con todo ese capital. Lo que está claro, es que no se lo ha dejado a ustedes.

CURA Buenas tardes, hijos míos ¿Queréis acompañarme en una última oración por el alma de vuestra abuela?
JORGE Mire, Padre, la verdad es que nos gustaría quedarnos un rato a solas con la yaya antes de...
CURA Claro, claro, me hago cargo... Ay, Jorge, María, Robertito... ¡Qué tres magníficos nietos! Estoy seguro de que doña Pilar dejó feliz este mundo teniendo a su alrededor...
MARÍA Seguro, seguro padre... Por eso queríamos darle ahora un último adiós. Le agradeceríamos si pudiera dejarnos a solas...
CURA ¡Qué hermoso gesto, qué hermoso gesto!... Pero claro, ya lo decía Nuestro Señor Jesucristo: "De lo que siembres, recogerás". Y vuestra abuela sembró mucho amor durante toda su vida, amor a su alrededor, y en vuestros corazones...
ROBERTO ¡Que se largue, Padre!
MARÍA Hay que registrarla.
ROBERTO Eso es cosa tuya.
MARÍA ¿Qué? ¡Ni lo sueñes, no pienso tocarla!
JORGE ¡Vamos María, no es hora de andarse con remilgos! Está muerta, no va a morderte.
MARÍA ¿Y éstos?
JORGE Nosotros nos ocupamos. Tú empieza.
JORGE ¿Cómo va eso?
MARÍA No lleva pendientes, ni colgantes, ni anillos...
ROBERTO Quizá entre las ropas...
MARÍA Para eso había que levantar el cuerpo...
JORGE Pues vamos, entre los tres...
MARÍA Pero...
ROBERTO ¡No hay peros que valgan, no nos queda tiempo!
LA YAYA Mis muy queridos nietos, escribo estas líneas sabiendo que poco me queda ya de vida. Pero no tengo miedo a la muerte, sé que de alguna forma viviré en vosotros. Cada uno me habéis dado grandes alegrías y grandes tristezas; por vosotros luché, sufrí y tuve de nuevo esperanza. Me gusta recordaros con la misma sonrisa y sana alegría que teníais en aquellas tardes de otoño en la casita del abuelo. Sé que ha habido a veces diferencias entre nosotros, pero no olvidéis que lo más importante es que somos al fin y al cabo una familia.
ENCARGADO DE FUNERARIA Disculpen, lamento interrumpirles, pero tenemos que enterrar a su abuela. Si son tan amables...
MARÍA Los objetos son una herencia engañosa. Parece absurdo pero aquello que más detestamos es lo que acabamos repitiendo. No soporto descubrir su mirada en la de Roberto, sus frases, sus reproches en boca de Jorge, sus gestos en mis propios gestos. Somos como ella. La misma actitud egoísta y mezquina que le reprochábamos, con la que nos enseñó a vivir. ¿Qué somos realmente? Lo que elegimos, lo que vamos dejando atrás, ¿lo que heredamos?... Creíamos que habíamos regresado para nada, para volver con las manos vacías, y en medio de la locura descubrimos que ya teníamos nuestra herencia. No será fácil librarnos de ella.

Introducción al vocabulario

Vocabulario activo

Este glosario contiene las palabras y expresiones que se presentan como vocabulario activo en **REVISTA**. A cada entrada le sigue un número que indica la lección en la que se introdujo dicha palabra o expresión.

Sobre el alfabeto español

En el alfabeto español la **ñ** es una letra independiente que sigue a la **n**.

Abreviaciones empleadas en este glosario

adj.	adjetivo	*fam.*	familiar	*prep.*	preposición
adv.	adverbio	*form.*	formal	*pron.*	pronombre
conj.	conjunción	*m.*	masculino	*sing.*	singular
f.	femenino	*pl.*	plural	*v.*	verbo

Español-Inglés

A

a solas *adj.* alone **6**
a voluntad *adv.* at will **5**
abeja *f.* bee **5**
aborrecer *v.* to detest **3**
abuso de poder *m.* abuse of power **4**
acechar *v.* to lurk **6**
acertado/a *adj.* right **1**
acontecimiento *m.* event **1**
acosador(a) *m., f.* stalker **3**
acosar *v.* to stalk **3**
acuarela *f.* watercolor **6**
acusado/a *m., f.* accused **4**
adivinar *v.* to guess **1**
adulatorio/a *adj.* flattering **5**
adusto/a *adj.* austere **2**
advertir *v.* to notice **6**
afilado/a *adj.* sharp **6**
afrontar *v.* to face **2**
agachar *v.* to crouch down **4**
agarrar *v.* to grab **1**
agasajar *v.* to receive (a guest) **5**
agradecer *v.* to be grateful **6**
agravarse *v.* to worsen **6**
agregar *v.* to add **4**
aguinaldo *m.* extra month's salary paid at Christmas **6**
agujero *m.* hole **4**
aislado/a *adj.* isolated **4**
aislamiento *m.* isolation **4**
ajeno/a *m., f.* foreign **6**
alabar *v.* to praise **6**
alarma *f.* alarm **5**
albañil *m., f.* mason **5**
alcanzar *v.* to get, to bring **6**
alcohólico/a *adj.* alcoholic **5**
alienado/a *adj.* alienated **4**
alivio *m.* relief **3**
alma *f.* soul **1**
alocado/a *adj.* reckless **5**
alrededor *adv.* around **4**
altavoz *m.* loudspeaker **4**
alterarse *v.* to get upset **3**
altura *f.* height **5**
aludir *v.* to refer to **3**; to allude **5**
alusión *f.* allusion **3**
amado/a *m., f.* sweetheart **5**
amanecer *v.* to dawn **4**
amargamente *adv.* bitterly **6**
amargura *f.* bitterness, pain **5**
ambición *f.* ambition **2**
ambulante *adj.* itinerant **1**
amenazante *adj.* threatening **2**
amenazar *v.* to threaten **1**
amontonar *v.* to pile up **4**
amor de pareja *m.* romantic love **5**
amor no correspondido *m.* unrequited love **5**
andén *m.* platform **4**
ángel *m.* angel **1**
animado/a *adj.* lively **2**
animar *v.* to encourage **3**
anonadado/a *adj.* overwhelmed **3**
anticuado/a *adj.* old-fashioned **5**
apagado/a *m., f.* switched off **6**
aparición *f.* apparition **1**
apartar(se) *v.* to take away; to get away **4**
apenas *adv.* hardly **1**
aplastar *v.* to squash **1**
apoderarse *v.* to take possession **4**
apresurar(se) *v.* to hurry **4**
arena *f.* sand **2**
arma *f.* gun **1**
armario *m.* closet **5**
arrebato *m.* fit **3**
arrepentirse *v.* to be sorry **1**; to regret **2**
arriesgarse *v.* to risk; to take a chance **2**
arrogante *adj.* arrogant **5**
arrojar *v.* to throw **4**
arzobispo *m.* archbishop **4**
asaltante *m., f.* robber **1**
asequible *adj.* attainable **2**
asesinar *v.* to murder **4**
asombrado/a *adj.* astonished **6**
asombro *m.* astonishment **4**
aspirante a *adj.* aspiring to **3**
astro *m.* heavenly body **1**
astronauta *m., f.* astronaut **1**
astuto/a *adj.* cunning **5**
asustarse *v.* to get frightened **1**
atasco *m.* traffic jam **3**
ataúd *m.* coffin **6**
aterrizar *v.* to land **1**
atrapar *v.* to catch **4**
atrasar *v.* to lose time **1**
atravesar *v.* to cross **4**
atreverse a *v.* to have the courage to (+ inf.); to dare **2**
autoestima *f.* self-esteem **2**
autovía *f.* highway **5**
avaricioso/a *adj.* greedy **6**
aventurarse *v.* to venture **2**
avergonzado/a *adj.* ashamed; embarrassed **3**
avergonzarse *v.* to be ashamed **3**
averiguar *v.* to find out **3**
azotea *f.* flat roof 4

B

balde *m.* bucket 4
barbaridad: **¡Qué barbaridad!** This is incredible! **6**
batería *f.* drums **3**
batir *v.* to beat **4**
batirse en duelo *v.* to fight a duel **4**
besar *v.* to kiss **5**
bicho *m.* bug **1**
bienes *m., pl.* possessions **6**
bienestar *m.* well-being **2**
bigote *m.* moustache **2**
blando/a *adj.* soft, delicate **6**
bloqueo mental *m.* mental block **5**
bombero/a *m., f.* firefighter **2**
bondadosamente *adv.* kindly **2**

bostezar *v.* to yawn **3**
botín *m.* loot **4**
brillo *m.* sparkle **4**
brote *m.*outbreak **6**
búsqueda *f.* search **2**
butaca *f.* seat **3**

C

cadáver *m.* corpse **6**
camino: de camino a *loc.* on the way to **3**
campanilla *f.* bell **1**
campaña *f.* campaign **4**
campesino/a *m., f.* peasant **2**
candidato/a *m., f.* candidate **4**
caos *m.* chaos **5**
capricho *m.* whim **6**
cárcel *f.* jail **3**
cardenal *m.* bruise **1**
cargo *m.* position **5**
carretera *f.* road **5**
castigar *v.* to punish **1**
castigo *m.* punishment **4**
cásting *m.* audition **3**
caverna *f.* cave, cavern **2**
caza *f.* hunting **6**
ceguera *f.* blindness **6**
censura *f.* censorship **3**
cerebro *m.* brain **1**
chamán *m.* shaman **2**
chisme *m.* piece of gossip **5**
chispa *f.* flicker **3**
chocar *v.* to crash **4**
ciego/a *adj.* blind **1**
cigarra *f.* cicada **5**
cimentar *v.* to establish **3**
ciudadano/a *m., f.* citizen **3**
clavar *v.* to drive something into something **3**
clave *f.* key **2**
clonación *f.* cloning **1**
cobertura *f.* coverage **6**
cobrar *v.* to charge; to collect money owed **5**
cola de conejo *f.* rabbit's foot **3**
colgar (el teléfono) *v.* to put down (the phone) 6
colmillo *m.* canine **5**
colocado/a *adj.* placed **6**
colonia *f.* eau de cologne **2**
comediante *m., f.* comedian **3**
cometer un crimen *v.* to commit a crime **1**
comodín *m.* joker **6**
compadecer *v.* to feel sorry for **6**
cómplice *m., f.* accomplice **4**
componerse *v.* to fix itself; to get better **2**
comprensivo/a *adj.* understanding **5**
compromiso *m.* obligation **6**
concentrarse *v.* to concentrate **5**
conciliador(a) *m., f.* conciliatory **2**
condenar *v.* to sentence **3**
condenado/a *adj.* doomed **6**
condenado/a *m., f.* condemned **2**
conmover *v.* to move (emotionally) **1**
conmovido/a *adj.* to be (emotionally) moved **1**
consagración *f.* professional recognition **3**
conservatorio *m.* conservatory **3**
consolar *v.* to console **5**
conspirar *v.* to conspire, to plot **3**
consuelo *m.* comfort **6**
contentar *v.* to make happy **2**
contentarse *v.* to be satisfied **2**
controvertido/a *adj.* controversial **6**
convencer *v.* to convince **3**
convocar *v.* to invoke **1**
copo *m.* snowflake **4**
coraje *m.* courage **2**
cordón (de la acera) *m.* curb (of the sidewalk) 4
correrse la voz *v.* there are/were rumors **1**
cortar (el pelo) *v.* to have (the hair) cut **2**
costumbre *f.* custom **3**
creencia *f.* belief **5**
creyente *m., f.* believer **5**
criado/a *m., f.* maid **6**
criarse *v.* to bring up, to be raised by **6**
criatura *f.* creature **2**
crítica *f.* review **3**
crónica *f.* report **1**
cueva *f.* cave **1**
culpable *m., f.* guilty **4**
cura *f.* cure **5**
cura *m.* priest **2**
curita *f.* bandage **2**

D

dar a luz *v.* to give birth **4**
dar rabia *v.* to be annoying **6**
darse cuenta *v.* to become aware of something, to realize **2**
de buenas a primeras *loc.* suddenly **1**
debilidad *f.* weakness **5**
declaración *f.* statement **4**
dedicación *f.* dedication **3**
dedicar *v.* to dedicate **5**
dedicatoria *f.* dedication **5**
defraudado/a *adj.* disappointed **3**
delirar *v.* to be delirious **1**
delito *m.* crime **4**
depresión *f.* depression **2**
deprimido/a *adj.* depressed **2**
derecho *m.* right **3**
derogar (una ley) *v.* to abolish (a law) 4
derretirse *v.* to melt, disintegrate **4**
desamor *m.* lack of affection **5**
desanimarse *v.* to get discouraged **2**
desaparecido/a *m., f.* missing person **4**
desaprovechar *v.* to waste **3**
desconocer *v.* not to know **5**
desconocido/a *adj.* unknown **1**
descubrimiento *m.* discovery **2**
desdeñado/a *adj.* rejected **5**
desembarcar *v.* to disembark **2**
desembolsar *v.* to pay out **6**
desengañado/a *adj.* disillusioned **3**
desengaño amoroso *m.* heartbreak **5**
desenlace *m.* ending **3**
desesperante *adj.* exasperating **5**
desgraciado/a *adj.* unhappy, unfortunate **2**
deshacer *v.* to disintegrate **4**
desilusionado/a *adj.* disappointed **3**
desilusionar *v.* to disappoint **2**
desilusionarse *v.* to be disappointed, to become disillusioned **2**
desinterés *m.* lack of interest **3**
desistir *v.* to give up **6**
desordenado/a *adj.* untidy, messy **5**
desperdiciar *v.* to waste **5**
destrozar *v.* to ruin **4**
desvanecerse *v.* to vanish, to disappear **6**
detener *v.* to stop **4**
determinación *f.* determination, resolution **2**
determinado/a *adj.* determined **2**
diablo *m.* devil **1**
dictadura *f.* dictatorship **4**
difunto/a *m., f.* deceased **5**
discurso *m.* speech **4**
disecado/a *adj.* taxidermied **6**
disparar *v.* to shoot **4**
disparate *m.* nonsense **3**
disparo *m.* shot **1**
distraído/a *adj.* absentminded **5**
dócil *adj.* docile **3**
duelo *m.* duel **4**
duro/a *adj.* harsh **4**

E

echar de menos *v.* to miss **4**
ecuación *f.* equation **2**
efectos secundarios *m., pl.* side effects **5**
eficaz *adj.* efficient **5**
embarazada *adj.* pregnant **2**
embarazarse *v.* to get pregnant **6**
embotellamiento *m.* traffic jam **3**
empleado: (empleado/a) doméstico/a *m., f.* maid **5**
enamoramiento *m.* infatuation **5**
encargado/a *m., f.* supervisor **5**
encontrado/a *adj.* conflicting **3**
encrucijada *f.* crossroads **1**
encuentro *m.* meeting **1**
enfrentamiento *m.* confrontation **4**
enfriar *v.* to chill **6**
engañar *v.* to deceive, to trick **1**
engañoso/a *adj.* deceiving **3**
ensayar *v.* to rehearse **3**

ensueño *m.* daydream, fantasy **1**
enterarse *v.* to find out **1**
enterrar *v.* to bury **6**
entierro *m.* burial, funeral **6**
entreabierto/a *adj.* half-open **1**
entristecerse *v.* to become sad **2**
episodio *m.* episode **3**
equivocarse *v.* to make a mistake **3**
escalera *f.* stairway **5**
escalofriante *adj.* horrifying **1**
escéptico/a *adj.* skeptical **1**
escoba *f.* broom **1**
esconder *v.* to hide **5**
escondido/a *adj.* hidden **4**
esfuerzo *m.* effort **2**
esnob *adj.* snobby **6**
espejo *m.* mirror **2**
establo *m.* stable **2**
estar en un dilema (*m.*) v. to have a dilemma **2**
estar localizable *v.* to be available **6**
estelar *adj.* star **3**
estimular *v.* stimulate **5**
estrella *f.* star **3**
estrenar *v.* to premiere **3**
estreno *m.* premiere **3**
estupidez *f.* stupidity **2**
evadirse *v.* to escape **2**
exigente *adj.* demanding **3**
exigir *v.* to demand **1**
exiliado/a *adj.* exiled, in exile **4**
exilio *m.* exile **4**
éxito *m.* success **3**
expectativa *f.* expectation **2**
extasiado/a *adj.* captivated, enraptured **2**
extraño/a *adj.* strange, odd **1**
extraterrestre *m., f.* extraterrestrial, alien **1**

F

facha *m., f.* fascist **3**
fajo (de billetes) *m.* wad (of bills) **6**
falla *f.* flaw **4**
fallecer *v.* to die, to expire **6**
falsa ilusión *f.* delusion **2**
falta de *f.* lack of **3**
famoso/a *adj.* famous person **3**
fan *m., f.* fan **3**
fantasía *f.* fantasy **1**
fantasma *m.* ghost **1**
fantástico/a *adj.* fantastic, imaginary **1**
fe *f.* faith **5**
fenómeno *m.* phenomenon **1**
fiarse de (alguien) *v.* to trust (somenone) 3
filo *m.* blade **2**
fingir *v.* to pretend **6**
firmar *v.* to sign **1**
fisgonear *v.* to nose around **5**
fortuito *adj.* fortuitous **3**
forzar *v.* to force **4**
fracaso *m.* failure **3**
frasco *m.* flask **2**
fulminante *adj.* sudden, devastating **4**

G

galán *m.* hero **3**
gallina *f.* chicken **5**
gallo *m.* cock **5**
gobernar *v.* to govern **4**
golpear *v.* to hit **4**
gorra *f.* cap **3**
gotear *v.* to drip **4**
gritar *v.* to shout **5**
gruta *f.* cave **2**
guardia de seguridad *m., f.* security guard **5**
guerra *f.* war **4**
guiñar *v.* to wink **5**

H

hablador(a) *adj.* talkative **5**
hacer: (hacer algo) a su espalda *v.* (to do something) behind somebody's back **6**
helar *v.* to freeze **4**
herencia *f.* legacy **4**
hipocresía *f.* hypocrisy **6**
hogareño/a *adj.* domestic **3**
huella *f.* footprint, track **1**
humilde *adj.* humble **2**
hundir (un barco) v. to sink (a ship) **2**

I

idealizar *v.* to idealize **5**
ilusión *f.* hope; illusion **2**
imaginario/a *adj.* imaginary **1**
impedir *v.* to hinder, to hamper **2**
improvisar *v.* to improvise **3**
impune *adj.* unpunished **4**
impunidad *f.* impunity **4**
incapacidad *f.* incompetence **6**
incomodidad *f.* discomfort **4**
incómodo/a *adj.* uncomfortable; awkward **3**
indeciso/a *adj.* undecided **2**
industria *f.* industry **3**
inédito/a *adj.* unprecedented **4**
inerme *adj.* unarmed **4**
infelicidad *f.* unhappiness **2**
informarse *v.* to get informed **4**
informe *m.* report **2**
injuriar *v.* to slander **3**
injurioso/a *adj.* slanderous **3**
inmortal *adj.* immortal **1**
inmortalidad *f.* immortality **2**
innecesario *adj.* unnecessary, needless **6**
inocencia *f.* innocence, naivety **1**
inoportuno/a *adj.* untimely, inopportune **6**
inquietante *adj.* disturbing **5**
inquieto/a *adj.* restless **5**
insalvable *adj.* insurmountable **6**
insólito/a *adj.* unusual **2**
insoportable *adj.* unbearable **5**
inspiración *f.* inspiration **5**
inspirado/a *adj.* inspired **5**
inspirar *v.* to inspire **5**
inspirarse *v.* to get inspired **5**
instinto *m.* instinct **3**
insultar *v.* to insult **5**
internado *m.* boarding school **3**
interpretar *v.* to interpret **3**
interrumpir *v.* to stop **4**
intrépido/a *adj.* intrepid **2**
intrigar *v.* to intrigue **2**
inversión *f.* investment; reversal **6**
invertir *v.* to invert, to reverse **6**
investigador(a) *m., f.* researcher **2**
irritante *adj.* irritating **6**

J

jornada *f.* working day **2**
juez(a) *m., f.* judge **3**
juicio *m.* trial **4**
juntar *v.* to put together **4**
justo *adv.* just **4**
justo: (in)justo/a *adj.* (un)fair **4**
juzgado *m.* court house **4**
juzgado/a *adj.* tried (legally) 4
juzgar *v.* to judge **3**

L

laborioso/a *adj.* hard-working **5**
ladrón/ladrona *m., f.* thief **1**
lágrima *f.* tear **5**
languidecer *v.* to languish **1**
legar *v.* to bequeath, to leave (in a will) 6
linterna *f.* flashlight **1**
llamador *m.* button **1**
llanto *m.* crying **5**
llevar a cabo *v.* to carry out **4**
llevar razón *v.* to be right **5**
locura *f.* madness **1**
lucha *f.* struggle **4**
lujo *m.* luxury **6**

M

magia *f.* magic **1**
malhumor *m.* bad mood **2**
malbaratar *v.* to squander **6**
malvado/a *adj.* evil **3**
mancha *f.* stain **1**
manejo *m.* management **6**
manía *f.* obsession, peculiar habit **6**
manifestación *f.* demonstration **4**
manosear *v.* to handle **4**
manzana *f.* block **4**
marchar *v.* to leave **2**
masajista *m., f.* masseuse **6**
mascullar *v.* to mumble **3**

matar *v.* to kill **1**
medios *m., pl.* means, resources **3**
mejorar *v.* to improve **5**
melodioso/a *adj.* melodious **2**
menospreciado/a *adj.* underestimated **6**
merecer(se) *v.* to deserve **4**
meta *f.* goal **2**
metálico: en metálico *m.* cash **6**
mezquino/a *adj.* mean **6**
milpa *f.* cornfield **2**
mimado/a *adj.* spoiled **5**
misa *f.* mass **5**
mobiliario *m.* furniture **6**
mojado/a *adj.* wet **4**
mono *m., f.* monkey **5**
monotonía *f.* monotony **6**
montón *m.* pile **4**
moraleja *f.* moral **5**
mortecino/a *adj.* pale, deathly **2**
mudo/a *adj.* mute **1**
mueca (de dolor) *f.* grimace (of pain) **1**
muñeca *f.* wrist **1**
muralla *f.* wall **2**
murmullo *m.* murmur **4**

N

natalidad *f.* birthrate **6**
náufrago/a *m., f.* castaway **2**
navaja *f.* razor **2**
nave espacial *f.* spaceship **1**
nave *f.* ship **2**
novelero/a *adj.* fickle **3**
nuca *f.* nape **4**

O

obligar *v.* to oblige, to force **4**
obsesionado/a *adj.* obsessed **3**
ocurrirse *v.* to come to mind **4**
odiar *v.* to hate **2**
oído *m.* inner ear **1**
olvido *m.* oblivion **2**
oponerse *v.* to oppose **3**
oscilar *v.* to swing **6**
otorgar *v.* to grant **4**
OVNI (objeto volador no identificado) *m.* UFO **1**
oxidado/a *adj.* rusted **2**

P

pala *f.* dustpan **2**
pantalla *f.* screen **3**
paradoja *f.* paradox **4**
paraguas *m.* umbrella **4**
paraíso *m.* paradise **2**
paranormal *adj.* paranormal **1**
pareja *f.* couple **5**
pasamontañas *m.* ski mask **1**
pavimento *m.* paving **4**
pedante *adj.* know-it-all **3**
pelea *f.* argument **5**
pelear *v.* to argue **5**
pelearse *v.* to quarrel **4**
peligro *m.* danger **1**
pelo *m.* hair **2**
peluca *f.* wig **2**
peluquero/a *m., f.* hairdresser **2**
penas *f., pl.* woes **5**
perdurar *v.* to last **1**
permitirse el lujo *v.* to afford **6**
perseguir *v.* to chase **6**
perspicaz *adj.* acute, sagacious **2**
pez *m.* fish **2**
pícaro/a *adj.* cunning **4**
pisar *v.* to tread **4**
plantear un interrogante *v.* to raise a question **1**
poblador(a) *m.* settler **4**
pobreza *f.* poverty **1**
poder *m.* power **2**
podrido/a *adj.* fed up **1**
poner a salvo *v.* to put in a safe place **4**
porquería *f.* filth **2**
premio *m.* prize **3**
prensa *f.* press **3**
prescindir *v.* to do without **6**
presenciar *v.* to witness **4**
preso/a *m., f.* prisoner **3**
presumido/a *adj.* conceited **5**
prevalecer *v.* to prevail **6**
prevenir *v.* to prevent **5**
principiante *m., f.* beginner **3**
procesión *f.* procession **2**
prolongado/a *adj.* long, lengthy **6**
provechoso/a *adj.* profitable **3**
provisorio/a *adj.* temporary **5**
psiquiatra *m., f.* psychiatrist **2**
puñalada *f.* stab **3**
puñetazo *m.* punch **5**

Q

queja *f.* complaint **4**
quejarse *v.* to complain **5**

R

rabia *f.* anger **4**
radiolocalizador *m.* beeper **4**
rascacielos *m., pl.* skyscraper **5**
rasgos *m., pl.* features **1**
rasguño *m.* scratch **2**
ratón, ratona *m., f.* mouse **1**
rebelarse *v.* to rebel **2**
rebelde *adj.* rebellious **2**
rechazo *m.* rejection **3**
reciclar *v.* to recycle **6**
recogedor *m.* dustpan **1**
recompensa *f.* reward **2**
recóndito/a *adj.* remote **5**
recuerdo *m.* memory **6**
recurrir (a alguien) *v.* to turn to (someone) **2**, to resort to (something) **3**
régimen *m.* form of goverment **4**
registrar *v.* to search **6**
reglamento *m.* regulations **3**
remedio *m.* remedy, cure **5**
remover *v.* to toss **4**
rencor *m.* resentment **4**
renglón *m.* line **5**
rentable *adj.* profitable **6**
renunciar *v.* to give up **5**
repartir *v.* to distribute, to hand out **6**
reparto *m.* cast **3**
reposo *m.* rest **2**
reproche *m.* reproach **6**
requisar *v.* to confiscate **4**
respeto *m.* respect **3**
restos *m., pl.* remains **4**
resultado *m.* result **5**
retar a duelo *v.* to challenge to a duel **4**
retorcido/a *adj.* twisted, devious **6**
retorno *m.* return **2**
retratar *v.* to photograph **1**
retrato *m.* portrait **1**
revelar *v.* to reveal **6**
rezo *m.* prayer **2**
risueño/a *adj.* agreeable **2**
ritmo *m.* rhythm **3**
robar *v.* to rob **1**
robo *m.* robbery **1**
robot *m.* robot **4**
rodar *v.* to shoot (a film) **3**
rodear *v.* to surround **1**
rollo *m.* roll **3**
rostro *m.* face **1**
rozar *v.* to graze **4**
ruidoso/a *adj.* noisy **5**

S

saborear *v.* to savor **2**
sala *f.* movie theater **3**
salida de emergencia *f.* emergency exit **5**
saltar *v.* to jump **6**
sangre *f.* blood **1**
seco/a *adj.* dry **4**
secuestrar *v.* to kidnap **4**
seguridad *f.* safety **2**
selva *f.* jungle **5**
sencillez *f.* simplicity **5**
señal *f.* signal **6**
sequía *f.* drought **2**
ser capaz de *v.* to be able to **5**
ser humano *m.* human being **1**
sesión (cinematográfica) *f.* performance **3**
sin pareja *adj.* single **5**
síndrome de abstinencia *m.* withdrawal symptoms **6**
sirena *f.* mermaid, siren **2**
sobrenatural *adj.* supernatural **1**

sobreponerse *v.* to overcome **6**
soleado/a *adj.* sunny **4**
sombra *f.* shadow **1**
sonar *v.* to ring **6**
soportar *v.* to put up with **6**
sospechar *v.* to suspect **5**
suceso *m.* incident **1**
suciedad *f.* filth **2**
suelo *m.* ground **1**
sueño *m.* dream **1**
sufrimiento *m.* suffering **6**
suicidarse *v.* to commit suicide **5**
sumar *v.* to add **2**
sumiso/a *adj.* submissive **2**
superar *v.* to overcome, to get over **5**
superarse *v.* to better oneself **5**
superficial *adj.* shallow **6**
superpoblación *f.* overpopulation **1**
suprimir *v.* to suppress **5**
surgir *v.* to arise **3**
suspirar *v.* to sigh **2**
susurrar *v.* to whisper **6**

T

tacaño/a *adj.* miserly, stingy **6**
tanto *adj.* so much **2**
tapa *f.* lid **4**
tejado *m.* roof **1**
telediario *m.* television news **4**
telequinesia *f.* telekinesis **1**
temblar *v.* to shake, to tremble **1**
tender a *v.* to tend to **6**
tercero *m.* third party **6**
terco/a *adj.* stubborn **2**
testamento *m.* will **6**
tétrico/a *adj.* gloomy **2**
tibio/a *adj.* lukewarm **4**
tijera *f.* scissors **2**
tiritar *v.* to shiver **4**
tomarse la molestia *v.* to bother **3**
tortilla *f.* omelet **4**
tragarse *v.* to swallow up **4**
trapo *m.* cloth **2**
trasladar *v.* to move **4**
trastornado/a *adj.* disturbed **3**
tratar a (alguien) *v.* to treat (someone) **3**
tribunal *m.* court **4**
trinar *v.* to sing (as a bird) **4**
tropezar *v.* to stumble, to trip **1**; to walk into something **4**
turbado/a *adj.* disturbed **2**
tutear *v.* to address someone using the familiar "tú" form **2**

U

urraca *f.* magpie **5**
usuario/a *m., f.* user **6**

V

vago/a *adj.* lazy **3**
valer la pena *v.* to be worth it **2**
valiente *adj.* brave **2**
valija *f.* suitcase **4**
valor: tener el valor *v.* to have the courage **2**
valorar *v.* to value; to appreciate **2**
vanidoso/a *adj.* vain **5**
varón *m.* man **4**
velatorio *m.* chapel of vigil **6**
venganza *f.* revenge **4**
vengar *v.* to avenge **4**
vengarse *v.* to take revenge **4**
vestuario *m.* wardrobe **6**
vigilante *m., f.* security guard **6**
volcar *v.* to empty **4**
voluntad *f.* will **5**

Y

yaya *f.* grandmother (in some parts of Spain) **6**

Inglés-Español

A

abolish (a law) derogar (una ley) *v.* 4
absentminded distraído/a *adj.* 5
abuse of power abuso de poder 4
accomplice cómplice *m., f.* 4
accused acusado/a *m., f.* 4
acute perspicaz *adj.* 2
add sumar *v.* 2; agregar *v.* 4
address someone using the familiar "tú" form tutear *v.* 2
afford permitirse el lujo *v.* 6
agreeable risueño/a *adj.* 2
alarm alarma *f.* 5
alcoholic alcohólico/a *adj.* 5
alien extraterrestre *m., f.* 1
alienated alienado/a *adj.* 4
allude aludir *v.* 5
allusion alusión *f.* 3
alone a solas *adj.* 6
ambition ambición *f.* 2
angel ángel *m.* 1
anger rabia *f.* 4
apparition aparición *f.* 1
appreciate valorar *v.* 2
archbishop arzobispo *m.* 4
argue pelear *v.* 5
argument pelea *f.* 5
arise surgir *v.* 3
around alrededor *adv.* 4
arrogant arrogante *adj.* 5
ashamed avergonzado/a *adj.* 3
ashamed: be ashamed avergonzarse *v.* 3
aspiring to aspirante a *adj.* 3
astonished asombrado/a *adj.* 6
astonishment asombro *m.* 4
astronaut astronauta *m., f.* 1
at will a voluntad *adv.* 5
attainable asequible *adj.* 2
audition cásting *m.* 3
austere adusto/a *adj.* 2
avenge vengar *v.* 4
aware: become aware of something darse cuenta *v.* 2
awkward incómodo/a *adj.* 3

B

bad mood malhumor *m.* 2
bandage curita *f.* 2
be able to ser capaz de *v.* 5
be annoying dar rabia *v.* 6
be available estar localizable *v.* 6
be (emotionally) moved conmovido/a *adj.* 1
become sad entristecerse *v.* 2
be raised by criarse *v.* 6
be right llevar razón *v.* 5
be worth it valer la pena *v.* 2
beard barba *f.* 2
beat batir *v.* 4
bee abeja *f.* 5
beeper radiolocalizador *m.* 4
beginner principiante *m., f.* 3
belief creencia *f.* 5
believer creyente *m., f.* 5
bell campanilla *f.* 1
bequeath legar *v.* 6
better oneself superarse *v.* 5
birthrate natalidad *f.* 6
bitterly amargamente *adv.* 6
bitterness amargura *f.* 5
blade filo *m.* 2
blind ciego/a *adj.* 1
blindness ceguera *f.* 6
block manzana *f.* 4
blood sangre *f.* 1
boarding school internado *m.* 3
bother tomarse la molestia *v.* 3
brain cerebro *m.* 1
brave valiente *adj.* 2
bring alcanzar *v.* 6
bring up criarse *v.* 6
broom escoba *f.* 1
bruise cardenal *m.* 1
bucket balde *m.* 4
bug bicho *m.* 1
burial entierro *m.* 6
bury enterrar *v.* 6
button llamador *m.* 1

C

campaign campaña *f.* 4
candidate candidato/a *m., f.* 4
canine colmillo *m.* 5
cap gorra *f.* 3
captivated extasiado/a *adj.* 2
carry out llevar a cabo *v.* 4
cash en metálico *m.* 6
cast reparto *m.* 3
castaway náufrago/a *m., f.* 2
catch atrapar *v.* 4
cave cueva *f.* 1; caverna *f.*; gruta *f.* 2
cavern caverna *f.* 2
censorship censura *f.* 3
challenge to a duel retar a duelo *v.* 4
chaos caos *m.* 5
chapel of vigil velatorio *m.* 6
charge cobrar *v.* 5
chase perseguir *v.* 6
chicken gallina *f.* 5
chill enfriar *v.* 6
cicada cigarra *f.* 5
citizen ciudadano/a *m., f.* 3
clave *f.* key 2
cloning clonación *f.* 1
closet armario *m.* 5
cloth trapo *m.* 2
cock gallo *m.* 5
coffin ataúd *m.* 6
collect money owed cobrar *v.* 5
come to mind ocurrirse *v.* 4
comedian comediante *m., f.* 3
comfort consuelo *m.* 6
commit a crime cometer un crimen *v.* 1
commit suicide suicidarse *v.* 5
complain quejarse *v.* 5
complaint queja *f.* 4
conceited presumido/a *adj.* 5
concentrate concentrarse *v.* 5
conciliatory conciliador(a) *m., f.* 2
condemned condemned *m., f.* 2
confiscate requisar *v.* 4
conflicting encontrado *adj.* 3
confrontation enfrentamiento *m.* 4
conservatory conservatorio *m.* 3
console consolar *v.* 5
conspire conspirar *v.* 3
controversial controvertido/a *adj.* 6
convince convencer *v.* 3
cornfield milpa *f.* 2
corpse cadáver *m.* 6
couple pareja *f.* 5
courage coraje *m.* 2
courage: to have the courage tener el valor *v.* 2
court house juzgado *m.* 4
court tribunal *m.* 4
coverage cobertura *f.* 6
crash chocar *v.* 4
creature criatura *f.* 2
crime delito *m.* 4
cross atravesar *v.* 4
crossroads encrucijada *f.* 1
crouch down agachar *v.* 4
crying llanto *m.* 5
cunning astuto/a *adj.* 5
cunning pícaro/a *adj.* 4
curb (of the sidewalk) cordón (de la acera) *m.* 4
cure cura *f.* 5
cure remedio *m.* 5
custom costumbre *f.* 3
cut: (have the hair) cut cortar (el pelo) *v.* 2

D

danger peligro *m.* 1
dare atreverse a *v.* 2
dawn amanecer *v.* 4
daydream ensueño *m.* 1
deathly mortecino/a *adj.* 2
deceased difunto/a *m., f.* 5
deceive engañar *v.* 1
deceiving engañoso/a *adj.* 3
dedicate dedicar *v.* 5
dedication dedicación *f.* 3; dedicatoria *f.* 5
delicate blando/a *adj.* 6
delirious: be delirious delirar *v.* 1
delusion falsa ilusión *f.* 2
demand exigir *v.* 1
demanding exigente *adj.* 3
demonstration manifestación *f.* 4
depressed deprimido/a *adj.* 2

depression depresión *f.* 2
deserve merecer(se) *v.* 4
determination determinación *f.* 2
determined determinado/a *adj.* 2
detest aborrecer *v.* 3
devastating fulminante *adj.* 4
devil diablo *m.* 1
devious retorcido/a *adj.* 6
dictatorship dictadura *f.* 4
die fallecer *v.* 6
dilemma: to have a dilemma estar en un dilema *v.* 2
dirt porquería *f.* 2
disappear desvanecerse *v.* 6
disappoint desilusionar *v.* 2
disappointed defraudado/a, desilusionado/a *adj.* 3
disappointed: to be disappointed desilusionarse *v.* 2
discomfort incomodidad *f.* 4
discouraged: to get discouraged desanimarse *v.* 2
discovery descubrimiento *m.* 2
disembark desembarcar *v.* 2
disillusioned desengañado/a *adj.* 3
disillusioned: to become disillusioned desilusionarse *v.* 2
disintegrate deshacer *v.* 4
distribute repartir *v.* 6
disturbed trastornado/a *adj.* 3
disturbed turbado/a *adj.* 2
disturbing inquietante *adj.* 5
do without prescindir *v.* 6
do: (to do something) behind somebody's back (hacer algo) a su espalda *v.* 6
docile dócil *adj.* 3
domestic hogareño/a *adj.* 3
doomed condenado/a *adj.* 6
dream sueño *m.* 1
drip gotear *v.* 4
drive something into something clavar *v.* 3
drought sequía *f.* 2
drums batería *f.* 3
dry seco/a *adj.* 4
duel duelo *m.* 4
dustpan recogedor *m.* 1; pala *f.* 2

E

eau de cologne colonia *f.* 2
efficient eficaz *adj.* 5
effort esfuerzo *m.* 2
embarrassed avergonzado/a *adj.* 3
emergency exit salida de emergencia *f.* 5
empty volcar *v.* 4
encourage animar *v.* 3
ending desenlace *m.* 3
enraptured extasiado/a *adj.* 2
episode episodio *m.* 3
equation ecuación *f.* 2
escape evadirse *v.* 2
establish cimentar *v.* 3
event acontecimiento *m.* 1
evil malvado/a *adj.* 3
exasperating desesperante *adj.* 5
exile exilio *m.* 4; **in exile** exiliado/a *adj.* 4
exiled exiliado/a *adj.* 4
expectation expectativa *f.* 2
expire fallecer *v.* 6
extraterrestrial extraterrestre *m., f.* 1

F

face afrontar *v.* 2
face rostro *f.* 1
failure fracaso *m.* 3
fair: (un)fair (in)justo/a *adj.* 4
faith fe *f.* 5
famous person famoso/a *adj.* 3
fan fan *m., f.* 3
fantastic fantástico/a *adj.* 1
fantasy ensueño *m.*; fantasía *f.* 1
fascist facha *m., f.* 3
features rasgos *m., pl.* 1
fed up podrido/a *adj.* 1
feel sorry for compadecer *v.* 6
fickle novelero/a *adj.* 3
fight a duel batirse en duelo *v.* 4
filth porquería *f.*; suciedad *f.* 2
find out enterarse *v.* 1; averiguar *v.* 3
firefighter bombero/a *m., f.* 2
fish pez *m.* 2
fit arrebato *m.* 3
fix itself componerse *v.* 2
flashlight linterna *f.* 1
flask frasco *m.* 2
flat roof azotea *f.* 4
flattering adulatorio/a *adj.* 5
flaw falla *f.* 4
flicker chispa *f.* 3
footprint huella *f.* 1
force forzar *v.*, obligar *v.* 4
foreign ajeno/a *m., f.* 6
form of goverment régimen *m.* 4
fortuitous fortuito *v.* 4
freeze helar *v.* 4
funeral entierro *m.* 6
furniture mobiliario *m.* 6

G

get alcanzar *v.* 6
get away apartar(se) *v.* 4
get better componerse *v.* 2
get frightened asustarse *v.* 1
get informed informarse *v.* 4
get inspired inspirarse *v.* 5
get over superar *v.* 5
get pregnant embarazarse *v.* 6
get upset alterarse *v.* 3
ghost fantasma *m.* 1
give birth dar a luz *v.* 4
give up renunciar *v.* 5; desistir *v.* 6
gloomy tétrico/a *adj.* 2
goal meta *f.* 2
govern gobernar *v.* 4
grab agarrar *v.* 1
grandmother yaya *f.* 6
grant otorgar *v.* 4
grateful: be grateful agradecer *v.* 6
graze rozar *v.* 4
greedy avaricioso/a *adj.* 6
grimace (of pain) mueca (de dolor) *f.* 1
ground suelo *m.* 1
guess adivinar *v.* 1
guilty culpable *m., f.*; *adj.* 4
gun arma *f.* 1

H

hair pelo *m.* 2
hairdresser peluquero/a *m., f.* 2
half-open entreabierto/a *adj.*1
hamper impedir *v.* 2
hand out repartir *v.* 6
handle manosear *v.* 4
hardly apenas adv. 1
hard-working laborioso/a *adj.* 5
harsh duro/a *adj.* 4
hate odiar *v.* 2
have the courage to (+ inf.) atreverse a *v.* 2
heartbreak desengaño amoroso *m.* 5
heavenly body astro *m.* 1
height altura *f.* 5
hero galán *m.* 3
hidden escondido/a *adj.* 4
hide esconder *v.* 5
highway autovía *f.* 5
hinder impedir *v.* 2
hit golpear *v.* 4
hole agujero *m.* 4
hope ilusión *f.* 2
horrifying escalofriante *adj.* 1
human being ser humano *m.* 1
humble humilde *adj.* 2
hunting caza *f.* 6
hurry apresurar(se) *v.* 4
hypocrisy hipocresía *f.* 6

I

idealize idealizar *v.* 5
illusion ilusión *f.* 2
imaginary fantástico/a, imaginario/a *adj.* 1
immortal inmortal *adj.* 1
immortality inmortalidad 2
improve mejorar *v.* 5
improvise improvisar *v.* 3
impunity impunidad *f.* 4
incident suceso *m.* 1
incompetence incapacidad *f.* 6
incredible: This is incredible! ¡Qué barbaridad! 6
industry industria *f.* 3
infatuation enamoramiento *m.* 5
inner ear oído *m.* 1

innocence inocencia *f.* 1
inopportune inoportuno/a *adj.* 6
inspiration inspiración *f.* 5
inspire inspirar *v.* 5
inspired inspirado/a *adj.* 5
instinct instinto *m.* 3
insult insultar *v.* 5
insurmountable insalvable *adj.* 6
interpret (a role) interpretar *v.* 3
intrepid intrépido/a *adj.* 2
intrigue intrigar *v.* 2
invert invertir *v.* 6
investment inversión *f.* 6
invoke convocar *v.* 1
irritating irritante *adj.* 6
isolated aislado/a *adj.* 4
isolation aislamiento *m.* 4
itinerant ambulante *adj.* 1

J

jail cárcel *f.* 3
judge juzgar *v.* 3
joker comodín *m.* 6
judge juez(a) *m., f.* 3
jump saltar *v.* 6
jungle selva *f.* 5
just justo *adv.* 4

K

kidnap secuestrar *v.* 4
kill matar *v.* 1
kindly bondadosamente adv. 2
kiss besar *v.* 5
know-it-all pedante *adj.* 3

L

lack of affection desamor *m.* 5
lack of falta de *f.* 3
lack of interest desinterés *m.* 3
land aterrizar *v.* 1
languish languidecer *v.* 1
last perdurar *v.* 1
lazy vago/a *adj.* 3
leave (in a will) legar *v.* 6
leave marchar *v.* 2
legacy herencia *f.* 4
lengthy prolongado/a *adj.* 6
line renglón *m.* 5
lively animado/a *adj.* 2
long prolongado/a *adj.* 6
loot botín *m.* 4
lose time atrasar *v.* 1
loudspeaker altavoz *m.* 4
lukewarm tibio/a *adj.* 4
lurk acechar *v.* 6
luxury lujo *m.* 6

M

madness locura *f.* 1
magic magia *f.* 1
magpie urraca *f.* 5
maid (empleado/a) doméstico/a *m., f.* 5
maid criado/a *m., f.* 6
make a mistake equivocarse *v.* 3
make happy contentar *v.* 2
man varón *m.* 4
management manejo *m.* 6
mason albañil *m., f.* 5
mass misa *f.* 5
masseuse masajista *m., f.* 6
mean mezquino/a *adj.* 6
means medios *m., pl.* 3
meeting encuentro *m.* 1
melodious melodioso/a *adj.* 2
melt derretirse *v.* 4
memory recuerdo *m.* 6
mental block bloqueo mental *m.* 5
mermaid sirena *f.* 2
messy desordenado/a *adj.* 5
mirror espejo *m.* 2
miserly tacaño/a *adj.* 6
miss echar de menos *v.* 4
missing person desaparecido/a *m., f.* 4
monkey mono *m., f.* 5
monotony monotonía *f.* 6
moral moraleja *f.* 5
mouse ratón, ratona *m., f.* 1
move (emotionally) conmover *v.* 1
move away apartar *v.* 4
move trasladar *v.* 4
movie theater sala *f.* 3
mumble mascullar *v.* 3
murder asesinar *v.* 4
murmur murmullo *m.* 4
moustache bigote *m.* 2
mute mudo/a *adj.* 1

N

naivety inocencia *f.* 1
nape nuca *f.* 4
needless innecesario *adj.* 6
noisy ruidoso/a *adj.* 5
nonsense disparate *m.* 3
nose around fisgonear *v.* 5
notice advertir *v.* 6
not to know desconocer *v.* 5

O

obligation compromiso *m.* 6
oblige obligar *v.* 4
oblivion olvido *m.* 2
obsession manía *f.* 6
obsessed obsesionado/a *adj.* 3
odd extraño/a *adj.* 1
old-fashioned anticuado/a *adj.* 5
omelet tortilla *f.* 4
oppose oponerse *v.* 3
outbreak brote *m.* 6
overcome superar *v.* 5; sobreponerse *v.* 6
overpopulation superpoblación *f.* 1
overwhelmed anonadado/a *adj.* 3

P

pain amargura *f.* 5
pale mortecino/a *adj.* 2
paradise paraíso *m.* 2
paradox paradoja *f.* 4
paranormal paranormal *adj.* 1
paving pavimento *m.* 4
pay out desembolsar *v.* 6
peasant campesino/a *m., f.* 2
peculiar habit manía *f.* 6
performance sesión (cinematográfica) *f.* 3
phenomenon fenómeno *m.* 1
photograph retratar *v.* 1
piece of gossip chisme *m.* 5
pile montón *m.* 4
pile up amontonar *v.* 4
placed colocado/a *adj.* 6
platform andén *m.* 4
plot conspirar *v.* 3
portrait retrato *m.* 1
position cargo *m.* 5
possessions bienes *m., pl.* 6
poverty pobreza *f.* 1
power poder *m.* 2
praise alabar *v.* 6
prayer rezo *m.* 2
pregnant embarazada *adj.* 2
premiere estrenar *v.*, estreno *m.* 3
press prensa *f.* 3
pretend fingir *v.* 6
prevail prevalecer *v.* 6
prevent impedir *v.* 3, prevenir *v.* 5
priest cura *m.* 2
prisoner preso/a *m., f.* 3
prize premio *m.* 3
procession procesión *f.* 2
professional recognition consagración *f.* 3
profitable provechoso/a *adj.* 3; rentable *adj.* 6
psychiatrist psiquiatra *m., f.* 2
punch puñetazo *m.* 5
punish castigar *v.* 1
punishment castigo *m.* 4
put down (the phone) colgar (el teléfono) *v.* 6
put in a safe place poner a salvo *v.* 4
put together juntar *v.* 4
put up with soportar *v.* 6

Q

quarrel pelearse *v.* 4

R

rabbit's foot cola de conejo *f.* 3
raise a question plantear un interrogante *v.* 1
razor navaja *f.* 2
realize darse cuenta *v.* 2
rebel rebelarse *v.* 2
rebellious rebelde *adj.* 2
receive (a guest) agasajar *v.* 4
reckless alocado/a *adj.* 5
recycle reciclar *v.* 6
refer to aludir *v.* 3
regret arrepentirse *v.* 2
regulations reglamento *m.* 3
rehearse ensayar *v.* 3
rejected desdeñado/a *adj.* 5
rejection rechazo *m.* 3
relief alivio *m.* 3
remains restos *m., pl.* 4
remedy remedio *m.* 5
remote recóndito/a *adj.* 5
report crónica *f.* 1; informe *m.* 2
reproach reproche *m.* 6
researcher investigador(a) *m., f.* 2
resentment rencor *m.* 4
resolution determinación *f.* 2
resort to something recurrir a *v.* 3
resources medios *m., pl.* 3
respect respeto *m.* 3
rest reposo *m.* 2
restless inquieto/a *adj.* 5
result resultado *m.* 5
return retorno *m.* 2
reveal revelar *v.* 6
revenge venganza *f.* 4
reversal inversión *f.* 6
reverse invertir *v.* 6
review crítica *f.* 3
reward recompensa *f.* 2
rhythm ritmo *m.* 3
right acertado/a *adj.* 1; derecho *m.* 3
ring sonar *v.* 6
risk arriesgarse *v.* 2
road carretera *f.* 5
rob robar *v.* 1
robber asaltante *m., f.* 1
robbery robo *m.* 1
robot robot *m.* 4
roll rollo *m.* 3
romantic love amor de pareja *m.* 5
roof tejado *m.* 1
ruin destrozar *v.* 4
rusted oxidado/a *adj.* 2

S

safety seguridad *f.* 2
salary: extra month's salary paid at Christmas aguinaldo *m.* 6
sagacious perspicaz *adj.* 2
sand arena *f.* 2
satisfied: to be satisfied contentarse *v.* 2
savor saborear *v.* 2
scissors tijera *f.* 2
scratch rasguño *m.* 2
screen pantalla *f.* 3
search búsqueda *f.* 2; registrar *v.* 6
seat butaca *f.* 3
security guard guardia de seguridad *m., f.* 5; vigilante *m., f.* 6
self-esteem autoestima *f.* 2
sentence condenar *v.* 3
settler poblador(a) *m.* 4
shadow sombra *f.* 1
shake temblar *v.* 1
shallow superficial *adj.* 6
shaman chamán *m.* 2
sharp afilado/a *adj.* 6
ship nave *f.* 2
shiver tiritar *v.* 4
shoot (a film) rodar *v.* 3
shoot disparar *v.* 4
shot disparo *m.* 1
shout gritar *v.* 5
side effects efectos secundarios *m., pl.* 5
sigh suspirar *v.* 2
sign firmar *v.* 1
signal señal *f.* 6
simplicity sencillez *f.* 5
sing (as a bird) trinar *v.* 4
single sin pareja *adj.* 5
sink (a ship) hundir (un barco) *v.* 2
siren sirena *f.* 2
skeptical escéptico/a *adj.* 1
ski mask pasamontañas *m., pl.* 1
skyscraper rascacielos *m., pl.* 5
slander injuriar *v.* 3
slanderous injurioso/a *adj.* 3
snobby esnob *adj.* 6
snowflake copo *m.* 4
soft blando/a *adj.* 6
so much tanto *adj.* 2
sorry: to be sorry arrepentirse *v.* 1
soul alma *f.* 1
spaceship nave espacial *f.* 1
sparkle brillo *m.* 4
speech discurso *m.* 4
spoiled mimado/a *adj.* 5
squander malbaratar *v.* 6
squash aplastar *v.* 1
stab puñalada *f.* 3
stable establo *m.* 2
stain mancha *f.* 1
stairway escalera *f.* 5
stalk acosar *v.* 3
stalker acosador(a) *m., f.* 3
star estelar *adj.* 3
star estrella *f.* 3
statement declaración *f.* 4
stimulate estimular *v.* 5
stingy tacaño/a *adj.* 6
stop detener *v.*; interrumpir *v.* 4
strange extraño/a *adj.* 1
struggle lucha *f.* 4
stubborn terco/a *adj.* 2
stumble tropezar *v.* 1
stupidity estupidez *f.* 2
submissive sumiso/a *adj.* 2
success éxito *m.* 3
sudden fulminante *adj.* 4
suddenly de buenas a primeras *adv.* 1
suffering sufrimiento *m.* 6
suitcase valija *f.* 4
sunny soleado/a *adj.* 4
supernatural sobrenatural *adj.* 1
supervisor encargado/a *m., f.* 5
suppress suprimir *v.* 5
surround rodear *v.* 1
suspect sospechar *v.* 5
swallow up tragarse *v.* 4
sweetheart amado/a *m., f.* 5
swing oscilar *v.* 6
switched off apagado/a *m., f.* 6

T

take a chance arriesgarse *v.* 2
take away apartar(se) *v.* 4
take possession apoderarse *v.* 4
take revenge vengarse *v.* 4
talkative hablador(a) *adj.* 5
tapa *f.* lid 4
taxidermied disecado/a *adj.* 6
tear lágrima *f.* 5
telekinesis telequinesia *f.* 1
television news telediario *m.* 4
temporary provisorio/a *adj.* 5
tend to tender a *v.* 6
there are/were rumors correrse la voz *v.* 1
thief ladrón/ladrona *m., f.* 1
third party tercero *m.* 6
threaten amenazar *v.* to 1
threatening amenazante *adj.* 2
throw arrojar *v.* 4
toss remover *v.* 4
track huella *f.* 1
traffic jam atasco *m.*, embotellamiento *m.* 3
tread pisar *v.* 4
treat (someone) tratar a (alguien) *v.* 3
tremble temblar *v.* 1
trial juicio *m.* 4
trick engañar *v.* 1
tried (legally) juzgado/a *adj.* 4
trip tropezar *v.* 1
trust (somenone) fiarse de (alguien) *v.* 3
turn to (someone) recurrir a (alguien) *v.* 2
twisted retorcido/a *adj.* 6

U

UFO OVNI (objeto volador no identificado) *m.* 1
umbrella paraguas *m.* 4
unarmed inerme *adj.* 4
unbearable insoportable *adj.* 5

uncomfortable incómodo/a *adj.* **3**
undecided indeciso/a *adj.* **2**
underestimated menospreciado/a *adj.* **6**
understanding comprensivo/a *adj.* **5**
unfortunate desgraciado/a *adj.* **2**
unhappiness infelicidad *f.* **2**
unhappy desgraciado/a *adj.* **2**
unknown desconocido/a *adj.* **1**
unnecessary innecesario *adj.* **6**
unprecedented inédito/a *adj.* **4**
unpunished impune *adj.* **4**
unrequited love amor no correspondido *m.* **5**
untidy desordenado/a *adj.* **5**
untimely inoportuno/a *adj.* **6**
unusual insólito/a *adj.* **2**
user usuario/a *m., f.* **6**

V

vain vanidoso/a *adj.* **5**
value valorar *v.* **2**
vanish desvanecerse *v.* **6**

W

wad (of bills) fajo (de billetes) *m.* **6**
walk into something tropezar *v.* **4**
wall muralla *f.* **2**
war guerra *f.* **4**
wardrobe vestuario *m.* **6**
waste desaprovechar *v.* **3**; desperdiciar *v.* **5**
watercolor acuarela *f.* **6**
way: on the way to de camino a *loc.* **3**
weakness debilidad *f.* **5**
well-being bienestar *m.* **2**
wet mojado/a *adj.* **4**
whim capricho *m.* **6**
whisper susurrar *v.* **6**
wig peluca *f.* **2**
will voluntad *f.* **5**; testamento *m.* **6**
wink guiñar *v.* **5**
withdrawal symptoms síndrome de abstinencia *m.* **6**
witness presenciar *v.* **4**
woes penas *f., pl.* **5**
working day jornada *f.* **2**
worsen agravarse *v.* **6**
wrist muñeca *f.* **1**

Y

yawn bostezar *v.* **3**

ÍNDICE

S

T

Text Credits

13 © Eduardo Hughes Galeano, "Celebración de la fantasía" from *El libro de los abrazos*, 1989. Reprinted by permission of the author.
17 © Pedro García Bilbao, "La ciencia ficción clásica perdurará". Reprinted by permission of the author and of Revista QUO, editorial Hachette-Filipacchi. *Desesperada*, Spain.
39 "Las cuatro fórmulas de la felicidad". © Reprinted by permission of Revista QUO, editorial Hachette-Filipacchi. *Desesperada*, Spain.
44 © René Avilés Fábila, "La recompensa" de *Bestiario de seres prodigiosos*, 2001. Reprinted by permission of the author.
49 © Griselda Gambaro, *Decir sí* Argentina, 1981. Reprinted by permission of the author.
73 Isabel Piquer, "Benicio del Toro" Madrid, 2001. © Reprinted by permission of Diario *El País*, SL.
83 © Elena Poniatowska, "Cine Prado" Mexico, 1955. Reprinted by permission of the author.
103 Manuel Vicent, "La tortilla" July 2003. © Diario *El País*, SL/Manuel Vicent
107 Juan Gelman, *Carta abierta a mi nieto* Brecha, Montevideo, December 1998. © Reprinted by permission of Semanario Brecha.
112 © Marcial Souto, "La nevada". Reprinted by permission of the author.
137 Juan José Millás, "Drácula y los niños" 2001. © Reprinted by permission of Mercedes Casanovas Agencia Literaria.
141 José María Izquierdo Rojo, "Las penas del amor se curarán un día con una inyección" 2003. © Reprinted by permission of *El correo digital*.
146 Agusto Monterroso, "El mono que quiso ser escritor satírico". © Reprinted by permission of International Editors´s Co.
165 © Guadalupe Loaeza, "Navidad de una 'rica y famosa'" from *El Norte*, December 2002. Reprinted by permission of the author.
169 Gabriel García Márquez, "¿Cuáles son las prioridades de la humanidad?" 1992. © Reprinted by permission of Carmen Balcells, S. A.
174 © Poli Délano, "A primera vista". Reprinted by permission of the author.
174 © Andrés Neuman, "La cita de su vida". Reprinted by permission of the author.
174 © Wilfredo Machado, "Fábula de un animal invisible". Reprinted by permission of the author.
175 © Mercio Veloz Maggiolo, "El soldado". Reprinted by permission of the author.
175 © Luis Britto García, "La Naparanoia" 1992. Reprinted by permission of the author.

Comic Credits

25 © Joaquín Salvador Lavado Tejón (Quino), *Humano se nace*, Ediciones La Flor, 1991. *Malditos ratones*, Argentina. Reprinted by permission of the author.
59 © Ricardo Reyes. *Yo le diría*, Mexico. Reprinted by permission of the author.
89 © Manel Fontdevila & Albert Monteys. *Tú también puedes ser crítico*, Spain. Reprinted by permission of the authors.
123 © Ricardo Peláez. *Los pájaros trinando por los altavoces*, Mexico. Reprinted by permission of the author.
151 © Carlos Loiseau, *¡Alerta roja!* © Reprinted by permission of the author.
179 © Maitena Burundarena, *Teléfono: Una enfermedad celular.* Reprinted by permission of the author.

Photo Credits

AGA, Archivo General de la Administración: 19. 77. 102.

Corbis Images: **Cover** © Royalty-Free. **2** © John Lund. **7** © Royalty-Free. **13** Salvador Dalí. Soft Watch © Christies Images. **17** © Forrest J. Ackerman Collection. **21** © James Noble. **22** © Bettmann. **24** © Isabel Steva Hernandez (Colita). **28** © Royalty-Free/Colin Anderson. **39** © Mark A Johnson. **44** Joseph Mallord William Turner. Ulysses Deriding Polyphemus. © National Gallery Collection; by kind permission of the Trustees of the National Gallery, London. **49** © Paul A. Souders. **50** © Minnesota Historical Society/Emil King. **53** © Robert Dowling. **60** © Royalty-Free. **61** © LWA-Dann Tardiff/Dann Tardiff. **62** © Lester Lefkowitz. **73** © Frank Trapper . **79** © Matthias Kulka. **82** © Reuters NewMedia Inc./Jorge Silva. **84** © Stewart Tilger. **91** © Ralf-Finn Hestoft. **92** © William Whitehurst. **103** © Roger Ressmeyer. **107** © AFP Photo/EPA/EFE/Gustavo Cuevas. **112** © Royalty-Free. **125** © Royalty-Free. **126** © Cameron. **136** © Manuel Zambrana. **137** © Patrick Ward. **141** © Koopman. **145** © AFP/Toni Albir. **153** © Chuck Savage. **154** © Randy M. Ury. **165** © Chris Coxwell. **168** © Arici Graciano. **169** © Donna Day. **174-175** © Alan Schein Photography. **179** © Firefly Productions.

Other: **12** Héctor Zampaglione. **111** © Marcelo Clivati. **158** © Pablo Macías. **172** © Jaime Ballestas. **172** Grupo Santillana Venezuela. **178** Urko Suaba.

Sobre los autores

JOSÉ A. BLANCO es el presidente y fundador de Baseline Development Group, compañía que desarrolla programas educativos en español desde 1989. Nativo de Barranquilla, Colombia, Blanco se graduó en Literatura y Estudios Hispanos en la Universidad de Brown y la Universidad de California, Santa Cruz. Ha trabajado como escritor, editor y traductor para Houghton Mifflin y D.C. Heath and Company, y ha enseñado español a nivel secundario y universitario. Blanco es coautor de otros cinco programas de Vista Higher Learning: **Vistas** y **Panorama** de nivel introductorio, y **Ventanas**, **Facetas** y **Enfoques** de nivel intermedio.

MARÍA ISABEL GARCÍA recibió su licenciatura en Filología hispánica en la Universidad de Alicante, España, e hizo su maestría en Lengua y Literatura hispánicas en la Universidad de Rhode Island. Actualmente está terminando su tesis doctoral en Literatura Peninsular en la Universidad de Boston. García ha enseñado español a nivel universitario en España y en Estados Unidos desde 1994. Junto con José Blanco, es también coautora de **Vistas**, **Panorama**, **Ventanas**, **Facetas** y **Enfoques**, otros cinco programas de Vista Higher Learning.

MARÍA CINTA APARISI es licenciada en Filología inglesa y Traducción por la Universidad de Barcelona, España, y ha recibido certificados en traducción especializada en la Universidad de Barcelona, la Universidad de Londres y Bentley College, Massachusetts. Ha enseñado inglés en España a nivel secundario y español en el Boston Language Institute. Aparisi es editora de dos de los programas introductorios de Vista Higher Learning, **Vistas** y **Panorama**; escribió el guión del video de **Vistas**; y editó y escribió actividades para Internet de tres de los programas de nivel intermedio, **Ventanas**, **Facetas** y **Enfoques**.